浙江省普通高校"十三五"新形态教材

全国高校标准化工程系列教材

U0647602

服务与服务业标准化

颜 鹰 主 编

张朋越 刘 欣 副主编

ZHEJIANG UNIVERSITY PRESS
浙江大学出版社

编 委 会

主 编：颜 鹰

副主编：张朋越 刘 欣

编 委：胡玉华 金晓石 程 林 韩 燕
　　　　黄晓霞 张 嵩 刘秀红

顾 问：许建军

联 盟 简 介

　　全国标准化专业教材建设联盟于2019年11月11日在杭州成立，是由我国开设标准化相关专业的高校、致力于标准化事业的社会组织等自愿结成的非法人、非营利性的组织，组建时有7家成员单位，现已扩展至13家。联盟的宗旨是发挥各高校标准化教育工作的优势，加强标准化教育的交流合作，联合开展标准化课程体系建设、教材开发、网络学习平台开发等工作，实现教学和实践资源的共享共建，推进我国标准化专业教材的建设，促进标准化学科建设，提升标准化工程专业在全国高等教育中的影响力。

参 编 院 校

中国计量大学　广东开放大学　广东理工大学　青岛大学
南通理工学院　济南大学　聊城大学

前　　言

随着全球经济的快速发展，服务业在经济增长中具有越来越重要的作用，服务业的蓬勃发展已经成为世界经济发展的显著特征。

《服务与服务业标准化》是一部将服务标准化基本理论和实践相结合、服务标准化工作宏观和微观相结合的实务性和应用性的教材。

服务标准化导论

本书共分八章，其中第一章、第四章、第五章、第六章为重点。第一章介绍基本知识，包括标准化相关知识、服务标准化基本知识、服务的特征和分类、服务标准化的规范内容、服务标准化与服务差异化。第二章介绍了国内外服务标准化发展现状。第三章介绍了服务业标准体系编写，包括服务业标准体系编写指南、国家服务业标准体系构建。第四章引入服务业组织标准体系的建立，包括标准体系总体结构、要求与建立步骤，服务通用基础标准体系，服务保障标准体系和服务提供标准体系。第五章介绍了服务标准制定原则、服务标准制定程序和服务标准编写。第六章介绍了服务标准实施及评价，包括服务标准实施、服务标准实施评价及标准体系评价。第七章介绍了我国服务标准化试点，包括服务标准化试点简介、服务业标准化试点、社会管理和公共服务综合标准化试点、基本公共服务标准化试点和服务业组织标准化工作案例。第八章选取旅游、物流、养老服务行业为代表，总结其标准化工作现状。

通过学习，读者可理解服务标准化的基本概念、范围与内容、作用，掌握服务标准制定程序、服务标准制定要素及服务标准编写，掌握服务标准实施方法和程序、标准实施评价的具体要求，掌握服务业和服务业组织标准体系构建方法等，了解服务标准化试点和服务业发展。为读者从事服务标准化相关领域工作、科学研究打下坚实基础。

本书具有以下几个特点：（1）在每一章开篇均有"本章学习要求"，引导读者有针对性地去学习相关知识；（2）每一章配有二维码，链接有PPT课件、学习资料等；（3）每一章都有课后思考题，利于读者理解所学内容。

本书是浙江省普通高校"十三五"新形态教材，适合高等院校标准化工程、工商管理、应用经济学等相关专业师生使用。本书也可做为各服务行业举办服务标准化培训的教材。由于编者水平有限，不妥之处在所难免，在此恳请读者批评、指正。

本书主编为中国计量大学颜鹰，副主编为中国计量大学张朋越、刘欣。在编写过程中，编者参考了国内外专家学者的相关著作，在此表示衷心感谢。

编　者

2021 年 4 月

目　　录

第一章　基础知识

掌握：服务的基本特征；服务与服务业标准化的基本概念；服务标准化的范围。

熟悉：服务的分类；服务标准化与服务差异化的关系。

了解：服务的内涵；服务标准化的作用。

基础知识

第一节 标准化相关知识

一、标准化

GB/T 20000.1—2014《标准化工作指南 第1部分：标准化和相关活动的通用词汇》中对标准化的定义：为了在既定范围内获得最佳秩序，促进共同效益，对现实问题或潜在的问题确立共同使用和重复使用的条款，以及编制、发布和应用文件的活动。

注1：标准化活动确立的条款，可形成标准化文件，包括标准和其他标准化文件。

注2：标准化的主要效益在于为了产品、过程或服务的预期目的改进它们的适用性，促进贸易、交流及技术合作。

标准化定义的5层含义：

（1）标准化不是一个孤立的事物，而是一项有组织的活动过程。

（2）标准是标准化活动的成果，标准的效能和目的都是通过制定和实施标准来体现。

（3）标准化的效果，只有当标准在实践中付诸实施后才能表现出来，绝不是制定一个或一组标准就可以了事的，再好的标准或标准体系，如果没有共同点和重复利用，也不会产生效果。

（4）标准化的对象和领域，是随着时间的推移而不断地扩展和深化的。

（5）标准化的目的和意义就在于改进活动过程和产品的适用性，提高活动质量、过程质量和产品质量，同时便于交流和协作，消除经济技术壁垒。

二、标准

GB/T 20000.1—2014《标准化工作指南 第1部分：标准化和相关活动的通用词汇》中对标准的定义：通过标准化活动，按照规定的程序经协商一致制定，为各种活动或其结果提供规则、指南或特性，供共同使用和重复使用的文件。

注1：标准宜以科学、技术和经验的综合成果为基础。

注2：规定的程序指制定标准的机构颁布的标准制定程序。

注3：诸如国际标准、区域标准、国家标准等，由于它们可以公开获得，以及必要时通过修正或修订保持与最新技术水平同步，因此它们被视为构成了公认的技术规则。其他层次上通过的标准，诸如专业协（学）会标准、企业标准等，在地域上可影响几个国家。

三、标准体系

构建标准体系是运用系统论指导标准化工作的一种方法。构建标准体系主要体现为编制标准体系结构图和标准明细表，提供标准统计表、标准体系编制说明。这些是开展标准体系建设的基础和前提工作，也是编制标准、修订规划和计划的依据。标准体系表是一定范围内包含现有、应有和预计制定标准的蓝图，是一种标准体系模型。

（一）标准体系是一定范围内的标准按其内在联系形成的有机整体

（1）一定范围：标准所覆盖的范围。

（2）内在联系：系统联系、上下层次联系、功能联系。系统联系：标准体系内，各分系统之间及分系统与子系统之间存在着相互依赖而又相互制约的关系；上下层次联系：从下到上的共性形成关系，从低层的众多个性标准中找出其共同特性，并将共性内容制定成共性标准，并尽量安排在高层次上，从上到下的指导关系，下层标准必须贯彻执行上层标准；功能联系：把功能相同的标准应归到同一个标准分系统或标准子系统，充分发挥标准整体功能效用，把功能不同的标准按功能联系安排标准的先后顺序。

（3）科学的有机整体：为实现某一特定目的而形成的整体，根据标准的基本要素和内在联系所组成的，有一定集合程度和水平的整体结构。

（二）标准体系表

标准体系表是指一定范围标准体系内的标准按一定形式排列起来的图表。

标准体系表的作用：有助于科研和生产工作；描绘出标准化活动的发展蓝图；为采用国际标准和国外先进标准提供了全面的情报；有利于标准制定、修订，有利于标准化的建设。

（三）标准体系表的结构

标准体系表的结构分为层次结构、门类结构和序列结构。层次结构是指整个标准体系表分为若干层，位于各层的标准，从上至下，标准的共性逐渐减少而个性则逐渐增大。门类结构是指整个标准体系表中位于同一层次上的标准，又按照它们所反映的标准化对象的属性，分为若干门类。序列结构指围绕着产品、服务、过程的标准化建设，按生命周期阶段的序列或空间序列等编制出序列状标准体系结构图。

（四）标准体系表的编制

1. 编制原则

（1）目标明确：构建标准体系应首先明确标准化目标。

（2）全面成套：围绕着标准体系的目标展开，体现在体系的整体性方面，即体系的子体系及子子体系的全面完整和标准明细表所列标准的全面完整。

（3）层次恰当：标准体系表应有恰当的层次。标准明细表中的每一项标准在标准体系结构图中应有相应的层次；从个性标准出发，提取共性技术要求作为上一层的共性标准；为便于理解、减少复杂性，标准体系的层次不宜太多；同一标准不应同时列入两个或两个以上的子体系中。

（4）划分清楚：标准体系表内的子体系或类别的划分、各子体系的范围和边界的确定，主要应按行业、专业或门类等标准化活动性质的同一性划分，而不宜按行政机构的管辖范围划分。

2. 编制方法和步骤

（1）确定标准化方针目标；（2）调查研究；（3）分析整理；（4）编制完整的标准体系表；（5）动态维护更新。

（五）标准体系表的内容要求

1. 结构图

标准体系结构图用于表达标准体系的范围、边界、内部结构、意图。标准体系表通常包括标准体系结构图、标准明细表、标准统计表和标准体系编制说明；标准体系的结构关系一般包括上下层之间的"层次"关系，或按一定的逻辑顺序排列起来的"序列"关系，也可由以上几种结构相结合的组合关系。

2. 标准明细表：标准目录汇编

标准明细表的表头描述的是标准（或子体系）的不同属性。常见的标准明细表的表头，可以包含序号、标准体系编号、子体系名称、标准名称、引用标准编号、归口部门、缓急程度、宜定级别、标准状态等。标准明细表的一般格式如表1-1所示。

表1-1　XX（层次或序列编号）标准明细表

序号	标准体系编号	子体系名称	标准名称	引用标准编号	归口部门	宜定级别	实施日期	备注

注：a）标准体系编号，纳入标准明细表的标准或子体系的编号，编号可包含子体系所在的层次含义；b）子体系名称，标准体系所包含子体系的名称；c）标准名称，已发布标准或拟制定标准的名称；d）引用标准编号，引用的外部标准编号；e）归口部门，标准或子体系的归口管理部门；f）宜定级别，拟制定或拟修订标准的级别，如国家标准、行业标准、地方标准、团体标准、企业标准等；g）实施日期，标准或子体系的已实施或拟实施的日期；h）备注，在以上列中没有包含的其他内容。

3. 标准统计表

标准统计表格式根据统计目的而设置成不同的标准类别及统计项，一般格式如表1-2所示。

表1-2 标准统计表

统计项	应有数/个	现有数/个	现有数/应有数/%
标准类别			
国家标准			
行业标准			
地方标准			
团体标准			
共计			
基础标准			
方法标准			
产品、过程、服务标准			
零部件、元器件标准			
原材料标准			
安全、卫生、环保标准			
其他			
共计			

4. 标准体系编制说明

标准体系编制说明的内容一般包括：

（1）标准体系建设的背景；

（2）标准体系的建设目标、构建依据及实施原则；

（3）国内外相关标准化情况综述；

（4）各级子体系划分原则和依据；

（5）各级子体系的说明，包括主要内容、适用范围等；

（6）与其他体系交叉情况和处理意见；

（7）需要其他体系协调配套的意见；

（8）结合统计表，分析现有标准与国外标准的差距和薄弱环节，明确今后的主攻方向；

（9）标准制修订规划建议；

（10）其他。

四、其他相关概念

（一）标准化文件

通过标准化活动制定的文件。

注："标准化文件"是诸如标准、技术规范、可公开获得规范、技术报告等文件的通称。

（二）规范性文件

为各种活动或其结果提供规则、导则或规定特性的文件。

注1："规范性文件"是诸如标准、规范、规程和法规等文件的通称。

注2："文件"可理解为记录有信息的各种媒介。

（三）规范

规定产品、过程或服务应满足的技术要求的文件。

注1：适宜时，规范宜指明可以判定其要求是否得到满足的程序。

注2：规范可以是标准、标准的一个部分或标准以外的其他标准化文件。

（四）规程

为产品、过程或服务全生命周期的有关阶段推荐良好惯例或程序的文件。

注：规程可以是标准、标准的一个部分或标准以外的其他标准化文件。

（五）技术法规

法规：由权力机关通过的有约束力的法律性文件。技术法规：规定技术要求的法规，它或者直接规定技术要求，或者通过引用标准、规范或规程提供技术要求，或者将标准、规范或规程的内容纳入法规中。

注：技术法规可附带技术指导，列出为了遵守法规要求可采取的某些途径，即视同符合条款。

第二节　服务标准化基础知识

一、服务标准化的背景

（一）产业结构调整促进服务业发展，是服务标准化的重要前提

随着高新技术的发展，全球产业结构的调整和优化，各国产业结构逐步向服务业倾斜。发达国家在 20 世纪 80 年代后期就基本完成了从制造业向服务业转移的结构调整，美国的服务业产值在 GDP（国内生产总值）中已占 90% 以上。从安排就业看，美国劳动人口的 3/4 从事服务业，日本是 2/3 的人口从事服务业。随着国民经济的发展，我国政府已将大力发展服务业作为新时期的重要任务，国民经济财富的创造将主要依赖服务业。2019 年，我国服务业增加值 534233 亿元，比上年增长 6.9%，分别高出国内生产总值和工业增加值增速 0.8 和 1.2 个百分点。服务业增加值占 GDP 比重已上升为 53.9%，比上年继续提高 0.6 个百分点。2012 年至 2019 年，服务业就业人数占比从 36.1% 升至 47.4%，成为吸纳就业最多的产业。最近几年我国服务业占 GDP 的比重一直维持在 50% 左右，同世界 60% 的平均水平相比，还有非常大的发展空间。

（二）国际服务贸易标准——《服务贸易总协定》中涉及的标准化内容，是服务标准化推进的重要基础

1995 年，世界服务贸易额超过了 12300 亿美元，占全世界贸易额的 25% 以上。1994 年服务贸易增长率为 8%，而 1995 年达到了 14%。WTO（世界贸易组织）认为服务贸易是当前贸易中增长速度最快的领域。《服务贸易总协定》作为规范服务贸易的行为准则，最重要的作用就是通过市场准入、最惠国待遇和国民待遇原则，推动全球服务市场的开放，为服务贸易的发展保驾护航。服务是特殊商品，很难用类似于有形产品检验的方式直接测量，无论生产性消费还是生活性消费，用户和消费者有权利购买到符合质量要求的服务。通过制定服务业标准，对拟进入国际市场的各行业服务提供者用资质标准进行资格认证，是 WTO 提出服务贸易标准化的重要内容。在服务贸易领域的谈判议题上，重点讨论的是服务贸易标准化问题，即服务贸易自由化要在符合标准的基础上进行，对服务提供者和服务产品要建立质量标准规范，以约束服务贸易的行为。《服务贸易总协定》规定，为了确保有关资格条件和程序、技术标准及许可符合要求，不造成服务贸易的壁垒，应建立适当结构并规定必要的纪律。这些纪律是：在提供服务的资格和能力方面，要有客观的、详细的标准；要确保服务质量，但不要造成障碍；在许可证方面，不要对提供服务形成一种限制。

（三）国际标准化组织（ISO）提出的"呼唤服务标准"口号，是服务标准化实践的动力来源

ISO 根据《服务贸易总协定》做出对服务贸易规范化的响应，提出用技术标准来支持或促进服务贸易的开展。1995 年 5 月，第 17 届国际标准化组织消费者政策委员会（ISO/COPOLCO）年会在北京召开，年会主题即被确定为"服务——对国际标准化的一个挑战"。可以说 1995 年北京召开的 COPOLCO 年会成为国际标准化向更广阔领域发展的一个里程碑。1996 年国际标准化组织将第 27 届"世界标准日"的主题确定为"呼唤服务标准"，服务标准化开始登上标准化的国际舞台。

二、基本概念

（一）服务

1. 顾客

能够或实际接受为其提供的，或按其要求提供的产品或服务的个人或组织。（GB/T 36733—2018，定义 3.2）

示例：消费者、委托人、最终使用者、零售商、内部过程的产品或服务的接收人、受益者和采购方。

注：顾客可以是组织内部的或外部的。

2. 服务

供方与顾客接触过程中所产生的一系列活动的过程及其结果，其结果通常是无形的。（GB/T 24620—2009，定义 3.1）

从以下几个方面理解服务的定义：

（1）服务的目的是满足顾客的需要。

（2）服务的条件是必须与顾客接触，服务的实质是一项活动，是产生于人、机器、设备与顾客之间互动关系的有机联系，并由此形成一定的活动过程。

（3）服务的内容是供方的一种活动。它包括的内容有两个部分，一个是"组织与顾客接触的活动"，另一个是"组织内部活动"。两个部分共同产生的结果就是服务所包括的内容。

同时，该标准还给出了"服务"的活动示例，包括：

①为满足顾客需求，在有形产品上所完成的活动（例如汽车服务或维修）；

②提供专家意见或顾客支持（例如法律或财务建议）；

③提供无形产品（例如保险）；

④为用户提供培训和教育（例如语言、体育和技艺知识的传授）；

⑤膳宿和娱乐（例如旅馆、剧院）；

⑥为参与者提供有组织和引导的活动（如旅游、活动假日）；

⑦设备或房屋租用（如出租代理、工具出租、电话服务、互联网服务提供商）；

⑧为顾客提供的护理或治疗（如理发师、牙医）；

⑨健康护理；

⑩互联网服务（如电信、电缆、网络、电力和燃料传输服务）；

⑪交通服务（如公共汽车、火车、轮船和航班）。

（二）服务业组织

GB/T 24421.1—2009《服务业组织标准化工作指南》中对服务业组织的定义：向顾客提供服务的组织。

组织：为实现目标，由职责、权限和相互关系构成自身功能的一个人或一组人。

注：组织的概念包括但不限于代理商、公司、集团、商行、企事业单位、行政机构、合营公司、协会、慈善机构或研究机构，或上述组织的部分或组合；无论是否为法人组织，共有或私有。

（三）服务标准及相关概念

1. 服务标准

服务标准是规定服务应满足的要求以确保其适用性的标准。服务标准的制定可以涉及服务业的各个领域，可以在诸如洗衣店、饭店管理、运输、汽车维修、远程通信、保险、银行、律师服务、医疗服务、旅游、文化娱乐、居民社区服务等领域内编制。规范的内容可包括服务组织、服务人员、顾客、合同、支付方式、服务的交付、服务结果、支持服务交付的硬件设备、支持服务交付的环境、补救措施、服务组织和顾客之间的沟通、服务组织内部或该组织与供应商之间的沟通等。制定服务标准不同于制定工业产品标准，它涉及公共道德、民族习惯及各国的法律等多种因素。ISO提出在制定服务标准时应倡导4个宗旨，即制定服务标准时，应更好地体现人文精神；注重保护消费者的合法权益不受侵害；通过制定服务标准，达到提高生活和生命质量的目的；通过制定服务标准，达到提高社会交往效率的目的。

2. 服务标准与服务业标准

服务标准化作为一个新兴的标准化领域，自起步后即受到我国各界的高度重视，研究的视角不断拓宽，研究的深度不断扩大。我国在20世纪80年代就开始了以"消费品使用说明"为代表的服务标准研制，该系列标准在性质上属于真正的服务标准。近年来，我国结合本国的实际情况，开始全面推行服务标准化，但工作的落脚点和出发点是基于整个服务业，因此造成了许多人对服务业标准、服务标准等概念的混淆。

服务业标准是按产业层次提出的概念，它的外延非常宽泛，因为服务业中的标准既包括服务标准，也有技术标准、管理标准和工作标准。而服务标准是从标准的性质角度提出的概念，横跨多个产业。相对来说，服务标准主要存在于服务业中，但又不仅限于服务业，最为典型的例子是"农、林、牧、渔服务业"就属于第一产业。所以说，它们二者之间的关系可以概括为：服务业标准涵盖服务标准，服务标准主要存在于服务业之中，但又不仅限于服务业。

3. 服务标准与技术标准、管理标准、工作标准

从标准类别的角度来看，现有的标准化理论侧重介绍技术标准、管理标准、工作标准，而服务标准是伴随"服务经济"时代而产生的一种新的标准类型，是对现有理论体系的补充。

所谓技术标准，是对标准化领域中需要协调统一的技术事项所制定的标准，其形式可以是标准、技术规范、规程等文件，也可以是标准的样品实物。所谓管理标准，是对标准化领域中需要协调统一的管理事项所制定的标准，如企业管理标准涉及经营管理、开发与设计管理、采购管理、生产管理、质量管理、设备与基础设施管理、安全管理、职业健康管理、环境管理、信息管理、人力资源管理、财务管理等众多方面。所谓工作标准，是为实现整个工作过程的协调，提高工作质量和工作效率，对工作岗位所制定的标准。

可以说，虽然服务标准与工作标准、技术标准、管理标准在划分层次上属于同一级别，但标准外延上存在着交叉，而且这种交叉主要存在于第三产业中。例如，对服务业从业人员资质的规范性要求属于原理论体系中工作标准的范畴；对支撑服务业活动的技术事项的规范性要求属于原理论中技术标准的范畴；服务安全、卫生标准等支持服务交付的标准，则属于原理论体系中管理标准的范畴。

（四）服务标准化

服务标准化是通过对服务标准的制定和实施、对标准化原则和方法的运用，以达到服务质量目标化、服务方法规范化、服务过程程序化，从而获得优质服务的过程。

由于服务本身具有无形性、非存储性等特点，因此服务领域的标准化不像有形产品那样直接和简单，而是更多地间接地对提供服务的相关条件提出标准化要求，如对于服务提供者（或供方）的资格或技能、服务设施与环境、服务提供过程及其结果等提出标准化要求。从以下几点可以进一步加深对服务标准化内涵的认识。

1. 服务标准化是一项有组织的活动过程

服务标准化的主要内容是制定服务标准，实施服务标准，进而修订服务标准，又实施服务标准。往复循环，螺旋式上升，每完成一次循环，标准化对象就发展、完善一次，标准化水平也就提高一步。

2. 服务标准是服务标准化活动的成果

规定服务应满足的要求以确保其适用性的标准是服务标准。服务标准化的效能和目的都要通过制定和实施服务标准来体现，因此，制定各类服务标准、组织实施服务标准和对服务标准的实施进行监督或检查构成了服务标准化的基本任务和主要活动内容。

3. 服务标准化的效果只有当标准在实施中付诸共同与重复使用后才能体现出来

只制定服务标准而不实施，或者服务标准实施过程不增值，都不能取得服务标准化效益，再高水平的服务标准，不认真实施，在实施过程中不增值也是没用的。

4. 服务标准化的对象和领域都在随着时间的推移不断地完善、扩展和深化

随着服务标准化的对象和领域不断增加，以及服务质量要求的不断提高，服务标准化的广度和深度也在不断扩展和深化。

5. 服务标准化的目的和主要意义在于改进

服务标准化的目的和主要意义就在于改进活动过程和服务的适用性，提高活动过程质量、服务过程质量，同时达到便于交流和协作，尤其还可以消除国际贸易中的技术壁垒。

三、服务标准化的作用

标准化作为发展服务业的重要技术支撑手段，对推动服务产业结构的优化，规范服务市场秩序，提高服务质量，构建和谐社会，保护消费者的合法权益，促进贸易，提高我国服务业的国际竞争力有着重要的意义。

（一）有利于形成服务业发展的良好制度环境

整顿和规范服务市场、营造服务业发展的良好制度环境是各地各级政府发展服务业的一项重要任务，服务标准化作为其中的一个重要手段受到重视。在服务过程中，由于缺乏服务标准或标准规定的操作性不强或标准实施缺乏有效的监督机制，服务不规范，评价判断无依据，侵犯消费者、所有者利益，经营者与消费者纠纷屡屡发生。所以，有必要给服务业的经营者、消费者、管理者制定一系列的技术标准、管理标准、工作标准。无论是经营者、消费者还是管理者，都按标准办事，为服务业的发展创造更好的制度环境。

健全的制度不仅有利于激励有资质的企业进入市场经营，形成有序的竞争环境，降低交易成本，而且，通过市场准入制度的"筛选"功能，可以达到优化资源配置和减少资源浪费的目的。我国服务业发展中制度环境的缺失，必然导致市场运行无序发展、运行失调，引发高昂的经济和社会成本，以至于造成服务业行为无章可循，消费者的利益被侵犯。

形成服务业发展的制度环境的重要途径在于制定服务标准。通过制定服务标准，可

以明确服务市场的准入领域、准入条件、准入程序及管理监督方法，从而形成服务业健康、有序发展所依托的制度环境。

（二）有利于确保服务质量、提高服务水平

完善和优化标准以提高质量是任何行业发展的必由之路。服务业企业采用标准化管理，才能强化企业的约束机制，充分利用企业现有资源，以顾客需求为出发点，实现服务质量控制，生产出优质的服务产品。同时，优质的服务可以拉动我国城乡居民的服务消费，改善消费结构，推动国民经济的快速增长。

我国服务企业尚未完全接受标准化的管理模式，而世界上一些知名的服务企业都已采用了标准化管理。例如，麦当劳现有1000多个企业标准，其内部制定QSC（质量、服务、清洁）管理标准。在服务标准上，通过规范的手段，利用统一要求，对行为举止或对待顾客的正确方法进行规范，甚至对员工施以影响深刻的心情训练等方法，达到服务工作标准化的目标，使顾客在所有的麦当劳餐厅能享受相同的服务。麦当劳的成功经验值得我国所有企业特别是零售、餐饮企业学习和借鉴。

目前，我国服务业从业人员的职业素质偏低。这也是制约服务质量管理水平提高的因素之一。解决这一问题的关键在于建立服务业从业人员的职业资格标准体系，通过实施和贯彻标准，加强从业人员的培训，提高其职业道德、知识水平和服务技能。

（三）有利于保护消费者的合法权益

以前缺乏服务业标准，在经营者和消费者发生矛盾纠纷时，管理者只能参照《消费者权益保护法》有关条款和其他相应的法规进行处理或调解，不仅难以操作，而且自由裁量权力过大，不利于保护消费者的合法权益。标准化不仅规范了经营者和消费者的行为，还对管理者的管理行为有规定，在很大程度上限制了管理者的自由裁量权力，为一些不法人员利用权力行事设置了政策障碍，保护了消费者的合法权益，使执法和管理都步入正规化、法制化的轨道。

通过制定服务标准，对市场主体的资质和行为规范，可形成公开透明、管理规范和全行业统一的市场准入制度，有利于激励有资质的企业进入市场经营，剔除不合格者或行为不端的企业，有助于形成良好的竞争环境，进而保护消费者的合法权益。

（四）实现服务业的内涵式发展

发展服务业的途径有两条：一是依靠投资来扩大规模，提高能力，即走外延式的发展道路；二是依靠改善管理来挖掘潜力、增强活力，即走内涵式的发展道路。根据我国国情，目前对于多数服务行业和服务企业，尤其是许多中小型服务企业来说，应选择后者。

服务业走内涵发展道路的关键是提高企业的素质，实现经济增长方式由传统的"粗放经营"向"集约经营"转变。而服务企业素质的提高与经济增长方式的转变要以搞好标准

化管理为其前提和基础；或者说，搞好标准化工作、提高规范化水平是服务企业全面提高素质的最直接、最有效的手段。只有搞好标准化，服务业才有可能做到合理地配置和利用现有的人力、物力、财力等各种资源，最大限度地挖掘潜力；进而在不增加或少量增加新的投资的情况下，使生产力得到提高，企业得到发展。

（五）有利于应对国际服务贸易竞争，提高我国服务业的国际竞争力

加快服务标准化工作符合国际贸易的公平、透明原则，同时能够有效地保护落后国家薄弱和具有民族优势的服务产业。各国在国际标准化活动中都争取主动权、发言权，并竭力在国际标准中反映本国的要求，设置贸易壁垒，保护本国利益。例如，制定会计、法律、咨询等职业资质标准，保护本国相应的服务市场。此外，在服务贸易中，优先制定标准者将有利于其服务产品顺利进入国际市场。

通过制定服务标准，有利于国内服务企业"走出去"。在服务贸易标准制定中，优先制定标准将有利于我国的服务产品进入国际市场。服务标准客观上形成了国内企业国际化经营的外部约束，而且也为国内企业了解国际服务领域的质量标准和行业准入条件，从而实现"走出去"战略提供技术支撑。

第三节　服务的特征和分类

一、服务特征

服务与产品是完全不同的两个概念，关于服务与产品的差异性主要归纳为4个特征：（1）无形性，服务不能像感知有形商品同样的方式被看到、闻到、触摸到或感觉到；（2）同步性，服务过程中消费者与生产者必须直接发生联系，生产的过程也是消费的过程；（3）差异性，在服务交易中，服务操作存在着潜在的可变性；（4）易消失性，服务不能保存，没有使用的服务不能储存起来，服务本身是不能储存的。

（一）无形性

无形性是服务最主要的特征。服务的产品形式可以是完全的劳务，即无形产品形式，如为用户提供培训和教育（例如语言、体育和技艺知识的传授）；但是，也有很多是与有形产品的制造和提供结合在一起的服务形式，如汽车服务或维修。

服务的无形性会给管理者带来一定的问题。主要体现在：

（1）服务缺乏存储的能力。例如，当天没有出售的酒店房间不能保留到第二天。

（2）服务不受专利的保护。

（3）服务展示或传达过程困难。例如，保险产品和培训服务，在购买前不了解也看不到，购买参与服务过程，购买后可能一段时间也是感受不到的，因此培训宣传很难传

达其价值。

（4）服务定价困难。例如，聘请家庭教师，每小时收费到底多少？劳动成本又是多少？

（5）服务产品设计因素的复杂性。

（6）服务质量的不确定性。

（7）服务不具有搜寻成分，而经验和信任特性的成分更大。

（8）服务的声誉、服务承诺更为重要。

（二）同步性

同步性是服务的显著特征，即服务的生产与消费是同时进行、不可分离的。服务人员提供服务的同时客户也在消费服务，二者在时间上不可分离。服务的同步性表现出来的特性有：

（1）服务是在服务提供者实际在场的情况下产生的，如医疗手术需要外科医生在场。

（2）客户参与生产过程，如客户理发需要全程在场。

（3）服务过程中有其他客户出现，如公共场所吸烟会扰乱非吸烟者的空间。

（4）服务不易大量生产。因为服务提供者是直接与所生产的服务相联系的，单个的服务提供者只能生产有限的服务量。对于为特定的人所提供的服务感兴趣的客户只能到该种服务提供者所在的地方接受服务。服务提供过程与消费过程并存，服务质量应与所做的承诺一致，服务人员应与顾客协调。服务的同步性会给管理者带来一定的问题。主要体现在：顾客参与并影响交易；消费者对质量的监控；顾客之间相互影响；同步营销、直销；员工影响服务的结果；分散化服务的控制；有限的规模经济；顾客投诉与服务补救。

（三）差异性

服务的差异性是指服务的构成成分及其质量水平经常变化，很难统一。差异性所引起的主要障碍使服务的标准化和质量控制难以实现。不同的服务人员由于其自身因素的影响会提供不同质量和效果的服务，即使同一个服务人员提供的服务也会因时因地而产生不同的水准。例如，酒店的服务人员各自与客户打交道的质量也会因不同的客户、不同的时间、不同的环境而变化。

服务的差异性会给管理者带来挑战。主要体现在：

（1）服务的提供与顾客的满意取决于员工的行动。

（2）服务质量取决于许多不可控因素。

（3）服务产品产出质量难以衡量。

（4）绩效管理困难。

（5）高技术带来高品质。

（6）标准化、个性化、精细化管理重要。

（7）沟通与协调，客户关系管理。

（8）组织的动态管理。

（四）易消失性

易消失性是服务区别于商品的特性，也说明了服务不能储存的特性。服务产品既不能在时间上储存下来，以备未来使用，也不能在空间上储存，将服务转移带回家去安放下来。如不能及时消费，就会造成服务的损失。空座位、空房间意味着永远失去一笔利润。例如，飞机座位、酒店客房等不能超越能力接待顾客，但若找不到顾客，能力也就浪费了。从另一方面说，质量较差的硬件产品，可以打折处理，但服务质量不好，则无法挽回。

如果需求波动情况严重，或者走势难以预料，服务企业就非常有必要加强需求管理，解决由于缺乏库存所引致的产品供求不平衡问题。

服务的易消失性会给管理者带来挑战。主要体现在：

（1）服务不可以储存。

（2）服务的供应和需求难以同步进行。

（3）需求管理很重要，需同步进行预定管理、排队管理、收益管理等。

（4）服务不能退货或转售。

二、服务分类

（一）按服务与产品的关系分类

服务与产品融合或分离的状态可分为：

（1）纯有形商品状态，如牙膏盐。

（2）附有服务的商品状态，如计算机。

（3）附有少部分商品的服务状态，如航空旅行。

（4）纯服务状态，如心理咨询、家政服务。

（二）按服务活动的性质分类

从两个层面对服务进行分析：一是谁或什么是服务的直接接收者；二是服务是可触知的还是不可触知，即是有形活动还是无形活动。按服务活动的性质可分为如下几类（见表1-3）。

表1-3 按服务的直接接收者与服务活动的性质分类

服务活动的性质	服务的直接接受者	
	人	物
有形活动	作用于人体的服务: 健康护理 客运 美容 健身 餐馆	作用于物的服务: 货运 工业设备的修理和维护 洗衣和干洗 园艺和草坪修护 兽医服务
无形活动	作用于人精神的服务: 教育 广播 信息服务 戏剧院 博物馆	作用于客户无形资产的服务: 银行 法律服务 会计 金融 保险

1. 作用于人体的可触知的服务

对顾客的身体提供有形服务。此类服务要求被服务对象当场接受服务,如一次心脏移植手术或是航空旅行。在这种情况下,顾客将会与服务机构及其雇员和服务设备有一段长时间的接触。

2. 作用于物的可触知的活动

对顾客所拥有的物品提供有形服务。这种服务只要求被服务的物品在场,顾客本人在场与否并不重要。顾客经常将物品送来,或者由服务人员上门提供服务。消费者只需要介绍一下基本情况,提一些服务要求,然后就可以离开,直到服务结束,如汽车修理和美容、土地平整和草坪修剪等,除非消费者想在现场督促服务的进行,否则服务人员与消费者的接触时间是十分短暂的。

3. 作用于人精神的不可触知的活动

对顾客的头脑提供无形服务。享受这种服务的是人的思想而不是肉体。此类服务如电视和广播,顾客与服务机构交流的仅仅是信息。在另一些情况下,比如传统形式的教育、音乐会和咨询,顾客本人则必须在场。因此在后一种情况下,消费者的满意度就取决于服务人员的行为。另外,周围的具体环境、服务组织的政策及其他的消费者也会对消费者享受服务产生很大的影响。

4. 作用于客户无形资产的不可触知的活动

对顾客的无形资产提供无形服务。这种服务是为顾客管理钱财、文字记录和数据资料等。顾客与服务机构接触，提出自己的要求，然后就可以离去。鉴于服务的特征及现有的技术水平，我们已经不需要顾客与服务机构直接面对面的交流。例如，现在的许多银行业务都是通过电话、邮件，甚至自动取款机来完成的。但对于部分特定的服务，有些消费者仍然比较偏爱人工操作，如开一个储蓄账户或者申请家庭抵押贷款。

（三）按服务过程分类

按照影响服务传递过程性质的两个主要维度——劳动力密集程度和交互及定制程度，可以得到4种组合形式（见表1-4）。垂直维度衡量劳动力密集程度，劳动力密集程度 = 劳动力成本 / 资本成本；水平维度衡量与客户之间的交互及定制程度。定制是客户个人影响要传递的服务的性质的能力。如果服务是标准化而非定制化，客户与服务人员之间就无须多少交互。

表1-4　按服务过程分类

服务过程		交互及定制程度	
		低	高
劳动力密集程度	低	服务工厂： 航空公司 运输公司 旅店 旅游胜地和娱乐场所等	服务作坊： 医院 汽车维修 其他维修
	高	大众化服务： 零售业 批发业 学校 银行的零售服务	专业服务： 医生 律师 会计 建筑师

服务过程可分为4个部分，每个部分各有其特点：

（1）服务工厂：低劳动密集，低交互和定制。服务工厂提供标准化服务，具有较高的资本投资。

（2）服务作坊：低劳动密集，高交互和定制。服务作坊允许有较多的服务定制，但在高资本环境下经营。

（3）大众化服务：高劳动密集，低交互和定制。大众化服务的客户在劳动力密集的环境中得到无差别的服务。

（4）专业服务：高劳动密集，高交互和定制。专业化服务的客户得到经过特殊训练的专家为其提供个性化服务。

第四节　服务标准化的规范内容

一、服务要素

全国服务标准化技术委员会作为国家级的专门从事服务标准化工作的技术组织，对 ISO/IEC 76 号指南进行了采标，标准编号及名称为 GB/T 24620—2009《服务标准制定导则　考虑消费者需求》，已于 2010 年 1 月 1 日正式实施。该标准给出了制定服务标准时通常应考虑的要素及其规范主题，具体内容见表 1-5。

表1-5　GB/T 24620—2009 给出服务标准主题

服务要素	主题范围
服务提供者	质量管理
	环境管理
	职业健康安全管理
	偿付能力和其他财务方面
	诚信
	能力
	社会责任
	人力资源
供方	为服务提供者提供支撑的组织应满足的要求
职员	知识
	技能和资质
	态度
	培训
顾客	接受服务，顾客应满足的要求（如年龄、知识或技能、态度或健康的最低要求）
合同	清晰和明确
	客观和公平
	格式
支付	与支付相关的信息
	支付方式
	条件

续 表

服务要素	主题范围
交付	活动说明
	可信赖性
	隐私
	安全
	健康和卫生
	环境
	行为准则
	保密
服务结果	满意度
	持续改进
服务环境	健康和安全要求（如办公室进入的要求、温度、空气质量等）
	可达性
设备	质量和安全要求
	可用性
补救措施	紧急情况下的措施
	连带责任
	投诉处理
	担保
服务提供者与顾客之间的沟通	沟通方法
	沟通内容
	沟通频率
	易获得性
	态度
	行为守则
	顾客满意度测量
服务组织内部沟通	沟通方法
	沟通频率
	共享信息

二、对服务标准化范围和内容的界定

我国对服务标准化范围和内容的界定是处在不断深化的进程之中的。早在 1995 年，我国就颁布了《服务标准化工作指南 第 1 部分：总则》，该标准于 2003 年进行了第一次修订，即 GB/T 15624.1—2003《服务标准化工作指南　第 1 部分：总则》，于 2011 年进行了第二次修订，即 GB/T 15624—2011《服务标准化工作指南》。修订后的 GB/T 15624—2011《服务标准化工作指南》将服务标准化的范围概括为主要包括服务业中的服务活动，也包括农业、工业中存在的服务活动。服务标准主要包括服务基础标准、服务提供标准、服务评价标准 3 种类型。

三、服务业组织标准化工作指南

为指导服务业组织开展标准化工作，充分发挥标准化对服务业组织及服务业的重要支撑作用，国家标准化管理委员会服务业标准部组织专家制定 GB/T 24421《服务业组织标准化工作指南》系列标准，已于 2009 年 11 月 1 日正式实施。《服务业组织标准化工作指南》系列国家标准由 4 个国家标准组成，包括：GB/T 24421.1—2009《服务业组织标准化工作指南　第 1 部分：基本要求》、GB/T 24421.2—2009《服务业组织标准化工作指南　第 2 部分：标准体系》、GB/T 24421.3—2009《服务业组织标准化工作指南　第 3 部分：标准编写》、GB/T 24421.4—2009《服务业组织标准化工作指南　第 4 部分：标准实施及评价》。这些标准的实施为我国服务业，特别是服务业组织开展标准化工作提供了统一的指南。

第五节　服务标准化与服务差异化

从 20 世纪中叶起，服务行业开始逐渐取代传统的工业和农业，成为支撑全球经济发展的重要产业。与此同时，服务业也出现了两个不同的发展趋势：服务标准化与服务差异化。

一、服务标准化与服务差异化关系

服务标准化趋势——服务标准化可以使企业节约成本，减少资源浪费，提高服务质量可控性，还可以提高服务的透明度，增加消费者的知情权，有助于企业形象的定位。但是，服务标准化与有形产品的标准化或者制造业的标准化有着很大的不同。服务标准化并不是简单地追求"统一"，而是结合了顾客期望、企业服务能力，以及一定的定量、定性调查因素。

服务差异化趋势——消费者需求渐趋多样化和个性化、同类企业竞争加剧等因素，迫使企业对服务进行创新，实现服务差异化。服务差异化在客户分类管理的基础上，依照客户差异化、多元化需求实施相应的改进服务，常用实践方式包括服务的变通化、多样化和特色化，强调客户细分、服务个性、服务创新、服务特色，以及服务人员的灵活应变能力，目的在于满足潜在需求，实现潜在收益。

从表面上看，服务标准化与服务差异化不可兼容、相互排斥。实质上，服务标准化与差异化是相辅相成、辩证统一、不可割裂的整体，两者的相互作用推动了服务质量的提高。服务标准化和差异化都源于服务质量期望，归于服务质量改进，既不是简单地强调统一，也不是一味追求创新，而是一种结合了顾客期望、服务能力等综合因素的服务质量体现。标准化是差异化的基础，差异化以标准化为前提和依托——标准化是"异中存同"。服务标准化的实施，保证了服务质量的稳定、可靠，满足了顾客基本的需求。但服务标准化强调满足顾客的"通用"需求，忽略了单个个体的独特需求，在顾客需求多样化的前提下，善于发现顾客独特需求并予以满足的个性化服务成为趋势。变，即由"标准"向"非标准"的转变。差异化服务的不断丰富，必然导致整个服务过程多样化程度逐渐提高、规范化程度逐渐降低。当"多样化的发展超出必要的界限"时，又需要再次开展标准化活动，对差异化服务中已经成熟的内容予以规范，以标准的形式体现出来，通过标准的发布和实施，来保证这些先进的经验和方法得到应用。这是差异化之后的标准化，也是由"非标准"向"标准"转化的过程。"标准"与"非标准"都只是相对的，两者的转化在不断进行，在不断循环中螺旋式上升。服务标准化与差异化的不断转变，符合对立统一规律，成为标准化过程不断发展、服务质量不断提高的动力。

二、案例：如何才能处理好客舱服务标准化和差异化

客舱服务可以从不同的角度和侧面细化进行。

普通舱位的标准化：一是客舱服务流程层面，即客舱服务的递送系统，向顾客提供满足其需求的各个有序服务步骤，服务流程标准、手册的建立，要求对适合这种流程服务标准的乘客提供相同步骤的服务。二是提供的具体客舱服务层面，即在各个客舱服务环节中人性的一面，在空中服务接触或"真实的瞬间"中，乘务员所展现出来的仪表、语言、态度和行为等。

头等舱位的差异化：在达到标准化要求、做好SOP（标准作业程序）的基础上，提供附加值更高的服务，在服务内容、服务渠道和服务形象等方面采取有别于标准化且能突出自己的内容特征，以区别其他航空公司，从而立住脚跟的一种做法。目的是要通过服务差异化突出自己的优势，与其他航空公司相区别。

（一）如何提供客舱服务标准化

客舱服务通常是生产与消费同步进行的，机票在没有出售前是不能提供出来的，客舱服务在生产的时候同时被消费。这种同步性也意味着较高的顾客参与度，服务的质量与顾客满意度将在很大程度上依赖于"真实瞬间"的情况，如果能在这些"接触瞬间"提

炼出可以标准化的部分，对公司本身而言无疑是一大挑战，同时也会成为服务的亮点。"接触点"的服务标准化，主要体现为乘务员的仪表、语言、态度和行为标准等。

1. 客舱服务人员语言标准化

在服务的过程中有效的沟通是特别重要的，如果做不到这一点，即使世界上最有效的服务思想也会烟消云散。这当然需要很多服务技巧，如客舱服务人员要学会倾听、学会沉默，不仅要注重语言交流，还要注重非语言交流，但适中的语言表达是非常关键的。服务人员语言标准，应该包括一些基本的礼貌语言标准。

2. 客舱服务人员动作标准化

对时间动作进行研究最早是由泰勒提出的，该研究为人们工作的每一个构成环节制定一种科学方法，以代替旧有的只凭经验的工作方式，试图确定完成每项工作的最佳方式。通过对时间的研究及观察员工工作时的动作，确定完成工作过程中每一个环节所需消耗的时间，仔细观察每项特殊工作中可以测量的方面，得以发现员工具体在做什么，以及如何做。对员工在劳动过程中的各种动作进行分析，取消无用的多余动作，使剩余的动作都成为必要的良好的标准动作，通过这种科学的研究来提高工作效率和工作质量。

3. 客舱服务人员态度标准化

服务态度是客舱服务人员对顾客的思想情感及其行为举止的综合表现，包括对顾客的主动热情程度、敬重和礼貌程度，服务态度是衡量服务质量的一项重要标准和内容。客舱服务人员态度标准的制定、实施和监督不像对语言和动作标准化那么容易可行，但一定要有统一性、可追溯性和可检验性。就是说客舱服务态度标准要对乘务员的检验提供依据，使其具有可追溯性，这样才能达到服务的统一。

（二）如何提供客舱服务供差异化

1. 从战略部署的高度做好头等舱服务

（1）调查、了解和分清头等舱上现有的服务种类、其他航空公司的劣势和自己的优势，有针对性、创造性地开发服务项目，满足头等舱顾客的需要。

（2）采取有别于其他的多媒体传递手段，迅速而有效地把企业的头等舱服务传递给服务接受者。

（3）运用象征物或特殊的符号、名称、标志来树立企业的独特形象。

2. 以优质服务做好每个细节

（1）通过优质服务把无形产品有形化。

（2）将头等舱产品进行乘客化定制。例如，提供专属乘务员、果汁吧及放松的娱乐设施，以此区别于其他航空公司。

（3）减少视觉风险。例如，针对乘客缺少航空飞行安全方面的知识，乘务员可以专门安排时间解释问题，无形中将会与乘客建立起相互信赖的关系，并让乘客愿意额外付出。

（4）加强乘务员服务训练。由于服务主要是客舱服务人员提供的，如果实施高质量的训练计划，则可以促进服务质量提高，建立难以模仿的竞争优势。

（5）高水准的客舱服务质量管理。客舱服务产品是比较容易模仿和复制的，相比之下，高水准的质量管理能力不容易复制。因为，高质量的客舱（头等舱）质量管理涉及员工训练、程序管理、技术开发等复杂内容，所以不容易复制。

小链接：北京飞纽约，最贵的全价经济舱机票也不过是8000元人民币上下，但头等舱的机票要8万元左右。这是为什么？如果你常坐头等舱，你又是否知道哪家航空公司的头等舱最值得坐？如何选择头等舱航空公司？通常，直达目的地是首选；如果不能，飞行时间越短越好；时间没有差异，服务项目考虑越周到越好。

◆◆ 复习思考题

1. 论述服务标准化的由来。

2. 讨论服务标准与服务业标准的联系与区别。

3. 论述服务标准与技术标准、工作标准、管理标准的区别。

4. 举例说明服务标准化与服务差异化的关系。

5. 论述服务标准化的作用。

6. 简述服务标准化的内容与范围。

第二章　国内外服务标准化发展现状

◆◆◆ 本章学习要求：

掌握：国际标准化组织消费者政策委员会现状。

熟悉：我国服务标准化发展阶段。

了解：ISO 已成立的与服务相关的标准化技术委员会情况；欧盟服务标准化现状。

国内外服务标准化
发展现状

第一节　国际服务标准化发展现状

一、国际标准化组织消费者政策委员会现状

服务业的蓬勃发展是 20 世纪以来世界经济发展的主要特征之一。WTO《服务贸易总协定》（GATS）作为乌拉圭回合谈判成果之一，于 1995 年 1 月 1 日正式生效。ISO 根据此协定做出对服务贸易规范化的响应，提出用技术标准来规范服务质量，支持或促进服务贸易的开展。

（一）国际标准化组织消费者政策委员会

消费者政策委员会（Consumer Policy Committee, COPOLCO）成立于 1978 年 8 月，连同合格评定委员会（CASCO）、发展中国家事务委员会（DEVCO）是 ISO 下设的三个政策委员会，其宗旨是研究帮助消费者从标准化中受益的途径，以及探索切实可行的方法以推动消费者参与国内与国际标准化工作。ISO/COPOLCO 总体目标如下：ISO 成员提供 ISO/COPOLCO 服务；支持消费者参与标准制定；研究消费者如何从标准化中获益；促进标准在消费者保护中的积极作用；鼓励有关消费者利益标准工作的交流；将消费者的观点引入当前的标准项目和消费者感兴趣领域的新工作建议中。ISO/COPOLCO 结构图见图 2-1。

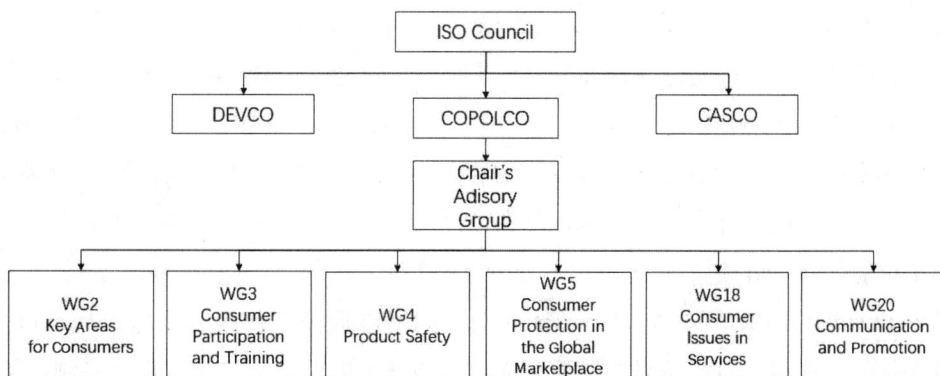

图 2-1　ISO/COPOLCO 结构

ISO/COPOLCO 成员均来自 ISO 的成员，COPOLCO 成员资格对作为积极成员（P 成员，有表决权）、观察成员（O 成员，没有表决权）开放。目前，积极成员是 78 个，观察成员是 50 个。我国是 ISO/COPOLCO 的积极成员。

ISO/COPOLCO 与国际电工委员会（IEC）合作，在制定标准时提供与消费者问题相关的指南，并与国际消费者组织（IOCU）、经济合作与发展组织（OECD）、国际法定计量组织（OIML）和一些区域性的消费者组织（如欧洲消费者标准化之声 ANEC）有着密切的联系。ISO/COPOLCO 提供一个平台，交流消费者参与制定和实施消费者领域标准的经验，以及消费者在国内和国际标准化中感兴趣的其他问题。自成立以来，每年召开一次为期 3 天的年会，结合其工作进程研究如何实现该委员会工作目标，并向 ISO 理事会提交年度报告。COPOLCO 通过决议、宣言和导则等形式，向 ISO 各成员及有关技术团体转达消费者的要求和希望。例如，经主动研究，该委员会专门起草报告，向 ISO 成员介绍了在受理消费者投诉这一崭新领域内建立标准的要求。工作会议做出的若干决议和年度报告将提交 ISO 理事会，在每届工作会议之前要召开一天的公众研讨会，研讨会的主题均是全球标准化工作的新领域或热点问题。目前已对 16 个全球问题做出研讨，如"产品安全""认证与消费者""面向广大公共消费者的需求""消费者需要的环境标志和产品评价""信息技术与通信——服务于消费者的全球标准"。

在 COPOLCO 内，有几个工作组：

ISO/COPOLCO/WG2 为消费者关键领域工作组，是 COPOLCO 授权的常设委员会。它提供与消费者相关的标准化关键工作领域的信息，努力在履行此任务的过程中不断改进，同时考虑到发展中国家和新兴经济体的需求。ISO/COPOLCO/WG2 以其他方式与其他工作组合作。

ISO/COPOLCO/WG3 为消费者参与和培训工作组。消费者参与和培训的工作组的任务是提高消费者和消费者组织之间的标准化意识，以及对消费者问题和消费者参与标准化的价值的理解。它解决了消费者参与的障碍，鼓励消费者积极参与，并开发培训和支持材料。它的任务是授权支持消费者参与并了解已经确定的关键领域中的消费者问题。

ISO/COPOLCO/WG4 为产品安全工作组。产品安全的工作组重点关注尚未注册为关键领域的消费品安全。它在已经确定的关键领域提出了新产品安全问题。它力求在现有关键领域（如玩具电子样本）中协调国际要求。第 4 工作组（WG4）为第 2 工作组（WG2）提出了可能的新关键领域。

ISO/COPOLCO/WG5 为全球市场环境中的消费者保护工作组。全球市场环境中的消费者保护的工作组针对消费者的利益，为全球市场上的在线交易和常规交易制定了提案。它开发新的项目；而消费者关键领域工作组则负责确定现有的标准化工作。当第 5 工作组的项目构想成为积极的标准化工作时，第 5 工作组（WG5）提议第 2 工作组（WG2）将其添加为新的关键领域。

ISO/COPOLCO/WG18 为服务中的消费者问题工作组。服务中的消费者问题工作组关注服务中的消费者问题标准，它制定了 76 号指南。第 2 工作组（WG2）向第 18 工作组（WG18）通报服务中的新 ISO/IEC 活动，第 18 工作组报告工作进展。

ISO/COPOLCO/WG20 为沟通和促进工作组，是与外部联系的组织。

第 2 工作组（WG2）与其他工作组之间的关系见图 2-2。

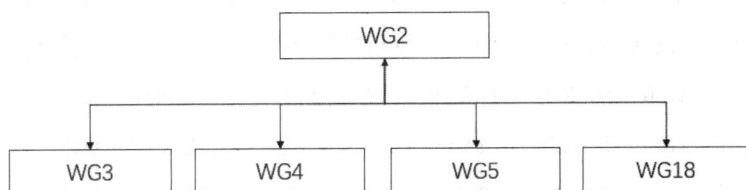

图 2-2　WG2 与其他工作组之间的关系

COPOLCO 内部有不同的任务小组。在 COPOLCO 年度例会上，围绕例会主题，解决相应问题的任务小组就工作方法和进程向与会各国代表做出工作报告，让全世界的听众了解他们的观点。这些任务小组由消费者、政府组织、经营者及标准领域内的专家联合组成。其主要任务是为建立新标准做准备或拟定相关问题结论以向 ISO 理事会提交报告。任务小组始于 1979 年，涉及产品安全、消费者信息、包装、认证、运动、汽车、交易场所质量、世界范围内标准化工作为消费者带来的益处、服务、舒适度评估、世界市场内消费者权益保护等专项问题。

另外，COPOLCO 内部还有不同的专题工作组，以协调、处理综合性比较强的问题，如世界市场中消费者权益的保护、从消费者角度界定其优先权等。

在服务标准化方面，ISO/COPOLCO 第十七届年会于 1995 年 5 月 29 日至 31 日在北京召开，此次年会以服务为主题，受到了 ISO 总部及 ISO/COPOLCO 主席团的重视，世界贸易组织也派了代表参加。此后，ISO/COPOLCO 于 2001 年举办了有关服务标准的研讨会，并决定开发 ISO/IEC 76 号指南，供开发所有类别服务标准的技术委员会使用。除此之外，ISO/COPOLCO 目前已经完成了一项新的局部议题的标准化提议：网络服务的记账，提高服务账单的透明度，以便出现问题或纠纷时建立顾客补济机制。

（二）国际标准化组织（ISO/COPOLCO）服务标准研制情况

ISO/COPOLCO 与 IEC 联合制定出了下列消费者的服务相关标准：

（1）ISO/IEC Guide 14:1977《面向消费者　商品和服务的购买信息》；

（2）ISO/IEC Guide 14:2003《面向消费者　商品和服务的购买信息》；

（3）ISO/IEC Guide 14:2018《面向消费者　商品和服务的购买信息》；

（4）ISO/IEC Guide 37:1995《关于消费者权益的产品使用说明》；

（5）ISO/IEC Guide 37:2012《关于消费者权益的产品使用说明》；

（6）ISO Guide 41:1984《包装指南　满足消费者需求的建议》；

（7）ISO/IEC Guide 41:2003《包装指南　满足消费者需求的建议》；

（8）ISO/IEC Guide 41:2018《包装指南　满足消费者需求的建议》；

（9）ISO/IEC Guide 46:1985《消费品及有关服务的比较试验一般原则》；

（10）ISO/IEC Guide 46:2017《消费品及有关服务的比较试验一般原则》；

（11）ISO/IEC Guide 50:2014《标准和其他规范中儿童安全指南》；

（12）ISO/IEC Guide 74:2004《图形符号　考虑用户需求的技术指南》；

（13）ISO/IEC Guide 76:2008《服务标准制定　考虑消费者需求的建议》；

（14）ISO/IEC Guide 76:2020《服务标准制定　考虑消费者需求的建议》。

1. 金融、银行货币体系

在金融、银行货币体系中，ISO 已制定和正在制定标准涉及金融、银行、货币体系、保险、理财等。

2. 服务综合类

ISO 与 IEC 联合制定了一项与消费者相关服务类的国际标准指南 ISO/IEC Guide 76:2020《服务标准制定　考虑消费者需求的建议》。

3. 消费服务等其他服务

在消费服务等其他服务中，制定包括旅馆、餐厅、洗涤、清扫、搬运、葬礼等其他服务标准。

4. 娱乐、旅游类

ISO 已制定及正在制定娱乐、旅游相关的标准。

5. 邮政服务类

ISO 已制定邮政服务类标准。

二、ISO 已成立的与服务相关的标准化技术委员会

ISO 的标准制修订具体工作由各个技术委员会（TC）和分技术委员会（SC）及项目委员（PC）负责完成。目前，ISO 已经成立了 15 个服务类的技术委员会。

（一）个人理财服务标准化技术委员会（ISO/TC 222）

1. 简介

个人理财服务标准化技术委员会（ISO/TC 222）成立于 2000 年，秘书处设在德国。标委会的工作范围是在个人理财规划领域开展标准化工作，包括基于教育、考试、经验和道德行为要素的从业人员认证标准化，以及个人理财规划过程的标准化。个人理财规划过程通常包括但不限于：定义客户和规划师关系，收集包括目标在内的客户数据，分析和评估客户的财务状况，制定和提出理财规划建议或备选方案，实施理财规划推荐和监督。现有 29 个国家或地区参加其活动，其中积极成员 12 个，观察成员 17 个。

2. 服务标准研制

ISO/TC 222 已经制定了一项个人理财规划国际标准。

ISO 22222:2005《个人理财规划 对个人理财计划员的要求》，定义了个人财务规划流程，并规定了个人财务规划师的道德行为、能力和经验要求。该标准适用于所有个人理财规划师，无论其就业状况如何。ISO 22222:2005 描述并说明了各种合格评定方法，并规定了适用于每种方法的要求。

注：GB/T 23697—2009《个人理财 理财规划师的要求》，定义了个人理财规划过程，并规定了对理财规划师职业道德、从业能力和工作经验等方面的要求，适用于所有理财规划师。

（二）"饮用水供应及污水处理系统服务质量标准和效率指标"标准化技术委员会（ISO/TC 224）（与服务活动相关的饮水供应系统和废水处理系统标准化技术委员会）

1. 简介

"饮用水供应及污水处理系统服务质量标准和效率指标"标准化技术委员会（ISO/TC 224）成立于 2001 年，秘书处设在法国。ISO/TC 224 旨在为相关饮用水供水系统和废水排放系统的服务活动制定标准和提供指南，但不涉及供水和污水处理系统的设计、建造或维护技术，以及饮用水质量接受限制和污水处理机构的限制分析方法等。ISO/TC 224 的成立将有利于促进包括使用者、地方或国家的水利权威部门、公共或私人的水利操作人员、非政府间国际组织等在内的人员之间的对话。因而能更好地考虑使用者的期望，也能使相关机构对水利基础设施的管理更加透明，更好地管理水资源及界定质量评价准则和性能指标。

污泥回收循环处理和处置标准化技术委员会（ISO/TC 275）负责污泥回收、再循环、处理和处置的标准化；水回用标准化技术委员会（ISO/TC 282）负责水回用标准化；水质标准化技术委员会（ISO/TC147）负责水质领域的标准化工作。

2. 服务标准研制

ISO/TC 224 制定的标准有：

（1）ISO 24510:2007《饮用水与污水服务活动　用户服务改善与评估指南》；

（2）ISO 24511:2007《饮用水与污水服务活动　污水利用管理和污水设备评估指南》；

（3）ISO 24512:2007《饮用水与污水服务活动　饮用水利用管理和饮用水设备评估指南》；

（4）ISO 24513:2019《与饮用水供应、废水和雨水系统有关的服务活动　词汇》；

（5）ISO/TR 24514:2018《与饮用水和废水服务有关的活动　使用 ISO 24510、ISO 24511 和 ISO 24512 及相关方法的性能指标的使用示例》；

（6）ISO 24516-1:2016《供水和污水处理系统资产管理指南　第 1 部分：饮用水分配网络》；

（7）ISO 24516-2:2019《供水和污水处理系统资产管理指南　第 2 部分：自来水厂》；

（8）ISO 24516-3:2017《供水和污水处理系统资产管理指南　第 3 部分：废水收集网络》；

（9）ISO 24516-4:2019《供水和污水处理系统资产管理指南　第 4 部分：废水处理厂、污泥处理设施、泵站、滞留设施》；

（10）ISO 24518:2015《涉及饮用水和废水服务的活动　水公共事业的危机管理》；

（11）ISO/TS 24520:2017《饮用水供应和废水处理系统的服务活动　应急管理良好的技术实践》；

（12）ISO 24521:2016《与饮用水和废水服务有关的活动　基本现场生活废水服务管理指南》；

（13）ISO/TS 24522:2019《事件检测过程：水和废水设施指南》；

（14）ISO 24523:2017《与饮用水供应系统和废水系统有关的服务活动　水务公司基准指南》；

（15）ISO/TR 24524:2019《与饮用水供应、废水和雨水系统有关的服务活动　废水输送系统中的液压、机械和环境条件》；

（16）ISO 24527:2020《与饮用水供应、废水和雨水系统有关的服务活动　危机期间提供替代饮用水服务的指南》；

（17）ISO 24536:2019《与饮用水供应、废水和雨水系统有关的服务活动　雨水管理城市地区雨水管理指南》；

（18）ISO 46001:2019《水效率管理系统　要求和使用指南》。

正在制定的标准：

（1）ISO/WD TS 24519《为流离失所者临时安置点提供供水服务》；

（2）ISO/CD 24525《与饮用水和废水服务有关的活动　基本现场生活废水服务管理指南　操作和维护活动》；

（3）ISO/DIS 24528《与饮用水系统和废水系统有关的服务活动　饮用水分配网络失水调查指南》；

（4）ISO/CD TR 24539《雨水管理的良好实践范例》；

（5）ISO/WD 24540《水务公司有效公司治理原则》；

（6）ISO/CD TS 24541《与饮用水供应系统和废水系统有关的服务活动　饮用水网络中连续水质和运行模式监测系统的实施指南》；

（7）ISO/AWI TR 24589《供水和废水系统资产管理指南　良好管理规范示例》。

（三）市场、民意与社会调查标准化技术委员会（ISO/TC 225）

1. 简介

市场、民意与社会调查标准化技术委员会（ISO/TC 225）成立于 2002 年，秘书处设在法国。标委会的工作范围是对从事市场、民意和社会研究的组织和专业人员进行规范。现有 31 个国家或地区参加其活动，其中积极成员 16 个，观察成员 15 个。

2. 服务标准研制

ISO/TC 225 制定的标准有：

（1）ISO 19731:2017《数字分析和网络分析　用于市场、意见和社会研究　词汇和服务要求》。规定了组织和专业人员的术语、定义及服务要求，这些组织和专业人员通过各种方法和技术进行数字分析和网络分析，以收集、分析和报告用于市场、意见和社会研究的数字数据。它提供了评估和评价此类服务质量的标准，适用于由服务提供商主动进行的、由客户委托的或由客户自己进行的数字分析和网络分析，也适用于数字和网络分析研究活动。

（2）ISO 20252:2019《市场、民意与社会调查　词汇表和服务要求》规定了开展市场、民意和社会研究（包括见解和数据分析）的服务提供商的术语、定义和服务要求。非市场调研活动，如直接营销，不在范围内。

（四）旅游服务与相关产品标准化技术委员会（ISO/TC 228）

1. 简介

旅游服务与相关产品标准化技术委员会（ISO/TC 228）成立于 2005 年，秘书处设在西班牙标准化协会（UNE）。现有 108 个国家或地区参加其活动，其中积极成员 71 个，观察成员 37 个。标委会的工作范围是旅游服务提供机构提供的服务产品及相关活动名词术语和特征的标准化，其中包括旅游目的地及其设施和信息服务的标准化。

标委会下设 11 个工作组（WG），分别是潜水服务（WG1）、健康旅游服务（WG2）、冒险旅游（WG7）、游艇港（WG8）、裸船租赁服务（WG11）、可持续旅游（WG13）、无障碍旅游（WG14）、住宿（WG15）、餐厅（WG16）、游客参观（WG17）、减少 COVID–19 在旅游业传播的措施（WG19）。

2. 研制服务标准

ISO/TC 228 发布标准：

（1）ISO 11107:2009《娱乐性潜水服务　关于高氧潜水训练计划的要求 第 1 版》；

（2）ISO 11121:2017《娱乐性潜水服务　潜水入门课程要求》；

（3）ISO 13009:2015《旅游及相关服务　海滩经营的要求和建议》；

（4）ISO 13289:2011《娱乐性潜水服务　进行潜水远足的要求》；

（5）ISO 13293:2012《娱乐性潜水服务　为气体混合培训计划的要求》；

（6）ISO 13687–1:2017《旅游及相关服务　游艇港口　第 1 部分：基础服务水平港口的最低要求》；

（7）ISO 13687–2:2017《旅游及相关服务　游艇港口　第 2 部分：中等服务水平港口的最低要求》；

（8）ISO 13687–3:2017《旅游及相关服务　游艇港口　第 3 部分：高服务水平港口的最低要求》；

（9）ISO 13810:2015《旅游服务　工业旅游　服务规定》；

（10）ISO/TS 13811:2015《旅游及相关服务　住宿场所开发环境规范指南》；

（11）ISO 13970:2011《娱乐性潜水服务　娱乐潜水导游培训要求》；

（12）ISO 14785:2014《旅游信息办公室　旅游信息和接待服务　要求》；

（13）ISO 17679:2016《旅游及相关服务　健康水疗　服务要求》；

（14）ISO 17680:2015《旅游及相关服务　海水浴疗法　服务要求》；

（15）ISO 18065:2015《旅游及相关服务　自然保护区机构提供的公共旅游服务要求》；

（16）ISO 18513:2003《旅游服务　宾馆和其他类型的旅游接待　术语》；

（17）ISO 20410:2017《旅游及相关服务　空船租赁　服务和设备最低要求》；

（18）ISO 20611:2018《探险旅游　可持续发展的良好实践　要求和建议》；

（19）ISO 21101:2014《探险旅游　安全管理系统　要求》；

（20）ISO/TR 21102:2013《探险旅游　领导　人员能力》；

（21）ISO 21103:2014《探险旅游　参与者信息》；

（22）ISO 21401:2018《旅游及相关服务　住宿设施可持续性管理系统　要求》；

（23）ISO 21406:2020《旅游及相关服务　游艇港口　豪华港口的基本要求》；

（24）ISO 21416:2019《娱乐性潜水服务　休闲潜水环境可持续实践的要求和指南》；

（25）ISO 21417:2019《娱乐性潜水服务　娱乐潜水者环境意识培训要求》；

（26）ISO 21426:2018《旅游及相关服务　医疗水疗　服务要求》；

（27）ISO 22483:2020《旅游及相关服务　旅馆　服务要求》；

（28）ISO 24801-1:2014《娱乐性潜水服务　娱乐性水下呼吸器潜水者训练的要求　第1部分：等级1指导潜水者》；

（29）ISO 24801-2:2014《娱乐性潜水服务　娱乐性水下呼吸器潜水者训练的要求　第2部分：等级2志愿潜水者》；

（30）ISO 24801-3:2014《娱乐性潜水服务　娱乐性水下呼吸器潜水者训练的要求　第3部分：等级3潜水教练》；

（31）ISO 24802-1:2014《娱乐性潜水服务　潜水教练培训要求　第1部分：等级1》；

（32）ISO 24802-2:2014《娱乐性潜水服务　潜水教练培训要求　第2部分：等级2》；

（33）ISO 24803:2017《娱乐性潜水服务　娱乐性潜水设备要求》。

正在制定的标准：

（1）ISO/WD 24642《娱乐性潜水服务　再呼吸潜水员训练的要求》；

（2）ISO/AWI 24063《再呼吸潜水员训练要求　非减压潜水》；

（3）ISO/CD 23405《旅游及相关服务　可持续旅游的原则和术语》；

（4）SO/DIS 22876《旅游及相关服务　光船租赁　附加租赁服务和经验》；

（5）ISO/DIS 22525《旅游及相关服务　医疗旅游　服务要求》；

（6）ISO/DIS 21902《旅游及相关服务　旅游业　要求和建议》；

（7）ISO/CD 21621《传统餐厅　视觉、装饰和服务》；

（8）ISO/CD 21620《旅游及相关服务　传统酒店》；

（9）ISO/PRF 21102《冒险　领导者　人员能力》；

（10）ISO/CD 18513《旅游服务　旅馆和其他类型的旅游住宿　术语》；

（11）ISO/WD 3163《探险旅游术语》；

（12）ISO/WD 3021《冒险旅游　徒步旅行和徒步旅行活动　服务要求》。

（五）教育服务——非正式教育和培训标准化技术委员会（ISO/TC 232）

1. 简介

教育服务——非正式教育和培训标准化技术委员会（ISO/TC 232）成立于2007年，秘书处设在德国。现有49个国家或地区参加其活动，其中积极成员27个，观察成员22

个。其业务范围是教育和学习服务领域的标准化，集中于专业培训服务、职工培训项目，以及资格认证方面的规程。在教育服务领域中，将开展职业培训服务、职工培训项目，以及针对具体资质方面的标准制定工作。

标委会下设 3 个工作组（WG），分别是语言学习服务（WG1）、术语（WG2）、远程教育服务（WG3）。

2. 服务标准研制

ISO/TC 232 已制定的标准：

（1）ISO 21001:2018《教育机构　教育机构管理制度　使用指南要求》。标准规定了教育组织需要通过教学、学习或研究证明其具有支持他人获取和发展能力的能力；旨在通过有效应用 EOMS（enterprise operating model system，运维流程管理系统），提高学习者、其他受益人和工作人员的满意度，包括改进系统和确保学习者和其他受益人的要求。ISO 21001:2018 的所有要求都是通用的，旨在适用于通过教学、学习或研究支持能力发展的任何组织，无论其类型、规模或交付方法如何。可适用于核心业务不是教育的大型组织内的教育组织，如专业培训部门。不适用于仅生产或制造教育产品的组织。

（2）ISO 29991:2014《非正规教育　语言学习服务要求》。标准规定了正规教育以外的语言学习服务要求。这些服务包括面向语言学习者本身及为学习者的利益而获得服务的相关方的任何语言学习服务。任何这类服务的关键特征是，学习的目标被定义和评估，它涉及与学习者的互动。教学可以是面对面的，也可以是技术的中介，或者两者兼而有之。

有意使用 ISO 29991:2014 的实体将包括各种类型和规模的语言学习服务提供商，以及语言学习服务提供商的协会或联盟。ISO 29991:2014 并不是专门针对那些提供语言学习正式教育系统的学校，但作为自我评估的工具可能对他们有用。

（3）ISO 29992:2018《学习服务成果评估指南》。标准就学习服务成果（知识、能力、绩效）评估的规划、制定、实施和审查提供指导。旨在供提供学习服务的组织和选择、使用或开发评估的组织使用。标准适用于开发和使用评估来衡量单个学习者的结果，以及使用评估来确定学习者的进步。标准不适用于教学计划的直接评估或学习服务提供者的评估。

（4）ISO 29993:2017《非正式教育　学习服务要求》。标准规定了正规教育以外的学习服务要求，包括所有类型的终身学习（如外包或内部的职业培训和公司内培训）。这些服务的主要特点是定义了学习目标并对服务进行了评估，它们涉及与学习者的互动。学习可以是面对面的，也可以是有技术中介的，或者两者兼而有之。ISO 29993:2017 并不针对作为正规教育系统一部分的提供学习服务的学校、学院和大学，但它可以作为反思和自我评估的工具。

正在制定的标准：

（1）ISO/DIS 29991《语言学习服务　要求》；

（2）ISO/DIS 29994《学习服务　远程学习的附加要求》；

（3）ISO/DIS 29995《教育和学习服务　术语》。

（六）可持续城市和社区（ISO/TC 268）

1. 简介

可持续城市和社区（ISO/TC 268）成立于 2012 年，秘书处设在法国。现有 72 个国家或地区参加其活动，其中积极成员 46 个，观察成员 26 个。该标委会业务范围是可持续城市和社区领域的标准化，包括制定与实现可持续发展有关的要求、框架、指导和支持技术、工具，同时考虑到智能和弹性，以帮助所有城市和社区及其在农村和城市的相关方地区变得更加可持续。ISO/TC 268 将通过标准化工作为联合国可持续发展目标做出贡献。拟议的一系列国际标准将鼓励制定和实施可持续发展和可持续性的全面综合办法。

ISO/TC 268 设有 4 个工作组，分别是管理体系标准（WG1）、城市指标（WG2）、城市结构与可持续发展术语（WG3）、可持续社区的智能流程和运作模式（WG4）。

2. 服务标准研制

ISO/TC 268 已制定了的标准：

（1）ISO 37100:2016《可持续城市和社区　词汇》；

（2）ISO 37101:2016《社区的可持续发展　可持续发展的管理系统　要求和使用指南》；

（3）ISO 37104:2019《可持续城市和社区　改造我们的城市》；

（4）ISO 37105:2019《可持续城市和社区　城市和社区的描述框架》；

（5）ISO 37106:2018《可持续城市和社区　关于建立可持续社区智慧城市运营模式的指南》；

（6）ISO/TS 37107:2019《可持续城市和社区　智能可持续社区的成熟度模型》；

（7）ISO 37120:2018《可持续城市和社区　城市服务和生活质量的指标》；

（8）ISO/TR 37121:2017《社区可持续发展　现有的城市可持续发展和弹性适应准则和方法》；

（9）ISO 37122:2019《可持续城市和社区　智能城市指标》；

（10）ISO 37123:2019《可持续城市和社区　弹性城市指标》。

正在制定的标准：

（1）ISO/AWI 37108《可持续城市和社区　商业区》；

（2）ISO/WD 37109《可持续发展和社区　项目开发人员的实用指南》；

（3）ISO/WD 37110《可持续城市和社区　智能城市和社区开放数据管理指南》。

（七）品牌评价标准化技术委员会（ISO/TC 289）

1. 简介

品牌评价标准化技术委员会（ISO/TC 289）成立于 2014 年，秘书处设在中国。其业务范围是品牌评价领域的标准化。现有 36 个国家或地区参加其活动，其中积极成员 10 个，观察成员 26 个。ISO/TC 289 设有 2 个工作组，分别是品牌评价流程（WG1）、实施和指导（WG2）。

2. 服务标准研制

ISO/TC 289 已制定的标准：

（1）ISO 10668:2010《品牌评价　金融品牌评价要求》。标准规定了金融品牌价值评价程序和方法的要求。规定了品牌评价的框架，包括目标、评价基础、评价方法、质量数据和假设的来源。

（2）ISO 20671:2019《品牌评价　原则和基本》。标准规定了品牌评估的基本原理和原则，包括品牌评估的综合框架，必要的品牌输入要素、输出维度和样本指标。可用于内部和外部品牌评估。

正在制定的标准：

（1）ISO/CD 23353《品牌评估　地理标志相关的品牌指南》；

（2）ISO/AWI PAS 24051《年度品牌评估指南》。

（八）在线声誉标准化技术委员会（ISO/TC 290）

1. 简介

在线声誉标准化技术委员会（ISO/TC 290）成立于 2014 年，秘书处设在法国。现有 27 个国家或地区参加其活动，其中积极成员 8 个，观察成员 19 个。其业务范围是与提供服务或产品的组织或个人的在线信誉有关的方法、工具、过程、措施和最佳做法的标准化，这些来源于互联网上用户生成的内容。不包括：

（1）ISO/IEC JTC 1/SC 27 已涵盖的隐私和数据保护框架或安全信息标准化；

（2）ISO/TC 176/SC 3 已涵盖的管理体系标准；

（3）ISO/TC 247 已涵盖的欺诈对策和控制措施；

（4）ISO/TC289 已涵盖的品牌评估；

（5）ISO/PC 273 已涵盖的客户联络中心；

（6）ISO/TC 225 已经涵盖的市场、观点和社会研究。

2. 服务标准研制

ISO/TC 290 已制定的标准：

ISO 20488:2018《在线消费者评论　收集、审核和发布的原则和要求》。标准为评审管理员在收集、审核和发布在线消费者评审时应用的原则和方法提供了要求和建议。适用于任何在线发布消费者评论的组织，包括从自己的客户、供应商签约的第三方或独立第三方收集评论的产品和服务供应商。人们认识到，不同的组织可以在不同的时间执行与收集、审核和发布相关的不同过程。本文件适用于任何方法收集的在线评论。

（九）审计数据服务标准化技术委员会（ISO/TC 295）

1. 简介

审计数据服务标准化技术委员会（ISO/TC 295）成立于2015年，秘书处设在中国。现有24个国家或地区参加其活动，其中积极成员11个，观察成员13个。该标委会业务范围是审计数据服务领域的标准化，包括审计数据识别、交流、接收、准备和使用的内容规范，以及收集、预处理、管理和分析技术。

注：审计是指对一个实体的财务和财务相关记录进行正式检查，以检查其是否正确。审计数据包括公共部门预算、财务报告、非金融企业、税务和社会保险等不同领域的数据，用于政府审计、外部独立审计、内部审计和其他监管机构。

不包括：

（1）ISO/IEC/JTC 1所涵盖的信息系统安全审计；

（2）安全评估标准和方法、技术和指南，以解决ISO/IEC/JTC 1/SC 27所涵盖的安全和隐私方面的问题；

（3）元数据标准、电子商务标准、ISO/IEC/JTC 1/SC 32所涵盖的数据库语言标准；

（4）ISO/TC154所涵盖的电子数据交换元标准；

（5）ISO/TC176所涵盖的质量管理和质量保证；

（6）ISO/TC 295设有1个工作组：审计数据收集（WG1）。

2. 服务标准研制

ISO/TC 295已制定的标准：

ISO 21378:2019《审计数据收集》。标准建立了会计数据元素的通用定义，并提供了提取相关审计数据所需的信息。本文件适用于在审计师、受审核方、软件开发人员和IT专业人员之间建立相互理解的桥梁，并创建一种机制，以独立于会计和ERP系统的方式表达会计所共有的信息。该标准是在总账、应收账款、销售、应付账款、购买、库存和财产、工厂和设备等领域进行本地数据提取工作的基础。

（十）组织治理标准化技术委员会（ISO/TC 309）

1. 简介

组织治理标准化技术委员会（ISO/TC 309）成立于2016年，秘书处设在英国。其业务范围是与组织的领导、控制和问责有关的治理领域的标准化。现有77个国家或地区参加其活动，其中积极成员54个，观察成员23个。ISO/TC 309设有4个工作组，分别是组织治理指南（WG1）、反贿赂管理制度（WG2）、告密（WG3）、合规管理系统（WG4）。

2. 服务标准研制

ISO/TC 309已制定的标准有：

（1）ISO 19600:2014《合规管理体系 指南》。标准为在一个组织内建立、开发、实施、评估、维护和改进一个有效且响应性强的合规管理体系提供了指导。合规管理体系指南适用于所有类型的组织。这些准则的适用范围取决于组织的规模、结构、性质和复杂性。

（2）ISO 37001:2016《反贿赂管理系统 要求和使用指南》。标准规定了建立、实施、维护、审查和改进反贿赂管理体系的要求和指南。该系统可以是独立的，也可以集成到一个整体管理系统中。ISO 37001:2016阐述了与组织活动有关的内容：公营、私营和非营利部门的贿赂；组织贿赂；代表本组织或为其利益行事的本组织人员的贿赂；代表本组织或为本组织的利益行事的本组织商业伙伴的贿赂；对组织的贿赂；就本组织的活动贿赂本组织人员；就本组织的活动贿赂本组织的商业伙伴；直接和间接贿赂（例如通过或由第三方提供或接受的贿赂）。

ISO 37001:2016仅适用于贿赂。它规定了管理制度的要求并提供指导，该制度旨在帮助一个组织预防、发现和应对贿赂行为，并遵守适用于其活动的反贿赂法和自愿承诺。ISO 37001:2016没有具体涉及欺诈、卡特尔和其他反垄断/竞争犯罪、洗钱或其他与腐败行为有关的活动，尽管一个组织可以选择扩大管理体系的范围以包括这些活动。ISO 37001:2016的要求是通用的，旨在适用于所有组织（或组织的一部分），无论活动的类型、规模和性质如何，也无论是在公共、私营或非营利部门。

ISO/TC 309正在制定的标准：

（1）ISO/DIS 37000《组织治理指南》；

（2）ISO/DIS 37002《举报管理系统指南》；

（3）ISO/DIS 37301《合规管理系统 要求和使用指南》。

（十一）弱势消费者标准化技术委员会（ISO/TC 311）

1. 简介

弱势消费者标准化技术委员会（ISO/TC 311）成立于2017年，秘书处设在英国。其业务范围是弱势消费者领域的标准化。现有27个国家或地区参加其活动，其中积极成员15个，观察成员12个。

2. 服务标准研制

正在制定的标准：ISO/CD 22458《全方位服务 识别和响应处于脆弱状态的消费者》。

（十二）卓越的服务标准化技术委员会（ISO/TC 312）

1. 简介

卓越的服务标准化技术委员会（ISO/TC 312）成立于 2017 年，秘书处设在德国。其业务范围是卓越服务领域的标准化。现有 34 个国家或地区参加其活动，其中积极成员 17 个，观察成员 17 个。ISO/TC 312 设有 3 个工作组，分别是原则和模式（WG1）、优质服务设计（WG2）、指标（WG3）。

2. 服务标准研制

ISO/TC 314 正在制定的标准有：

（1）ISO/CD 23592《卓越服务 以客户为中心的组织的原则和模式》；

（2）ISO/AWI TS 23686《卓越服务 衡量与评价》；

（3）ISO/AWI TS 24082《设计卓越的服务和卓越的客户体验》。

（十三）老龄化社会标准化技术委员会（ISO/TC 314）

1. 简介

老龄化社会标准化技术委员会（ISO/TC 314）成立于 2017 年，秘书处设在英国。其业务范围是老龄化社会领域的标准化。现有 38 个国家或地区参加其活动，其中积极成员 20 个，观察成员 18 个。ISO/TC 314 设有 3 个工作组，分别是老龄化劳动力（WG1）、老年劳动力痴呆（WG2）、看护人（WG3）。

2. 服务标准研制

ISO/TC 314 正在制定的标准有：

（1）ISO/CD 23617《老龄化社会 年龄包容性劳动力指南》；

（2）ISO/WD 23623《老龄化社会 痴呆包容性社区框架》；

（3）ISO/CD 23889《老龄化社会 照顾者包容和包容的组织》。

（十四）电子商务中的交易保证标准化技术委员会（ISO/TC 321）

1. 简介

电子商务中的交易保证标准化技术委员会（ISO/TC 321）成立于 2018 年，秘书处设在中国。其业务范围为电子商务相关上下游流程中的交易保证领域的标准化，包括：（1）确保电子商务中的交易过程；（2）保护网络消费者权益包括预防和解决网络纠纷过程；（3）跨境电子商务中商品质量检验结果数据的互操作性和可接受性；（4）确保电子商务交付给最终消费者。

现有 36 个国家或地区参加其活动，其中积极成员 19 个，观察成员 17 个。ISO/TC 321 设有 2 个工作组，分别是基础（WG1）和框架（WG2）。

2. 服务标准研制

ISO/TC 321 正在制定的标准有：

（1）ISO/WD 32110《电子商务中的交易保证　术语》；

（2）ISO/WD 32111《电子商务中的交易保证　原则和框架》。

（十五）可持续金融标准化技术委员会（ISO/TC 322）

1. 简介

可持续金融标准化技术委员会（ISO/TC 322）成立于 2018 年，秘书处设在英国。其业务范围是可持续金融领域的标准化。现有 40 个国家或地区参加其活动，其中积极成员 25 个，观察成员 15 个。ISO/TC 322 设有 1 个工作组：可持续金融框架。

可持续金融技术委员会（ISO/TC 322）将在金融服务领域与技术委员会（ISO/TC 68）、环境管理领域与技术委员会（ISO/TC 207）、资产管理领域与技术委员会（ISO/TC 251）和组织治理领域与技术委员会（ISO/TC 309）密切合作。

2. 服务标准研制

ISO/TC 322 正在制定的标准有：ISO/WD 32210《可持续金融框架：原则和指导》。

（十六）共享经济标准化技术委员会（ISO/TC 324）

1. 简介

共享经济标准化技术委员会（ISO/TC 324）成立于 2019 年，秘书处设在日本。其业务范围是共享经济领域的标准化。不包括：信息安全技术方面和风险管理指南，这两方面已分别由 ISO/IEC JTC 1/SC27 和 ISO/TC 262 涵盖。现有 35 个国家或地区参加其活动，其中积极成员 19 个，观察成员 16 个。ISO/TC 324 设有 1 个工作组：术语和原则。

2. 服务标准研制

ISO/TC 324 已制定的标准有：ISO/AWI 42500《共享经济　术语和原则》。

三、欧盟服务标准化现状

欧洲标准化委员会（Comité Européen de Normalization，法文缩写：CEN），成立于 1961 年，总部设在比利时布鲁塞尔，以西欧国家为主体，是由国家标准化机构组成的非营利性国际标准化科学技术机构。该委员会是欧洲三大标准化机构之一。其宗旨在于促进成员之间的标准化协作，制定本地区需要的欧洲标准（EN，除电工行业以外）和协调文件（HD），CEN 与 CENELEC（欧洲电工技术标准化委员会）和 ETSI（欧洲电信标准协会）一起组成 ITSTC（信息技术指导委员会），在信息领域的互联开放系统（OSI）制定功能标准。

欧洲的标准化体系以国家支柱为基础，这些支柱是国家标准化机构或欧洲标准化委员会的成员。国家标准化机构是所有利益相关者的一站式服务机构，是获得协调系统的主要联络点，该系统包括区域（欧洲）和国际（ISO）标准化。欧洲标准化委员会国家成员有责任将欧洲标准作为国家标准实施。国家标准化机构分发和销售实施的欧洲标准，并且必须撤销任何与之相冲突的国家标准。到目前为止，CEN 共有成员国 34 个，CEN 成员国具体见表2-1。

表2-1 CEN 成员国现状

缩　写	国　家	国家标准化机构
ASI	Austria	Austrian Standards International—Standardization and Innovation
NBN	Belgium	Bureau de Normalization/Bureau voor Normalizatie
BDS	Bulgaria	Bulgarian Institute for Standardization
HZN	Croatia	Croatian Standards Institute
CYS	Cyprus	Cyprus Organization for Standardization
UNMZ	Czech Republic	Czech Office for Standards, Metrology and Testing
DS	Denmark	Dansk Standard
EVS	Estonia	Estonian Centre for Standardization
SFS	Finland	Suomen Standardisoimisliitto r.y.
AFNOR	France	Association Française de Normalization
DIN	Germany	Deutsches Institut für Normung
NQIS/ ELOT	Greece	National Quality Infrastructure System
MSZT	Hungary	Hungarian Standards Institution
IST	Iceland	Icelandic Standards
NSAI	Ireland	National Standards Authority of Ireland
UNI	Italy	Ente Nazionale Italiano di Unificazione
LVS	Latvia	Latvian Standard Ltd.
LST	Lithuania	Lithuanian Standards Board
ILNAS	Luxembourg	Organisme Luxembourgeois de Normalization
MCCAA	Malta	The Malta Competition and Consumer Affairs Authority
NEN	Netherlands	Nederlands Normalisatie-Instituut
SN	Norway	Standards Norway
PKN	Poland	Polish Committee for Standardization
IPQ	Portugal	Instituto Português da Qualidade

续　表

缩　写	国　家	国家标准化机构
ISRSM	Republic of North Macedonia	Standardization Institute of the Republic of North Macedonia
ASRO	Romania	Romanian Standards Association
ISS	Serbia	Institute for Standardization of Serbia
UNMS SR	Slovakia	Slovak Office of Standards Metrology and Testing
SIST	Slovenia	Slovenian Institute for Standardization
UNE	Spain	Asociación Española de Normalización
SIS	Sweden	Swedish Institute for Standards
SNV	Switzerland	Schweizerische Normen−Vereinigung
TSE	Turkey	Turkish Standards Institution
BSI	United Kingdom	British Standards Institution

　　1993 年以来，欧洲标准化委员会相继成立了 19 个技术委员会（CEN/TC），承担服务标准的研究制定工作，分别是维修（CEN/TC 319）、运输服务（CEN/TC 320）、旅游服务（CEN/TC 329）、邮政服务（CEN/TC 331）、设施管理（CEN/TC 348）等，欧盟服务相关标准化技术委员会清单具体见表 2-2。

表 2-2　欧盟服务相关标准化技术委员会清单

代　码	专业委员会名称	发布标准数量
CEN/TC 319	维修	7
CEN/TC 320	运输服务	14
CEN/TC 329	旅游服务	11
CEN/TC 331	邮政服务	35
CEN/TC 348	设施管理	8
CEN/TC 353	用于学习、教育和培训的信息和通信技术	10
CEN/TC 362	医疗服务 质量管理体系	2
CEN/TC 381	管理咨询服务	1
CEN/TC 389	创新管理	7
CEN/TC 403	美容外科和美学非外科医疗服务	1
CEN/TC 409	美容院服务	1
CEN/TC 419	法医科学服务	2
CEN/TC 431	社会关怀警报服务	1

代　码	专业委员会名称	发布标准数量
CEN/TC 435	文身服务	1
CEN/TC 439	私人保安服务	3
CEN/TC 447	提供服务的质量标准	1
CEN/TC 449	老年人的护理质量	
CEN/TC 450	以人为本患者护理	1
CEN/TC 465	可持续智慧城市与社区	

第二节　我国服务标准化发展概述

我国正处于实现"两个一百年"奋斗目标承上启下的历史阶段和从中等收入国家向高收入国家迈进的关键时期，经济发展进入新常态，结构优化、动能转换、方式转变的要求更加迫切，需要以服务业整体提升为重点，构建现代产业新体系，增强服务经济发展新动能，实现经济保持中高速增长、迈向中高端水平。

服务业发展站在新的历史起点上。"十二五"以来，我国服务业发展连续迈上新台阶，2011 年成为吸纳就业最多的产业，2012 年增加值超过第二产业，2019 年第三产业增加值占国内生产总值 53.9%，超过 50%。服务领域不断拓宽，服务品种日益丰富，新业态、新模式竞相涌现，有力支撑了经济发展、就业扩大和民生改善。

服务业进入全面跃升的重要阶段。全面深化改革、全方位对外开放和全面依法治国正释放服务业发展新动力和新活力。城乡居民收入持续增长和消费升级，为服务业发展提供了巨大需求潜力。新型工业化、信息化、城镇化、农业现代化协同推进，极大地拓展了服务业发展的广度和深度。生态、养老等服务业新领域也不断涌现。综合判断，我国服务业发展正处于重要机遇期，应当顺应发展潮流，尊重规律，立足国情，转变观念，重点在深化改革开放、营造良好发展环境上下功夫，激发全社会推动服务业创新发展的动力和活力，引领产业升级、改善民生福祉、增强发展动能，阔步迈向服务经济新时代。

一、我国服务标准化发展

（一）萌芽阶段

自中华人民共和国成立到 1988 年，我国经济体制从实行计划经济发展到实行"计划经济为主、商品经济为辅"。1979 年 7 月 31 日，国务院颁布了《中华人民共和国标准化管理条例》，其中规定：标准分为国家标准、部标准（专业标准）、企业标准三级。部标准应当逐步向专业标准过渡。部标准（专业标准）和企业标准，不得与国家标准相抵触；企业标准不得与部标准（专业标准）相抵触。标准一经批准发布，就是技术法规，各级生产、建设、科研、设计管理部门和企业、事业单位，都必须严格贯彻执行，任何单位不得擅自更改或降低标准。对因违反标准造成不良后果导致重大事故者，要根据情节轻重，分别予以批评、处分、经济制裁，直至追究法律责任。

这一时期国家标准管理主要特征是：（1）集中式管理；（2）以行政指令为基本管理手段；（3）标准的制修订以计划为主导、政府为主体；（4）标准都由政府部门确定的标准化核心机构负责起草，标准性质为强制性的。

在这个阶段中，强调的是工业标准化，尚没有服务标准化的意识和概念。但实际在工业生产中，有些规范技术和生产流程的标准属于服务标准的范畴。这一时期服务标准化开始出现，处于萌芽阶段。

（二）起步阶段

从 1988 年至 2000 年，我国经济体制处在计划经济体制向社会主义市场经济体制过渡的时期。1988 年 12 月 29 日，第七届全国人民代表大会常务委员会第五次会议通过《中华人民共和国标准化法》，并于次年 4 月 1 日开始实施，其中规定：对需要在全国范围内统一的技术要求，应当制定国家标准。国家标准由国务院标准化行政主管部门制定。对没有国家标准而又需要在全国某个行业范围内统一的技术要求，可以制定行业标准。行业标准由国务院有关行政主管部门制定，并报国务院标准化行政主管部门备案，在公布国家标准之后，该项行业标准即行废止。对没有国家标准和行业标准而又需要在省、自治区、直辖市范围内统一的工业产品的安全、卫生要求，可以制定地方标准。地方标准由省、自治区、直辖市标准化行政主管部门制定，并报国务院标准化行政主管部门和国务院有关行政主管部门备案，在公布国家标准或者行业标准之后，该项地方标准即行废止。企业生产的产品没有国家标准和行业标准的，应当制定企业标准，作为组织生产的依据。企业的产品标准须报当地政府标准化行政主管部门和有关行政主管部门备案。已有国家标准或者行业标准的，国家鼓励企业制定严于国家标准或者行业标准的企业标准，在企业内部适用。国家标准、行业标准分为强制性标准和推荐性标准。保障人体健康，人身、财产安全的标准和法律、行政法规规定强制执行的标准是强制性标准，其他标准是推荐性标准。

这一时期国家标准管理主要特征是：（1）标准的制修订仍以计划为主导、政府为主体；（2）建立了国家、行业、地方、企业四级标准体系，并将国家、行业标准分为强制性和推荐性两类标准；（3）国家、行业、地方标准均由政府主管部门制定；（4）企业产品标准由企业制定，但必须报当地政府标准化和行政主管部门备案。

在这一阶段中，虽然强调的仍然是工业标准化和农业标准化，但服务标准化有了一定发展，已经制定和实施了一批重要的服务标准。包括：

（1）GB 5296.1—1985/1997《消费品使用说明　总则》；

（2）GB 5296.2—1999《消费品使用说明　第2部分：家用和类似用途电器》；

（3）GB 5296.3—1987《消费品使用说明　化妆品通用标签》；

（4）GB 5296.4《消费品使用说明　纺织品和服装使用说明》；

（5）GB 5296.5—1997《消费品使用说明　第5部分：玩具》；

（6）GB 9969.1《工业产品使用说明书　总则》；

（7）GB/T 15971—1995《导游服务质量》；

（8）GB/T 16177—1996《公共航空运输服务质量》；

（9）GB/T 16759—1997《消费品和有关服务的比较试验　总则》；

（10）GB/T 16766—1997《旅游服务基础术语》；

（11）GB/T 16767—1997《游乐园（场）安全和服务质量》；

（12）GB/T 16784.1—1997《工业产品售后服务　总则》；

（13）GB/T 16784.2—1998《工业产品售后服务　第2部分：维修》；

（14）GB/T 16890—1997《水路客运服务质量要求》等。

这些服务标准虽然数量不多，但对于规范旅游行业、运输行业、售后服务及产品信息提供起到了非常大的作用。在这一时期，服务标准化已经引起了部分行业部门的重视，促使他们开始使用标准化的手段来规范和引导服务行业发展。

（三）大力发展阶段

加入WTO以来，中国市场成为世界市场越来越重要的组成部分，我国经济体制逐渐进入完善社会主义市场经济体制的阶段。这一时期，服务标准化工作受到了党和政府的高度重视，具体表现在以下方面。

1. 出台了一系列文件对服务标准化工作做出了重要部署

进入21世纪后，党中央、国务院非常重视服务标准化事业的发展，持续出台了一系列文件对服务标准化工作做出了重要部署。早在2001年《中华人民共和国国民经济和社会发展第十个五年计划纲要》就提出了"调整产业结构，大力发展服务业，完善服务标准，提高服务水平"的要求。2006年3月发布的《中华人民共和国国民经济和社会发展第十一个五年计划纲要》中又提出"健全服务业标准体系，推进服务标准化"的新要求。

2007年，国务院下发了《关于加快发展服务业的若干意见》（国发〔2007〕7号），明确提出"加快推进服务业标准化，建立健全服务业标准体系，扩大服务标准覆盖范围"。抓紧制定和修订物流、金融、邮政、电信、运输、旅游、体育、商贸、餐饮等行业服务标准。对新兴服务行业，鼓励龙头企业、地方和行业协会制定服务标准。为了认真贯彻落实国家推进服务标准化工作发展的精神，国家采取了一系列的措施，使得服务标准化工作有了长足的发展。我国服务业规模不断扩大、总量跃上新台阶，投资增速加快、结构不断优化，各地服务业发展齐头并进，区域服务业经济中心开始显现。

2008年3月，《国务院办公厅关于加快发展服务业若干政策措施的实施意见》（国办发〔2008〕11号），强调服务标准化的重要性，提出"质检总局要会同有关部门抓紧制定和修订物流、电信、邮政、快递、运输、旅游、体育、商贸、餐饮、社区服务等服务标准，继续推进国家级服务业标准化试点，鼓励和支持行业协会、服务企业积极参与标准化工作。人民银行、工商总局等有关部门要加快社会信用体系建设，推动政府部门依法共享公开的政府信息，并在就业、社会保障、市场监管、政府采购等公共服务中使用信用信息"。

2017年11月4日第十二届全国人民代表大会常务委员会第三十次会议修订《中华人民共和国标准化法》。相对1989年版的《标准化法》并未涉及服务领域，2018年版的《标准化法》对服务领域要求提及了9条条款中的11处，详见附录4。

2. 加强了服务标准化技术委员会建设

我国在服务标准化技术委员会建设方面，一是依托相关行业主管部门，加快与产业发展、百姓生活密切相关的、服务民生的重点领域标准化技术委员会的建设，如金融、旅游、邮政、物流、商贸、交通运输、文化、体育等。二是加快服务领域与国际接轨的标准化技术委员会，如教育、旅游、民意调查等。

目前，全国共成立与服务业相关的专业技术委员会、分技术委员会上百个。

3. 积极推进服务标准化试点工作

为落实好国务院〔2007〕7号文件，国家标准化管理委员会联合六部委印发《关于推进服务标准化试点工作的意见》文件（见附录3），在全国服务业组织中全面启动了服务标准化试点建设工作。为推动服务标准化试点工作的有序开展，更好发挥标准化对服务业发展的促进作用，2009年7月，国家标准化管理委员会与国家发展和改革委员会组织制定了《服务业标准化试点实施细则》（国标委服务联〔2009〕47号）。

为落实《国家基本公共服务体系"十二五"规划》（国发〔2012〕29号）和《社会管理和公共服务标准化工作"十二五"行动纲要》（国标委服务联〔2012〕47号），为加快推进社会管理和公共服务领域标准化试点建设，发挥标准化对加强和创新社会管理、提升公共服务水平的作用，通过标准化提升社会管理科学化水平，促进基本公共服务均等化，2013年8月，国家标准化管理委员会联合有关部门组织制定了《社会管理和公共服务综合标准化试点细则（试行）》（国标委服务联〔2013〕61号）。

按照中共中央办公厅、国务院办公厅印发的《关于建立健全基本公共服务标准体系的指导意见》要求，市场监管总局、国家发展改革委、财政部决定选择一批市、县开展国家基本公共服务标准化试点。2019 年 7 月，市场监管总局、国家发展改革委、财政部印发《关于下达国家基本公共服务标准化试点项目的通知》（国市监标技〔2020〕49 号）。

具体工作内容见第七章。

二、服务标准化重点领域

（一）交通运输

制定经营性机动车营运安全标准，研制交通基础设施和综合交通枢纽的建设、维护、管理标准。开展综合运输、节能环保、安全应急、管理服务、城市客运关键技术标准研究，重点加强旅客联程运输和货物多式联运领域基础设施、转运装卸设备和运输设备的标准研制，提高交通运输效率、降低交通运输能耗。

（二）金融

开展银行业信用融资、信托、理财、网上银行等金融产品及监管标准的研制，开展证券业编码体系、接口协议、信息披露、信息安全、信息技术治理、业务规范，以及保险业消费者保护、巨灾保险、健康医疗保险、农业保险、互联网保险等基础和服务标准制修订，增强我国金融业综合实力、国际竞争力和抗风险能力。

（三）商贸和物流

加强批发零售、住宿餐饮、居民服务、重要商品交易、移动商务，以及物流设施设备、物流信息和管理等相关标准的研制，强化售后服务重要标准制定，加快建立健全现代国内贸易体系。开展运输技术、配送技术、装卸搬运技术、自动化技术、库存控制技术、信息交换技术、物联网技术等现代物流技术标准的研制，提高物流效率。

（四）旅游

开展网络在线旅游、度假休闲旅游、生态旅游、中医药健康旅游等新业态标准研制。制修订旅行社、旅游住宿、旅游目的地、旅游安全、红色旅游、文明旅游、景区环境保护和旅游公共服务标准，提高旅游业服务水平。

（五）高技术等新兴服务领域

加强信息技术服务、研发设计、知识产权、检验检测、数字内容、科技成果转化、电子商务、生物技术、创业孵化、科技咨询、标准化服务等服务标准化体系建设及重要标准研制，研制会展、会计、审计、税务、法律等商务服务标准，全面提高新兴服务领域标准化水平。

（六）人力资源服务

加强人力资源服务业、人力资源服务机构评价、人力资源服务从业人员、人力资源产业园管理与服务、产业人才信息平台、培训等标准研制，提升人力资源服务质量。

（七）公共教育

完善学校建设标准、学科专业和课程体系标准、教师队伍建设标准、学校运行和管理标准、教育质量标准、教育装备标准、教育信息化标准，制定学前教育、职业教育、特殊教育等重点领域标准，开展国家通用语言文字、少数民族语言文字、特殊语言文字、涉外语言文字、语言文字信息化标准制修订，加快城乡义务教育公办学校标准化建设，基本建成具有国际视野、适合中国国情、涵盖各级各类教育的国家教育标准体系。

（八）劳动就业和社会保险

建立健全劳动就业公共服务国家标准体系，加快就业服务和管理、劳动关系等劳动就业公共服务的标准研制与推广实施，研制职业技能培训、劳动关系协调、劳动人事争议调解仲裁和劳动保障监察标准，加强就业信息公共服务网络建设标准研制，制修订人力资源社会保障系统信用体系建设、机关事业单位养老保险经办、待遇审核、服务规范、社会保险风险防控、医保经办、工伤康复经办等领域的标准，提高社会保障服务和管理的规范化、信息化、专业化水平。

（九）基本医疗卫生

制修订卫生、中医药相关标准，包括卫生信息、医疗机构管理、医疗服务、中医特色优势诊疗服务、"治未病"预防保健服务、临床检验、血液、医院感染控制、护理、传染病、寄生虫病、地方病、病媒生物控制、职业卫生、环境卫生、放射卫生、营养、学校卫生、消毒、卫生应急管理、卫生检疫等领域的标准。制定重要相关产品标准，包括中药材种子种苗标准、中药材和中药饮片分级标准、道地药材认证标准，提高基本医疗卫生服务的公平性、可及性和质量水平。

（十）基本社会服务

制定和实施妇女儿童保护、优抚安置、社会救助、基层民主、社区建设、地名、社会福利、慈善与志愿服务、康复辅具、老龄服务、婚姻、收养、殡葬、社会工作等领域标准，提高基本社会服务标准化水平，保障基本社会服务的规模和质量。

（十一）社会信用体系

加快社会信用标准体系建设，制定和实施实名制、信用信息采集和信用分类管理标准，完善信贷、纳税、合同履约、产品质量等重点领域信用标准建设，规范信用评价、信息共享和应用，服务政务诚信、商务诚信、社会诚信和司法公信建设。

三、我国已成立的与服务相关的标准化技术委员会

（一）全国服务标准化技术委员会（SAC/TC 264）

1. 简介

为积极响应国际标准化组织提出的"呼唤服务标准"的号召，全国服务标准化技术委员会于2003年5月正式成立，秘书处单位为中国标准化研究院，对口国际标准化组织消费者政策委员会（ISO/COPOLCO），这是唯一的全国性服务标准化技术组织，它的成立为全国服务标准化工作的全面推开提供了坚实的组织保障和重要的技术支撑。全国服务标准化技术委员会由来自全国服务领域相关政府机构、科研单位、院校、学术团体、企业和其他标准化技术委员会的权威专家和资深学者组成。

全国服务标准化技术委员会负责的专业范围包括：（1）服务方面的基础国家标准的制修订工作（包括服务术语、服务标准化指南、服务分类等）；（2）新兴服务领域中的专业服务国家标准的制修订工作（包括律师服务、广告服务、咨询服务、市场研究与调查服务、保安服务、会议服务等）；（3）社会公共服务国家标准的制修订工作（健康护理服务、社区服务、物业管理服务、教育培训服务等）及与保护消费者有关的国家标准制修订工作。

该标委会下设4个分技术委员会（SC），分别是：（1）心理咨询服务分技术委员会（SC1），负责心理咨询业技术、服务、管理等；（2）清洁服务分技术委员会（SC2），负责清洁服务业技术、服务、管理等；（3）温泉服务分技术委员会（SC3），负责温泉服务；（4）眼镜验配服务分技术委员会（SC4），负责眼镜验配基础服务、保障服务、提供服务等。

2. 服务标准研制

SAC/TC 264已经制定了93项国家标准。SAC/TC 264已制定的国家标准具体见表2-3。

表2-3　SAC/TC 264已制定的国家标准

序　号	标准号	标准中文名称	发布日期	实施日期
1	GB/T 39002—2020	餐饮分餐制服务指南	2020-06-21	2020-06-21
2	GB/T 38357—2019	招标代理服务规范	2019-12-31	2019-12-31
3	GB/T 37518—2019	代理报关服务规范	2019-06-04	2020-01-01
4	GB/T 37516—2019	就业年龄段智力、精神及重度肢体残疾人托养服务规范	2019-06-04	2020-01-01
5	GB/T 37229—2018	公共服务效果测评模型和方法指南	2018-12-28	2018-12-28
6	GB/T 37273—2018	公共服务效果测评通则	2018-12-28	2019-07-01
7	GB/T 36733—2018	服务质量评价通则	2018-09-17	2019-04-01
8	GB/T 36734—2018	主题公园演艺服务规范	2018-09-17	2019-04-01

续　表

序　号	标准号	标准中文名称	发布日期	实施日期
9	GB-T 30446.1—2018	心理咨询服务　第1部分：基本术语	2018-09-17	2019-04-01
10	GB-T 36732—2018	生态休闲养生（养老）基地建设和运营服务规范	2018-09-17	2019-04-01
11	GB-T 36735—2018	社区便民服务中心服务规范	2018-09-17	2019-04-01
12	GB-T 36738—2018	工业旅游景区服务指南	2018-09-17	2019-04-01
13	GB-T 35966—2018	高技术服务业服务质量评价指南	2018-02-06	2018-09-01
14	GB-T 35555—2017	温泉服务基本规范	2017-12-29	2018-07-01
15	GB-T 35558—2017	游艇管理服务规范	2017-12-29	2018-07-01
16	GB-T 35559—2017	技术产权交易服务流程规范	2017-12-29	2018-07-01
17	GB-T 35560—2017	老年旅游服务规范　景区	2017-12-29	2018-07-01
18	GB-T 35556—2017	滨海景区沙滩管理要求	2017-12-29	2018-07-01
19	GB-T 35557—2017	滨海景区海上运动救援服务规范	2017-12-29	2018-07-01
20	GB-T 34432—2017	售后服务基本术语	2017-10-14	2018-05-01
21	GB-T 34417—2017	服务信息公开规范	2017-10-14	2018-05-01
22	GB-T 34416—2017	技术产权交易信息披露规范	2017-10-14	2018-05-01
23	GB-T 34421—2017	滨海渔家乐经营与服务规范	2017-10-14	2018-05-01
24	GB-T 34420—2017	海水浴场服务规范	2017-10-14	2018-05-01
25	GB-T 34670—2017	技术转移服务规范	2017-09-29	2018-01-01
26	GB-T 33539—2017	海洋体验潜水服务规范	2017-02-28	2017-09-01
27	GB-T 33538—2017	海岛及滨海型城市旅游设施基本要求	2017-02-28	2017-09-01
28	GB-T 33533—2017	温泉服务　基本术语	2017-02-28	2017-09-01
29	GB-T 33450—2016	科技成果转化为标准指南	2016-12-30	2017-07-01
30	GB-T 33357—2016	政府热线服务评价	2016-12-13	2017-07-01
31	GB-T 33359—2016	质检举报处置热线服务规范	2016-12-13	2017-07-01
32	GB-T 33358—2016	政府热线服务规范	2016-12-13	2017-07-01
33	GB-T 32944—2016	影视拍摄基地服务规范	2016-08-29	2017-03-01
34	GB-T 32152—2015	科技服务业分类	2015-10-13	2016-04-01
35	GB-T 32168—2015	政务服务中心网上服务规范	2015-10-12	2016-05-01
36	GB-T 32169.1—2015	政务服务中心运行规范 第1部分：基本要求	2015-10-12	2016-05-01
37	GB-T 32169.2—2015	政务服务中心运行规范 第2部分：进驻要求	2015-10-12	2016-05-01

序 号	标准号	标准中文名称	发布日期	实施日期
38	GB-T 32170.2—2015	政务服务中心标准化工作指南 第2部分：标准体系	2015-10-12	2016-05-01
39	GB-T 32169.3—2015	政务服务中心运行规范 第3部分：窗口服务提供要求	2015-10-12	2016-05-01
40	GB-T 32169.4—2015	政务服务中心运行规范 第4部分：窗口服务评价要求	2015-10-12	2016-05-01
41	GB-T 32170.1—2015	政务服务中心标准化工作指南 第1部分：基本要求	2015-10-12	2016-05-01
42	GB-T 31772—2015	家政服务机构等级划分及评定	2015-07-03	2016-02-01
43	GB-T 31771—2015	家政服务 母婴生活护理服务质量规范	2015-07-03	2016-02-01
44	GB-T 31706—2015	山岳型旅游景区清洁服务规范	2015-06-02	2016-01-01
45	GB-T 30446.2—2013	心理咨询服务 第2部分：服务流程	2013-12-31	2014-12-01
46	GB-T 30446.3—2013	心理咨询服务 第3部分： 咨询信息管理	2013-12-31	2014-12-01
47	GB-T 30226—2013	服务业标准体系编写指南	2013-12-31	2014-12-01
48	GB-T 30351—2013	搬家服务规范	2013-12-31	2014-07-01
49	GB-T 30445—2013	在职人员评估服务 服务提供者要求	2013-12-31	2014-12-01
50	GB-T 29632—2013	家用汽车产品三包主要零件种类范围 与三包凭证	2013-07-19	2013-10-01
51	GB-T 5296.1—2012	消费品使用说明 第1部分：总则	2012-12-31	2016-05-01
52	GB-T 5296.4—2012	消费品使用说明 第4部分： 纺织品和服装	2012-12-31	2014-05-01
53	GB-T 28221.4—2012	灾后过渡性安置区基本公共服务 第4部分：商业	2012-11-05	2012-12-01
54	GB-T 28918—2012	家庭育婴服务基本要求	2012-10-12	2013-02-01
55	GB-T 28916—2012	家务服务基本要求	2012-10-12	2013-02-01
56	GB-T 28917—2012	医院陪护服务基本要求	2012-10-12	2013-02-01
57	GB-T 28221.6—2011	灾后过渡性安置区基本公共服务 第6部分：帮扶救助	2011-12-30	2012-04-01
58	GB-T 15624—2011	服务标准化工作指南	2011-12-30	2012-04-01
59	GB-T 28221.3—2011	灾后过渡性安置区基本公共服务 第3部分：安全	2011-12-30	2012-04-01
60	GB-T 28222—2011	服务标准编写通则	2011-12-30	2012-04-01

续 表

序 号	标准号	标准中文名称	发布日期	实施日期
61	GB-T 28227.1—2011	文化服务质量管理体系实施指南 第1部分：总则	2011-12-30	2012-05-01
62	GB-T 28221.1—2011	灾后过渡性安置区基本公共服务 第1部分：总则	2011-12-30	2012-04-01
63	GB-T 28221.2—2011	灾后过渡性安置区基本公共服务 第2部分：环境	2011-12-30	2012-04-01
64	GB-T 28221.5—2011	灾后过渡性安置区基本公共服务 第5部分：文化体育	2011-12-30	2012-04-01
65	GB-T 26992—2011	主题公园服务规范	2011-07-19	2011-12-01
66	GB-T 24620—2009	服务标准制定导则 考虑消费者需求	2009-11-15	2010-01-01
67	GB-T 24421.3—2009	服务业组织标准化工作指南 第3部分：标准编写	2009-09-30	2009-11-01
68	GB-T 24421.1—2009	服务业组织标准化工作指南 第1部分：基本要求	2009-09-30	2009-11-01
69	GB-T 24421.4—2009	服务业组织标准化工作指南 第4部分：标准实施及评价	2009-09-30	2009-11-01
70	GB-T 24421.2—2009	服务业组织标准化工作指南 第2部分：标准体系	2009-09-30	2009-11-01
71	GB-T 23647—2009	自助服务终端通用规范	2009-04-17	2009-09-01
72	GB-T 9969—2008	工业产品使用说明书 总则	2008-11-13	2009-05-01
73	GB-T 17306—2008	包装 消费者的需求	2008-11-13	2009-05-01
74	GB-T 16784—2008	工业产品售后服务 总则	2008-11-13	2009-05-01
75	GB-T 5296.2—2008	消费品使用说明 第2部分：家用和类似用途电器	2008-11-13	2009-05-01
76	GB-T 5296.7—2008	消费品使用说明 第7部分：体育器材	2008-09-19	2009-03-01
77	GB-T 20002.2—2008	标准中特定内容的起草 第2部分：老年人和残疾人的需求	2008-07-16	2008-12-01
78	GB-T 21737—2008	为消费者提供商品和服务的购买信息	2008-05-08	2008-12-01
79	GB-T 20647.8—2006	社区服务指南 第8部分：家政服务	2006-12-04	2007-06-01
80	GB-T 20647.7—2006	社区服务指南 第7部分：社区扶助服务	2006-12-04	2007-06-01
81	GB-T 20647.4—2006	社区服务指南 第4部分：卫生服务	2006-12-04	2007-06-01
82	GB-T 20647.5—2006	社区服务指南 第5部分：法律服务	2006-12-04	2007-06-01
83	GB-T 20647.1—2006	社区服务指南 第1部分：总则	2006-12-04	2007-06-01

序　号	标准号	标准中文名称	发布日期	实施日期
84	GB-T 20647.2—2006	社区服务指南　第2部分：环境管理	2006-12-04	2007-06-01
85	GB-T 20647.6—2006	社区服务指南　第6部分：青少年服务	2006-12-04	2007-06-01
86	GB-T 20647.9—2006	社区服务指南　第9部分：物业服务	2006-12-04	2007-06-01
87	GB-T 20647.3—2006	社区服务指南　第3部分：文化、教育、体育服务	2006-12-04	2007-06-01
88	GB-T 5296.5—2006	消费品使用说明　第5部分：玩具	2006-07-11	2007-06-01
89	GB-T 5296.6—2004	消费品使用说明　第6部分：家具	2004-01-16	2004-10-01
90	GB-T 18760—2002	消费品售后服务方法与要求	2002-06-20	2003-01-01
91	GB-T 17242—1998	投诉处理指南	1998-03-06	1998-10-01
92	GB-T 16760—1997	制定消费品性能测试标准方法的总则	1997-03-14	1997-09-01
93	GB-T 14436—1993	工业产品保证文件　总则	1993-06-10	1994-01-01

（二）全国物流标准化技术委员会（SAC/TC 269）

1. 简介

全国物流标准化技术委员会（SAC/TC 269）成立于2003年，秘书处单位为中国物流与采购联合会，负责专业范围为物流基础、物流技术、物流管理和物流服务等领域的标准化工作。

该标委会下设6个分标准化技术委员会（SC），分别是：（1）物流作业分技术委员会（SC1），负责专业范围为物流领域中物流作业通用及专用规范等；（（2）托盘分技术委员会（SC2），负责专业范围为物流系统中货物搬运用托盘；（3）三方物流服务分技术委员会（SC3），负责专业范围为第三方物流服务程序、内容、质量要求等；（4）物流管理分技术委员会（SC4），负责专业范围为物流系统中通用性、基础性的物流管理等；（5）冷链物流分技术委员会（SC5），负责专业范围为物流领域中冷链物流技术、服务、管理等；（6）仓储技术与管理分技术委员会（SC6），负责专业范围为仓储技术与管理等。

2. 服务标准研制

SAC/TC 269已经制定了21项国家标准。SAC/TC 269已制定的国家标准具体见表2-4。

表2-4　SAC/TC 269已制定的国家标准

序　号	标准号	标准中文名称	发布日期	实施日期
1	GB/T 37503—2019	物流公共信息平台服务质量要求与测评	2019-05-10	2019-12-01
2	GB/T 37099—2018	绿色物流指标构成与核算方法	2018-12-28	2019-07-01

续　表

序　号	标准号	标准中文名称	发布日期	实施日期
3	GB-T 37102—2018	物流园区绩效指标体系	2018-12-28	2019-07-01
4	GB-T 34404—2017	非危液态化工产品逆向物流通用服务规范	2017-10-14	2018-05-01
5	GB-T 21334—2017	物流园区分类与规划基本要求	2017-09-29	2018-04-01
6	GB-T 33446—2016	家电物流服务通用要求	2016-12-30	2017-07-01
7	GB-T 31086—2014	物流企业冷链服务要求与能力评估指标	2014-12-22	2015-07-01
8	GB-T 31080—2014	水产品冷链物流服务规范	2014-12-22	2015-07-01
9	GB-T 30336—2013	物流景气指数统计指标体系	2013-12-31	2014-07-01
10	GB-T 30334—2013	物流园区服务规范及评估指标	2013-12-31	2014-07-01
11	GB-T 30333—2013	物流服务合同准则	2013-12-31	2014-07-01
12	GB-T 30335—2013	药品物流服务规范	2013-12-31	2014-07-01
13	GB-T 19680—2013	物流企业分类与评估指标	2013-12-31	2014-7-01
14	GB-T 30337—2013	物流园区统计指标体系	2013-12-31	2014-7-01
15	GB-T 30331—2013	仓储绩效指标体系	2013-12-31	2014-7-01
16	GB-T 28580—2012	口岸物流服务质量规范	2012-06-29	2012-10-01
17	GB-T 24360—2009	多式联运服务质量要求	2009-09-30	2009-12-01
18	GB-T 24359—2009	第三方物流服务质量要求	2009-09-30	2009-12-01
19	GB-T 24361—2009	社会物流统计指标体系	2009-09-30	2009-12-01
20	GB-T 21070—2007	仓储从业人员职业资质	2007-09-15	2008-03-01
21	GB-T 21071—2007	仓储服务质量要求	2007-09-15	2008-03-01

（三）全国人力资源服务标准化技术委员会（SAC/TC 292）

1. 简介

全国人力资源服务标准化技术委员会（SAC/TC 292）是从事全国人力资源服务标准化工作的非法人技术组织，由来自企事业单位、政府机构、社会团体、科研院所、高等院校、客户等利益相关方的委员组成，秘书处单位为全国人才流动中心，负责全国人力资源服务领域的标准化技术归口管理工作。全国人力资源服务标准化技术委员会受国家标准化管理委员会与人力资源和社会保障部的领导及管理。

全国人力资源服务标准化技术委员会的工作职责：（1）遵循国家有关方针政策，研究提出全国人力资源服务标准化工作的方针、政策和规划的建议；（2）根据人力资源服务业发展的需要，负责组织制定全国人力资源服务标准体系框架，提出本专业领域制修订标准的规划和建议，协调组织标准的制修订和复审工作，组织审查标准送审稿，并提出审查结论意见建议；（3）负责组织对已颁布的全国人力资源服务标准的宣传、推广和咨询等工作，指导地方和人力资源服务机构开展人力资源服务标准化工作，并提供相关咨询服务；（4）承办国家标准化管理委员会委托的其他人力资源服务标准化工作事项及承担国际相关标准化工作。

2. 服务标准研制

SAC/TC 292 已制定国家标准 18 项。SAC/TC 292 已制定的国家标准具体见表 2-5。

表 2-5 SAC/TC 292 已制定的国家标准

序 号	标准号	标准中文名称	发布日期	实施日期
1	GB-T 25124—2019	高级人才寻访服务规范	2019-12-31	2020-01-01
2	GB-T 33860—2017	人力资源服务机构能力指数	2017-05-31	2017-12-01
3	GB-T 33667—2017	高校毕业生就业指导服务规范	2017-05-12	2017-12-01
4	GB-T 33535—2017	职业介绍服务规范	2017-03-09	2017-10-01
5	GB-T 33534—2017	失业登记管理服务规范	2017-03-09	2017-10-01
6	GB-T 33553—2017	公共就业服务中心设施设备要求	2017-03-09	2017-10-01
7	GB-T 33531—2017	就业援助服务规范	2017-03-09	2017-10-01
8	GB-T 33532—2017	就业登记管理服务规范	2017-03-09	2017-10-01
9	GB-T 33554—2017	职业指导服务规范	2017-03-09	2017-10-01
10	GB-T 33530—2017	人力资源外包服务规范	2017-02-28	2017-09-01
11	GB-T 33529—2017	人力资源服务术语	2017-02-28	2017-09-01
12	GB-T 33527—2017	公共就业服务 总则	2017-02-28	2017-09-01
13	GB-T 33528—2017	公共就业服务 术语	2017-02-28	2017-09-01
14	GB-T 32623—2016	流动人员人事档案管理服务规范	2016-04-25	2016-11-01
15	GB-T 32625—2016	人力资源管理咨询服务规范	2016-04-25	2016-11-01
16	GB-T 32624—2016	人力资源培训服务规范	2016-04-25	2016-11-01
17	GB-T 30663—2014	人才测评服务业务规范	2014-12-31	2015-07-01
18	GB-T 30662—2014	现场招聘会服务规范	2014-12-31	2015-07-01

（四）全国社会福利服务标准化技术委员会（SAC/TC 315）

1. 简介

全国社会福利服务标准化技术委员会（SAC/TC 315）的秘书处单位为民政部社会福利中心，负责提出社会福利服务标准体系建设的整体规划，推动社会福利服务领域标准的制修订、宣传贯彻、解释咨询、经验交流等工作。

2. 服务标准研制

SAC/TC 315 已制定了 5 个国家标准。SAC/TC 315 已制定国家标准具体见表 2-6。

表 2-6　SAC/TC 315 已制定国家标准

序　号	标准号	标准中文名称	发布日期	实施日期
1	GB 38600—2019	养老机构服务安全基本规范	2019-12-27	2022-01-01
2	GB/T 37276—2018	养老机构等级划分与评定	2018-12-28	2019-07-01
3	GB/T 35796—2017	养老机构服务质量基本规范	2017-12-29	2017-12-29
4	GB/T 33168—2016	社区老年人日间照料中心服务基本要求	2016-10-13	2017-05-01
5	GB/T 33169—2016	社区老年人日间照料中心设施设备配置	2016/10/13	2017-05-01

（五）其他相关服务标准化技术委员会

我国成立的其他相关服务标准化技术委员会目前有 20 个，其他服务相关 SAC/TC 已制定的国家标准具体见表 2-7。

表 2-7　其他服务相关 SAC/TC 已制定的国家标准

SAC/TC 编号	SAC/TC 名称	负责内容	发布国家标准（个）	发布行业标准（个）
SAC/TC320	全国市场、民意和社会调查标准化技术委员会	负责专业范围为市场、民意与社会调查的相关组织及其职业行为	3	
SAC/TC348	全国会展业标准化技术委员会	负责专业范围为会展术语、条件、环境、等级、评价、分级、管理	12	
SAC/TC354	全国殡葬标准化技术委员会	负责专业范围为殡葬设备、服务	1	24
SAC/TC390	全国文化馆标准化技术委员会	负责专业范围为文化馆技术、服务、管理等	2	
SAC/TC391	全国网络文化标准化技术委员会	负责专业范围为网络文化产品、服务及互联网上网服务营业场所的管理等	1	
SAC/TC392	全国文化娱乐场所标准化技术委员会	负责专业范围为歌厅、迪厅、游戏厅等文化娱乐场所技术、服务、管理等	2	
SAC/TC393	全国社会艺术水平考级服务标准化技术委员会	负责专业范围为社会艺术水平考级工作技术、服务、管理等	4	

SAC/TC 编号	SAC/TC 名称	负责内容	发布国家标准（个）	发布行业标准（个）
SAC/TC440	全国二手货标准化技术委员会	负责专业范围为二手货即旧货的基础术语、技术要求及流通、服务规范		1
SAC/TC443	全国教育服务标准化技术委员会	负责专业范围为义务教育和国家正规高等教育之外的涉及市场化经营的辅助教育服务	16	
SAC/TC462	全国邮政业标准化技术委员会	负责专业范围为邮政领域基础、安全、管理、服务及相关技术等领域	4	24
SAC/TC483	全国保健服务标准化技术委员会	负责专业范围为保健服务等	6	
SAC/TC498	全国休闲标准化技术委员会	负责专业范围为传统特色休闲方式开发与保护，现代休闲创意与服务，主题休闲俱乐部服务，休闲节庆活动，休闲咨询服务等	24	
SAC/TC533	全国家政服务标准化技术委员会	负责专业范围为家政服务		
SAC/TC537	全国城市公共设施服务标准化技术委员会	负责专业范围为城市公共设施服务。	5	
SAC/TC543	全国通信服务标准化技术委员会	负责专业范围为信息通信服务领域		
SAC/TC560	全国物业服务标准化技术委员会	负责专业范围为物业服务领域国家标准制修订工作		
SAC/TC568	全国科普服务标准化技术委员会	负责专业范围为科普基础设施设备、科普展教品、科普服务质量与评价、数字科技馆、科学素质测评	1	
SWG15	全国政务大厅服务标准化技术委员会	负责专业范围为政务大厅服务基础术语、标准化工作指南、服务分类，政务大厅信息服务、公共资源交易服务、权益保障服务，政务大厅组织管理与运行、服务平台建设、绩效考核等		

续 表

SAC/TC 编号	SAC/TC 名称	负责内容	发布国家标准（个）	发布行业标准（个）
SWG14	全国行政审批标准化技术委员会	负责专业范围为行政审批通用基础、条件建设、信息化建设、服务规范、监督评价等	9	
SWG17	全国机关事务管理标准化技术委员会	负责专业范围为机关国有资产管理、公务用车管理、办公用房管理、人防工程管理、职工住宅建设与管理、公共机构节能、公务接待、后勤服务、政府集中采购、机关事务管理信息化		

◆◆ **复习思考题**

1. 分析国际标准化组织消费者政策委员会的结构。

2. 简述国际标准化组织（ISO/COPOLCO）服务标准研制情况。

3. 分析 ISO 已成立的与服务相关的标准化技术委员会情况。

4. 简述服务标准化重点领域。

5. 说明全国服务标准化技术委员会工作范围。

第三章　服务业标准体系编写

服务业标准体系是一定服务业范畴内的标准按其内在联系形成的科学的有机整体。服务业标准体系分为国家层面、行业层面、地方层面三个层次。

第一节　服务业标准体系编写指南

一、基本要求

（1）服务业标准体系的编制应符合国家社会经济发展需求，并能有效指导服务业标准化工作。

（2）服务业标准体系的编制应符合 GB/T 13016—2018 的要求。

（3）服务业标准体系的编制应突出服务的特色，宜考虑 GB/T 24620—2019 给出的服务要素构建服务业标准明细表。

（4）服务业标准体系的编制应突出重点。

注：国家层面服务业标准体系重点给出全国服务业标准的总体框架；行业层面服务业标准体系重点给出某一服务行业的标准框架，并具有较强的稳定性；地方层面服务业标准体系主要结合本地重点发展的服务行业，在梳理该领域现有国家标准、行业标准、地方标准的基础上，识别出需要制定的地方标准。

（5）服务业标准体系应具有动态性，应定期梳理服务业标准明细表中标准的完成情况，并结合服务业发展的实际需求，对服务业标准体系做出改进。

二、编写准备

（一）组织准备

本阶段的主要工作有：

（1）成立标准体系编制领导组，负责统筹安排标准体系编制进度，协调标准体系编制组与相关行业、地方主管部门或组织内相关业务部门等之间的沟通、调研等工作。

（2）组建标准体系编制组，相关人员提前学习标准化、标准体系等基本知识。

（二）现状调研

本阶段的主要工作有：

（1）结合标准体系的编制目的，提前熟悉相关行业、地方的发展现状，掌握其特点，并初步确定标准体系的边界范围。

（2）开展面向相关行业、地方主要人员（包括掌握全局情况的有关人员和具体业务工作人员）的访谈，了解行业、地方发展的业务重点，挖掘实际工作中已经积累的经验和急需解决的问题。

（3）进行现场考察，了解实际工作中存在的问题，获取顾客对完善服务的意见和建议。

（4）搜集现有的资料，如近年来业务发展情况，该领域现有的国家标准、行业标准、地方标准，以及其他可供参考的规范性文件等。

（三）标准体系总体设计

本阶段的主要工作有：

（1）在现状调研的基础上确定需要标准化的业务或流程等，最终确定标准体系的边界范围。

（2）确定标准体系结构图的搭建方法。

三、体系编写

（一）服务业标准体系的构成

服务业标准体系主要由以下部分构成：

（1）服务业标准体系结构图。

（2）服务业标准明细表。

（3）服务业标准统计表。

（4）服务业标准体系编制说明。

（二）服务业标准体系结构图

（1）服务业标准体系结构图是服务业标准体系的基本组成部分，可由总体系结构图和若干分体系结构图构成。

（2）编制服务业标准体系结构图，应首先明确该服务行业的总体架构、专业构成，以及不同专业的标准化工作重点方向。

（3）服务业标准体系结构图的构建方法主要有服务流程法、服务要素法、服务对象法、服务项目法等。某一具体服务业标准体系的编写可同时使用其中多种方法。

各类方法的主要适用条件如下：

①服务流程法，适用于服务流程相对固定单一、不因服务对象或服务项目的不同发生变化的服务活动，如餐饮服务标准体系结构图可以按照"预约—点餐—下单—烹饪—上菜—结账"的服务流程来构建。

②服务要素法，适用于主要依托各类要素集成而提供服务的活动，如旅游服务标准体系结构图通常按照"吃、住、行、游、购、娱"六大要素来构建。

③服务对象法，适用于因服务对象的不同而需提供不同服务项目的服务活动，如养老服务标准体系结构图可以按照自理老年人、半自理老年人、失能老年人的不同种类来构建，其中，面向自理老年人的服务项目可包括心理咨询、紧急救援服务，而面向失能老年人的服务项目则包括健康监护、日间照料等。

④服务项目法，适用于通常提供不同组合、不同种类服务项目的服务活动。例如汽车售后服务标准体系结构图可以按照汽车维修、汽车租赁、汽车美容、汽车检测、二手车经营等来构建。

（三）服务业标准明细表

（1）服务业标准明细表主要给出该体系中所有标准的相关信息，并应按照标准体系结构图中的构图方式——对应、依次罗列。

（2）服务业标准明细表通常由标准体系编号、标准号、标准名称、标准级别、标准性质、标准类别等项目构成，具体见表3-1。

（3）国家和行业层面的服务业标准明细表中包括国家标准和行业标准两类，地方层面的服务业标准明细表中包括国家标准、行业标准和地方标准三类，且宜以地方标准为主。

表3-1 服务业标准明细表

标准体系编号	标准号	标准名称	标准级别	标准性质	标准类别	标准状态	采标情况	备 注

注：标准级别指国家标准、行业标准、地方标准，标准性质指推荐性标准、强制性标准，标准类别指基础标准、管理标准、技术标准、服务标准、产品标准等，标准状态指已发布、待修订、待制定、拟废止等。

（四）服务业标准统计表

（1）在编制服务业标准统计表时，应对服务业标准明细表中的标准情况进行梳理，统计出应有标准数、现有标准数。

（2）服务业标准统计表的格式可根据具体统计项的不同来设计。按照标准级别进行统计的具体示例见表 3-2。

表 3-2　服务业标准统计表

统计项	应有标准数（个）	现有标准数（个）	现有标准数 / 应有标准数(%)	备　注
国家标准				
行业标准				
地方标准（地方层面服务业标准体系才有此栏）				
合　计				

（五）服务业标准体系编制说明

服务业标准体系编制说明的内容一般包括：

（1）服务业标准体系编制的目的、依据。

（2）服务业标准体系结构图的构图思路，如专业划分依据及划分情况。

（3）标准分析及其结论。

（4）与其他体系的交叉情况和处理意见。

（5）其他。

第二节　国家服务业标准体系构建

一、中国服务业标准体系的制定原则

（一）科学合理

从服务业发展的内在规律出发，充分遵照《中华人民共和国标准化法》等相关法律法规，严格建立起既遵循服务业发展的内在规律，同时又满足现实国情需要的服务业标准体系。

运用标准化的基本原理建立服务标准体系，依据服务业的自然属性划分层次和服务活动的门类。服务门类以服务活动的特征为主要划分依据，不以行政职能的划分为依据。

在确定标准项目时，应体现服务业的创新和科学发展观，体现服务业的人文关怀精神，满足当前服务业发展的实际需要，制定具有较强可操作性的标准。

（二）从现实出发，适度引导

与发达国家相比，我国服务业发展具有产业结构跨度大、二元结构突出等特殊性。服务业内部既有属于工业化初期阶段要大力发展但尚未到位的传统服务业部门，也有属于工业化中期阶段必须发展而我国又严重滞后和不足的属于基础设施方面的服务业部门，还有属于工业化后期新发展起来的新兴服务业部门。因此，我国服务业标准体系要在遵从社会经济发展水平和服务业大力发展的基础上，适度引导，向现代化、规范化、国际化方向发展。依照国际标准化发展趋势，建立既符合我国国情，又与国际接轨的服务业标准体系。

（三）层次清晰，避免交叉

服务业标准体系要在充分依据标准体系建立方法、服务业分类特点的基础上建立。互相之间应层次清晰，尽量避免交叉。

遵循系统工程理论建立服务标准体系，在内容和层次上要充分体现系统性，恰当地将标准项目安排在不同的层次上，做到层次分明、合理，标准之间体现出衔接、配套关系。

（四）全面性和开放性

服务业标准体系是根据全部服务业活动综合考虑，包括所有与服务业有关的行业，按照确定的服务业标准类型，制定相应的服务业标准，并列入服务业标准体系。

同时，在确定标准项目时，既要考虑到目前的需要和发展水平，也要对未来的发展有所预见，使体系表留有可扩充的空间。

（五）效益性

服务业标准体系的最终目标是通过标准提高产业竞争力，因此应着眼于"效益性"；减少体系的复杂性，进而达到体系结构的简化、统一、协调和最优化，这正是"效益性"的具体体现。在建立服务业标准体系时，不但要重视简化目前体系的复杂性，更要预防将来发展过程中不必要的复杂性。通过消除或避免其中可替代的和低功能的环节，还可以减少标准之间的交叉和矛盾，保持其构成的精炼、合理，使其总体功能最佳。

二、中国服务业标准的分类

（一）根据标准的层级划分

1. 国家标准

由国家标准化管理机构发布的标准，是在全国范围内需要统一的要求，主要包括法律法规需要引用的标准，以及基础、通用、公益类的标准等。国家标准遵循统一立项、统一审查、统一编号、统一发布的原则，由国家标准化管理机构统一管理和组织制定。

2. 行业标准

对没有推荐性国家标准、需要在全国某个行业范围内统一的技术要求，可以制定行业标准。行业标准由国务院有关行政主管部门制定，报国务院标准化行政主管部门备案。

3. 地方标准

为满足地方自然条件、风俗习惯等特殊技术要求，可以制定地方标准。地方标准由省、自治区、直辖市人民政府标准化行政主管部门制定；设区的市级人民政府标准化行政主管部门根据本行政区域的特殊需要，经所在地省、自治区、直辖市人民政府标准化行政主管部门批准，可以制定本行政区域的地方标准。地方标准由省、自治区、直辖市人民政府标准化行政主管部门报国务院标准化行政主管部门备案，由国务院标准化行政主管部门通报国务院有关行政主管部门。

4. 团体标准

国家鼓励学会、协会、商会、联合会、产业技术联盟等社会团体协调相关市场主体共同制定满足市场和创新需要的团体标准，由本团体成员约定采用或者按照本团体的规定供社会自愿采用。制定团体标准，应当遵循开放、透明、公平的原则，保证各参与主体获取相关信息，反映各参与主体的共同需求，并应当组织对标准相关事项进行调查分析、实验、论证。国务院标准化行政主管部门会同国务院有关行政主管部门对团体标准的制定进行规范、引导和监督。

5. 企业标准

企业可以根据需要自行制定企业标准，或者与其他企业联合制定企业标准。企业标准的技术要求不得低于强制性国家标准的相关技术要求。国家鼓励企业制定高于推荐性标准相关技术要求的企业标准。

（二）根据标准的约束性划分

1. 强制性标准

强制性标准必须执行，对保障人身健康和生命财产安全、国家安全、生态环境安全，以及满足经济社会管理基本需要的技术要求，应当制定强制性国家标准。

2. 推荐性标准

国家鼓励采用推荐性标准。对满足基础通用、与强制性国家标准配套、对各有关行业起引领作用等需要的技术要求，可以制定推荐性国家标准。

（三）根据标准化对象划分

1. 产品标准

规定产品需要满足的要求以保证其适用性的标准。

注：按照具体的标准化对象，通常将产品标准进一步分为原材料标准、零部件/元器件标准、制成品标准和系统标准等。其中系统标准指规定系统需要满足的要求以保证其适用性的标准。

2. 过程标准

规定过程需要满足的要求以保证其适用性的标准。

3. 服务标准

规定服务应满足的要求以确保其适用性的标准。服务标准的制定可以涉及服务业的各个领域，可以在诸如洗衣店、饭店管理、运输、汽车维修、远程通信、保险、银行、律师服务、医疗服务、旅游、文化娱乐、居民社区服务等领域内编制。

（四）按照标准内容的功能划分

1. 术语标准

界定特定领域或学科中使用的概念的指称及其定义的标准。

2. 符号标准

界定特定领域或学科中使用的符号的表现形式及其含义或名称的标准。

3. 分类标准

基于诸如来源、构成、性能或用途等相似特性对产品、过程或服务进行有规律的划分、排列或者确立分类体系的标准。

4. 试验标准

在适合指定目的的精密度范围内和给定环境下，全面描述试验活动以及得出结论的方式的标准。

5. 规范标准

为产品、过程或服务规定需要满足的要求并且描述用于判定该要求是否得到满足的证实方法的标准。

6. 规程标准

为活动的过程规定明确的程序并且描述用于判定该程序是否得到履行的追溯/证实方法的标准。

7. 指南标准

以适当的背景知识提供某主题的普遍性、原则性、方向性的指导，或者同时给出相关建议或信息的标准。

（五）根据标准所属的服务业领域划分

1. 1985年的产业分类

第一产业：农业（包括农、林、牧、渔）。

第二产业：工业（包括采掘业、制造业、自来水、蒸汽、热水、煤气）和建筑业。

第三产业：除上述第一、第二产业以外的其他各业。

第三产业具体可分为4个层次：

（1）流通部门。

（2）为生产和生活服务的部门。

（3）为提高科学文化水平和居民素质服务的部门。

（4）为社会公共需要服务的部门。

2. 1994年的产业分类

随着我国改革开放和经济发展进程的加快，服务业的迅速发展使其内部化越来越明显。1994年，国家统计局在《中国统计年鉴》中首次分类行业统计，把第三产业划分为11个二级分类和51个三级分类。

3. 2002年的产业分类

为了满足经济统计和研究的需要，并与国际产业分类的接轨，修订了国家标准GB/T 4754—2002《国民经济行业分类》，将服务业分为15个门类、47个大类、80个种类、339个小类。

4. 2011年产业分类

2011年GB/T 4754—2011《国民经济行业分类》进行了第三次修订，将服务业分为15个门类、47个大类、224个种类、599个小类。

5. 2017年的产业分类

我国制定了GB/T 4754—2017《国民经济行业分类》，经过1994年、2002年、2011年、2017年几次修订，将服务业分为15个门类、46个大类、194个种类、432个小类（见表3-3）。

表3-3 我国国民经济行业分类中的服务业分类

1994年		2002年		2011、2017年	
F	地质勘查、水利管理	F	交通运输、仓储和邮政	F	批发和零售业
G	交通运输、仓储和邮电通信	G	信息传输、计算机服务和软件	G	交通运输、仓储和邮政业
H	批发和零售贸易、餐饮	H	批发和零售	H	住宿和餐饮业
I	金融、保险	I	住宿和餐饮	I	信息传输、软件和信息技术服务业
J	房地产	J	金融	J	金融业
K	社会服务	K	房地产	K	房地产业
L	卫生、体育和社会福利	L	租赁和商务服务	L	租赁和商务服务业

	1994 年		2002 年		2011、2017 年
M	教育、文化艺术及广播电影电视	M	科学研究、技术服务和地质勘查	M	科学研究和技术服务业
N	科学研究和综合技术服务	N	水利、环境和公共设施管理	N	水利、环境和公共设施管理业
O	国家机关、党政机关和社会团体	O	居民服务和其他服务	O	居民服务、维修和其他服务业
P	其他行业	P	教育	P	教育
		Q	卫生、社会保障和社会福利	Q	卫生和社会工作
		R	文化、体育和娱乐	R	文化、体育和娱乐业
		S	公共管理和社会组织	S	公共管理、社会保障和社会组织
		T	国际组织	T	国际组织

三、服务业标准体系中应遵循的标准分类原则

（一）相对稳定性原则

国家服务业标准体系为我国服务业的标准体系建设提出了总体目标和发展方向，对一定时期内的国家服务业标准化工作的开展具有指导意义。因此，服务业标准体系应保持相对稳定，只有这样，才能在相当长的时期内发挥重要作用。

（二）动态适应性原则

随着经济的发展和信息技术的广泛应用，新兴服务业不断涌现，服务业出现明显的多样化趋势。服务业标准体系只有通过服务业分级和层级不断地调整和修正，具备一定的动态性，才能更好地反映服务业发展的实际情况，才能更好地指导服务业标准化工作的开展。

（三）国际兼容性原则

伴随着经济全球化的发展，我国经济逐步与世界接轨，由此影响到服务业标准体系中的标准分类也要尽可能满足国际兼容性原则。例如，我国 2002 年版的国民经济行业分类标准在最细层次上基本与西方服务业分类建立了对应关系，这将推动服务业发展的国际比较研究，为我国服务业发展政策的制定提供借鉴与启示。

（四）实际可行性原则

构建国家服务业标准体系，目的是应用。在实际工作中，鉴于服务业涉及范围广、领域众多，为方便标准体系的应用和实施，仍宜采用与现行的行业部门职责分工较一致

的分类方法，以确保现实可操作性。

综合以上原则，在确定和划分服务业领域标准体系时，参照了 GB/T 4754—2017《国民经济行业分类》中对服务业的分类，同时根据我国的实际情况做了相应修改，将服务业标准划分为十八大类，分别是批发和零售业标准，交通运输、仓储和邮政业标准，住宿和餐饮业标准，信息传输、软件和信息技术服务业标准，金融业标准，房地产业标准，租赁和商务服务业标准，减灾和救灾服务业标准，科学研究和技术服务业标准，水利、环境和公共设施管理业标准，居民服务、维修和其他服务业标准，教育标准，卫生和社会工作标准，文化、体育和娱乐业标准，公共管理、社会保障和社会组织标准，国际组织标准，旅游业标准，其他服务业标准等。

四、中国服务业标准体系的结构

中国服务业标准体系直观的表现就是中国服务业标准体系表。中国服务业标准体系表是指中国服务业标准体系内的标准按一定形式排列起来的图表，如图 3-1 所示。

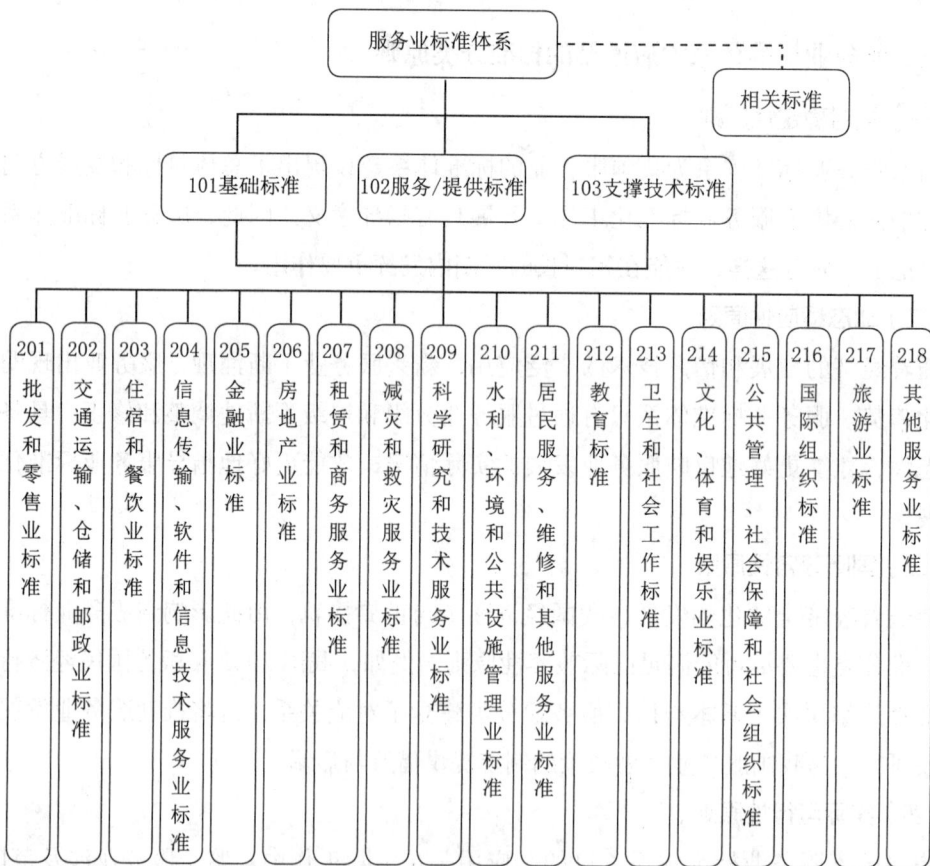

图 3-1　中国服务业标准体系表

（一）批发和零售业标准

主要包括：批发标准和零售业标准。

批发标准包括：农、林、牧、渔产品批发标准，食品、饮料及烟草制品批发标准，纺织、服装及家庭用品批发标准，文化、体育用品及器材批发标准，医药及医疗器材批发标准，矿产品、建材及化工产品批发标准，机械设备、五金产品及电子产品批发标准，贸易经纪与代理标准，其他批发业标准。

零售业标准包括：综合零售标准，食品、饮料及烟草制品专门零售标准，纺织、服装及日用品专门零售标准，文化、体育用品及器材专门零售标准，医药及医疗器材专门零售标准，汽车、摩托车、零配件和燃料及其他动力销售标准，家用电器及电子产品专门销售标准，五金、家具及室内装饰材料专门零售标准，货摊、无店铺及其他零售业标准。

（二）交通运输、仓储和邮政业标准

主要包括：铁路运输业标准、道路运输业标准、水上运输业标准、航空运输业标准、管道运输业标准、多式联运和运输代理业标准、装卸搬运和仓储业标准、邮政业标准等。

铁路运输业指铁路的安全管理、调度指挥、行车组织、客运组织、货运组织，以及机车车辆、线桥隧涵、牵引供电、通信信号、信息系统的运用及维修养护；不包括铁路机车车辆、线桥隧涵、牵引供电、通信信号、信息系统设备的制造厂（公司）、建筑工程公司、商店、学校、科研所、医院等活动。铁路运输业标准包括：铁路旅客运输标准、铁路货物运输标准、铁路运输辅助活动标准。

道路运输业标准包括：城市公共交通运输标准、公路旅客运输标准、道路货物运输标准、道路运输辅助活动标准。城市公共交通运输指城市旅客运输活动；公路旅客运输指城市以外道路的旅客运输活动；道路货物运输指所有道路的货物运输活动；铁路运输辅助活动指与道路运输相关的运输辅助活动。

水上运输业标准包括：水上旅客运输标准、水上货物运输标准、水上运输辅助活动标准。

航空运输业标准包括：航空客货运输标准、通用航空服务标准、航空运输辅助活动标准。

管道运输业标准包括：海底管道运输标准和陆地管道运输标准。

多式联运和运输代理业标准包括：多式联运标准和运输代理业标准。多式联运是指由两种及其以上的交通工具相互衔接、转运而共同完成的货物复合运输活动。运输代理业指与运输有关的代理及服务活动。

装卸搬运和仓储业指装卸搬运活动和专门从事货物仓储、货物运输中转仓储，以及以仓储为主的货物配送活动，还包括以仓储为目的的收购活动。装卸搬运和仓储业标准

包括：装卸搬运标准，通用仓储标准，低温仓储标准，危险品仓储标准，谷物、棉花等农产品仓储标准，中药材仓储标准，其他仓储业标准。

邮政业标准包括：邮政基本服务标准、快递服务标准、其他邮寄服务标准。邮政基本服务指邮政企业或者受邮政企业委托的企业提供的信件、印刷品、包裹、汇兑、报刊发行等邮政服务，以及国家规定的其他邮政服务；不包括邮政企业提供的快递服务。快递服务指快递服务组织在承诺的时限内快速完成的寄递服务。其他邮寄服务指邮政企业和快递企业之外的企业提供的多种类型的寄递服务。

（三）住宿和餐饮业标准

主要包括：住宿业标准和餐饮业标准。

住宿业是指为旅行者提供短期留宿场所的活动，有些单位只提供住宿，也有些单位提供住宿、饮食、商务、娱乐于一体的服务，本类不包括主要按月或按年长期出租房屋住所的活动。住宿业标准包括：旅游饭店标准、一般旅馆标准、民宿标准、露营服务标准、其他住宿业标准。旅游饭店指按照国家有关规定评定的旅游饭店和具有同等质量、水平的饭店活动。一般旅馆指不具备评定旅游饭店和同等水平饭店的一般旅馆的活动。民宿指城乡居民及社会机构利用闲置房屋开展的住宿活动和短期出租公寓服务。露营服务指在游览景区或其他地区，为自驾游、自行车游客及其他游客外出旅行提供使用自备露营设施（如帐篷、房车）或租借小木屋、移动别墅、房车等住宿和生活场所。

餐饮业指通过即时制作加工、商业销售和服务性劳动等，向消费者提供食品和消费场所及设施的服务。餐饮业标准包括：正餐服务标准、快餐服务标准、饮料及冷饮服务标准、餐饮配送及外卖送餐服务标准、其他餐饮业标准。正餐服务指在一定场所内提供以中餐、晚餐为主的各种中西式炒菜和主食，并由服务员送餐上桌的餐饮活动。快餐服务指在一定场所内或通过特定设备提供快捷、便利的餐饮服务。饮料及冷饮服务指在一定场所内以提供饮料和冷饮为主的服务。餐饮配送服务指根据协议或合同，为民航、铁路、学校、公司、机关等机构提供餐饮配送服务。外卖送餐服务指根据消费者的订单和食品安全的要求，选择适当的交通工具、设备，按时、按质、按量送达消费者，并提供相应单据的服务。

（四）信息传输、软件和信息技术服务业标准

主要包括：电信、广播电视和卫星传播服务标准，互联网和相关服务标准，软件和信息技术服务业标准。

电信、广播电视和卫星传播服务指利用有线、无线的电磁系统或者光电系统，传送、发射或者接收语音、文字、数据、图像，以及其他任何形式信息的活动。电信、广播电视和卫星传播服务标准包括：电信标准、广播电视传输服务标准、卫星传输服务标准。

互联网和相关服务标准包括：互联网接入及相关服务标准、互联网信息服务标准、互联网平台标准、互联网安全服务、互联网数据服务、其他互联网服务。互联网接入及相关服务指除基础电信运营商外，基于基础传输网络为存储数据、数据处理及相关活动，提供接入互联网的有关应用设施的服务。互联网信息服务指除基础电信运营商外，通过互联网提供在线信息、电子邮箱、数据检索、网络游戏、网上新闻、网上音乐等信息服务；不包括互联网支付、互联网基金销售、互联网保险、互联网信托和互联网消费金融，有关内容列入相应的金融行业中。互联网平台指专门提供第三方服务平台的互联网活动。互联网安全服务包括网络安全监控，以及网络服务质量、可信度和安全等评估测评活动。互联网数据服务指以互联网技术为基础的大数据处理、云存储、云计算、云加工等服务。其他互联网服务指除基础电信运营商服务、互联网接入及相关服务、互联网信息服务以外的其他未列明互联网服务。

软件和信息技术服务业是指对信息传输、信息制作、信息提供和信息接收过程中产生的技术问题或技术需求所提供的服务。软件和信息技术服务业标准包括：软件开发标准、集成电路设计标准、信息系统集成和物联网技术服务标准、运行维护服务标准、信息处理和存储支持服务标准、信息技术咨询服务标准、数字内容服务标准、其他信息技术服务业标准。

（五）金融业标准

金融业标准是为提高企业融资效率或居民个人生活方便而制定的与货币相关的标准，主要包括：货币金融服务标准、资本市场服务标准、保险业标准、其他金融业标准。

货币金融服务标准包括：中央银行服务标准、货币银行服务标准、非货币银行服务标准、银行理财服务标准、银行监管服务标准。中央银行服务指代表政府管理金融活动，并制定和执行货币政策，维护金融稳定，管理金融市场的特殊金融机构的活动。货币银行服务指除中央银行以外的各类银行所从事存款、贷款和信用卡等货币媒介活动，还包括在中国开展货币业务的外资银行及分支机构的活动。非货币银行服务指主要与非货币媒介机构以各种方式发放贷款有关的金融服务。银行理财服务指银行提供的非保本理财产品服务。银行监管服务指代表政府管理银行业活动，制定并发布对银行业金融机构及其业务活动监督管理的规章、规则。

资本市场服务标准包括：证券市场服务标准、公开募集证券投资基金标准、非公开募集证券投资基金标准、期货市场服务标准、证券期货监管服务标准、资本投资服务标准、其他资本市场服务标准。

保险业标准包括：人身保险标准、财产保险标准、再保险标准、商业养老金标准、保险中介服务标准、保险资产管理标准、保险监管服务标准、其他保险活动标准。人身保险指以人的寿命和身体为保险标的的保险活动，包括人寿保险、年金保险、健康保险和意外伤害保险。财产保险指以财产及其有关利益为保险标的的保险，包括财产损失保险、责任保险、信用保险、保证保险等。再保险指承担与其他保险公司承保的现有保单相关的所有或部分风险的活动。商业养老金指专为个人和单位雇员或成员提供退休金补贴而设立的法定实体的活动(如基金、计划、项目等)，包括养老金定额补贴计划及完全根据成员贡献确定补贴数额的个人养老金计划等。保险中介服务指保险代理人、保险经纪人开展的保险销售、谈判、促合，以及防灾、防损或风险评估、风险管理咨询、协助查勘理赔等活动，以及保险公估人开展的对保险标的或保险事故的评估、鉴定、勘验、估损、理算等活动。保险资产管理指保险资产管理公司接受委托，开展的保险资金、商业养老金等资金的投资管理活动。保险监管服务指根据国务院授权及相关法律法规规定所履行的对保险市场的监督、管理活动。其他保险活动指其他未列明的与保险和商业养老金相关或密切相关的活动，包括救助管理、保险精算等。

其他金融业标准包括：金融信托与管理标准、控股公司服务标准、非金融机构支付服务标准、金融信息服务标准、金融资产管理公司标准、其他未列明金融业标准。金融信托与管理指根据委托书、遗嘱或代理协议代表受益人管理的信托基金、房地产账户或代理账户等活动，包括单位投资信托管理，还包括信托公司通过互联网销售信托产品及开展其他信托业务的互联网信托活动。控股公司服务指通过一定比例股份，控制某个公司或多个公司的集团，控股公司仅控制股权，不直接参与经营管理，以及其他类似的活动。非金融机构支付服务指非金融机构在收付款人之间作为中介机构提供下列部分或全部货币资金转移服务，包括第三方支付机构从事的互联网支付、预付卡的发行与受理、银行卡收单及中国人民银行确定的其他支付等服务。金融信息服务指向从事金融分析、金融交易、金融决策或者其他金融活动的用户提供可能影响金融市场的信息（或者金融数据）的服务，包括征信机构服务。金融资产管理公司指经批准成立的，以从事收购、管理和处置不良资产业务为主，同时通过全资或控股金融类子公司提供银行、信托、证券、租赁、保险等综合化金融服务的金融企业。

（六）房地产业标准

为规范房地产业的管理和服务、维护消费者权益而制定的标准。主要包括：房地产开发经营标准、物业管理标准、房地产中介服务标准、房地产租赁经营标准、其他房地产业标准。房地产开发经营指房地产开发企业进行的房屋、基础设施建设等开发，以及转让房地产开发项目或者销售房屋等活动。物业管理指物业服务企业按照合同约定，对房屋及配套的设施设备和相关场地进行维修、养护、管理，维护环境卫生和相关秩序的活动。房地产中介服务指房地产咨询、房地产价格评估、房地产经纪等活动。房地产租赁经营指各类单位和居民住户的营利性房地产租赁活动，以及房地产管理部门和企事业单位、机关提供的非营利性租赁服务，包括体育场地租赁服务。

（七）租赁和商务服务业标准

为提高企业运行效率或居民个人生活便利而制定的标准。主要包括：租赁业标准和商务服务业标准。

租赁业标准包括：机械设备经营租赁标准、文体设备和用品出租标准、日用品出租标准。

商务服务业标准包括：组织管理服务标准，综合管理服务标准，法律服务标准，咨询与调查标准，广告业标准，人力资源服务标准，安全保护服务标准，会议、展览及相关服务标准，其他商务服务业标准。

（八）减灾和救灾服务业标准

为公众生活提供相关的气象服务和地震减灾安全防护服务而制定的标准。主要包括：地震服务标准、防灾减灾气象服务业标准、救灾物资管理标准、其他减灾和救灾活动标准。

（九）科学研究和技术服务业标准

为科学研究和其他专业技术领域提供服务而制定的标准。主要包括：研究和试验发展标准、专业技术服务业标准、科技推广和应用服务业标准。

研究和试验发展标准包括：自然科学研究和试验发展标准、工程和技术研究与试验发展标准、农业科学研究和试验发展标准、医学研究和试验发展标准、社会人文科学研究标准。

专业技术服务业标准包括：气象服务、地震服务、海洋服务、测绘地理信息服务标准，质检技术服务标准，环境与生态监测检测服务标准，地质勘查标准，工程技术与设计服务标准，工业与专业设计及其专业技术服务标准。

科技推广和应用服务业标准包括：技术推广服务标准、知识产权服务标准、科技中介服务标准、创业空间服务标准、其他科技推广服务业标准。

（十）水利、环境和公共设施管理业标准

对水利、环境和公共设施进行管理的标准。主要包括：水利管理业标准、生态保护和环境治理业标准、公共设施管理业标准、土地管理业标准。

水利管理业标准包括：防洪除涝设施管理标准、水资源管理标准、天然水收集与分配标准、水文服务标准、其他水利管理业标准。

生态保护和环境治理业标准包括：生态保护标准、环境治理业标准。

公共设施管理业标准包括：市政设施管理标准、环境卫生管理标准、城乡市容管理标

准、绿化管理标准、城市公园管理标准、游览景区管理标准。

土地管理业标准包括：土地整治服务标准、土地调查评估服务标准、土地登记服务标准、土地登记代理服务标准、其他土地管理服务标准。

（十一）居民服务、修理和其他服务业标准

为满足居民生活消费而制定的服务标准。主要包括：居民服务标准，机动车、电子产品和日用产品修理业标准，其他服务业标准。

居民服务业标准包括：家庭服务标准、托儿所服务标准、洗染服务标准、理发及美容服务标准、洗浴和保健养生服务标准、摄影扩印服务标准、婚姻服务标准、殡葬服务标准、其他居民服务业标准。

机动车、电子产品和日用产品修理业标准包括：汽车、摩托车等修理与维护标准，计算机和办公设备修理标准，家用电器修理标准，其他日用产品修理业标准。

其他服务业标准包括：清洁服务标准、宠物服务标准、其他未列明服务业标准。

（十二）教育标准

为提高我国居民科学文化素质和增加就业的可能性而制定的标准。主要包括：学前教育标准，初等教育标准，中等教育标准，高等教育标准，特殊教育标准，技能培训、教育辅助及其他教育标准。

（十三）卫生和社会工作标准

为提高居民医疗卫生，保障社会工作而制定的标准。主要包括：卫生标准和社会工作标准。

卫生标准包括：医院标准、基层医疗卫生服务标准、专业公共卫生服务标准、其他卫生活动标准。

社会工作标准包括：提供住宿社会工作标准、不提供住宿社会工作标准。社会工作指提供慈善、救助、福利、护理、帮助等社会工作的活动。

（十四）文化、体育和娱乐业标准

为提高公共文化服务水平，满足消费者精神、身体方面的消费性需要而制定的标准。主要包括：新闻出版业标准，广播、电视、电影和录音制作业标准，文化艺术业标准，体育标准，娱乐业标准等。

新闻和出版业包括：新闻业标准、出版业标准。

广播、电视、电影和录音制作业标准包括：广播标准、电视标准、影视节目制作标准、广播电视集成播控标准、电影和广播电视节目发行标准、电影放映标准、录音制作标准。

文化艺术业标准包括：文艺创业与表演标准，艺术表演场馆标准，图书馆与档案馆标

准，文物及非物质文化遗产保护标准，博物馆标准，烈士陵园、纪念馆标准，群众文体活动标准，其他文化艺术业标准。

体育标准包括：体育组织标准、体育场地设施管理标准、健身休闲活动标准、其他体育标准。

娱乐业标准包括：室内娱乐活动标准、游乐园标准、休闲观光活动标准、彩票活动标准、文化体育娱乐活动经纪代理服务标准、其他娱乐业标准。

（十五）公共管理、社会保障和社会组织标准

为公共管理、社会保障和社会组织开展相关服务工作而制定的标准。主要包括：社会保障标准，群众团体、社会团体和其他成员组织标准，基层群众自治组织及其组织标准。

社会保障标准包括：基本保险标准、补充保险标准、其他社会保障标准。

群众团体、社会团体和其他成员组织标准包括：群体团体标准、社会团体标准、基金会标准、宗教组织标准。

基层群众自治组织及其组织标准包括：社区居民自治组织标准和村民自治组织标准。

（十六）国际组织标准

国际组织标准主要是对联合国和其他国际组织驻我国境内机构等活动进行规范。

（十七）旅游业标准

为提高居民旅游的消费水平而制定的标准。主要包括：旅行社标准、旅游住宿标准、旅游餐饮标准、风景名胜区管理标准、旅游交通工具标准、导游服务标准、旅游设施租赁标准。

（十八）其他服务业标准

其他的相关服务业标准。

◆◆ 复习思考题

1. 简述服务业标准体系的主要构成。
2. 举例说明服务业标准体系结构图的构建方法。
3. 简述服务业标准体系编制说明的内容。
4. 简述中国服务业标准体系的制定原则。
5. 简述中国服务业标准体系构建的思路。

第四章 服务业组织标准体系的建立

标准体系是"一定范围内标准按其内在联系形成的科学的有机整体"。服务业组织标准体系是指在服务业组织内部，由服务通用基础标准、服务保障标准、服务提供标准等具有内在联系的标准组成，是完成服务业组织标准化系统功能的有机整体。建立服务业组织标准体系旨在通过制定、实施一整套标准来获得最佳秩序，并取得最大社会和经济效益。

GB/T 24421.2—2009《服务业组织工作指南 第2部分：标准体系》（以下简称 GB/T 24421.1—2009）给出了服务业组织标准体系的建设模式，并针对每个子体系给出相应包含的标准类型和需要考虑制定的标准内容。

第一节 标准体系总体结构、要求与建立步骤

一、标准体系总体结构

服务业组织的标准体系总体结构参见 GB/T 24421.2—2009 的 4.1 部分（见图 4-1）。

注：以下所列国家标准文本仍保持原标准编号。

4.1 标准体系总体结构

服务业组织的标准体系由服务通用基础标准体系、服务保障标准体系、服务提供标准体系三大子体系组成。服务通用基础标准体系是服务保障标准体系、服务提供标准体系的基础，服务保障标准体系是服务提供标准体系的直接支撑，服务提供标准体系促使服务保障标准体系的完善。该标准体系是服务业组织其他体系，如质量管理体系、环境管理体系等的基础和融合体，服务业组织应根据自身的特点，研究建立协调配合、科学合理的标准体系，并有效运行。其体系关系见图1。

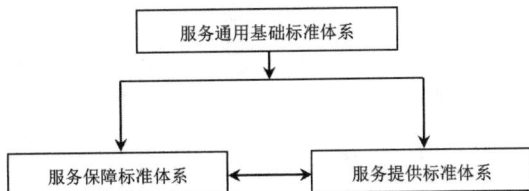

图 1 标准体系关系图

图 4-1 GB/T 24421.2—2009 的 4.1 部分

服务业组织的标准体系由服务通用基础标准体系、服务保障标准体系、服务提供标准体系三大子体系组成。每个子体系都不是独立的，它们之间有着广泛的内在联系，缺一不可。已经建立质量管理体系、环境管理体系、职业健康管理体系等多种单一标准体系的服务业组织，可以将已建的标准体系梳理、归纳分别融入服务业组织标准体系中，形成一个较完整的服务业组织标准体系。

服务通用基础标准体系是服务保障标准体系、服务提供标准体系的基础，服务保障标准体系、服务提供标准体系是标准体系的核心。服务保障标准体系对服务提供标准体系起着保驾护航的作用，服务提供标准体系对服务保障标准体系起着检验和验证的作用，促使服务保障标准体系的完善，只有有效的服务保障才能有有效的服务提供。服务提供标准体系是为满足顾客需要，规范供方和顾客之间直接接触活动而建立的体系。在服务提供过程中遇到因服务保障不完善造成服务不能有效提供时，就应考虑对服务保障体系的完善和改进。

二、总体要求

（一）标准体系内的标准应符合国家有关法律法规要求

制定标准是一项技术复杂、政策性很强的工作，它直接关系到国家、企业广大人民群众的利益。国家的法律法规是维护全体人民利益的根本保障，是所有人必须遵守的行为规范，具有更高的强制力，因此，标准体系内的所有标准，包括国家标准、行业标准、地方标准、团体标准、企业标准，应符合国家有关法律法规要求。

（二）标准体系内的标准应优先采用国家标准、行业标准和地方标准

国家标准、行业标准和地方标准反映的是国家、行业和地方对相应服务业组织经营活动的技术要求和管理要求，是服务业组织进入该服务行业应遵循的统一要求，服务业组织在经营过程中如果达不到这些要求就无法满足市场对其服务产品的根本需求，甚至加大违反国家法律法规的风险，因此服务业组织应优先采用国家、行业和地方标准，并在经营活动中得到落实。

（三）结合服务业组织的需要，制定企业标准，不断完善标准体系

结合服务业组织的实际运营情况，在相应国家标准、行业标准和地方标准缺失或不适用于本组织时，根据《中华人民共和国标准化法》等法律法规及《企业标准化管理办法》的规定，服务业组织可制定相应的团体标准、企业标准，并把团体标准、企业标准纳入标准体系中，完善标准体系。

（四）标准体系内的标准应相互协调

标准体系作为按标准内在联系形成的有机整体，并非是个体标准的简单相加。对于

一个孤立的标准，人们往往关注该标准提出的具体要求是否合理。当把该标准置于标准体系之中后，人们就会看出，要实现该标准规定的要求，需要其他一系列标准的配合。因此，标准体系内的标准之间应相互支撑，各司其职。标准的主要内容之间并无冲突，要协调配套。

（五）标准体系可依据 GB/T 24421.2—2009，结合服务业组织实际情况进行删减和扩充

GB/T 24421.2—2009 只给出了服务业组织编制标准体系的一般结构和要求，服务业组织可根据实际情况对本组织的三大子体系的结构进行删减和扩充，以满足服务业组织的实际需要，但服务业组织的标准体系都应包括服务通用基础标准体系、服务保障标准体系、服务提供标准体系三大子体系。

（六）标准体系内的标准应符合国家对服务标准的分类和编写要求

标准体系内的标准编制应符合，如 GB/T 15624—2011、GB/T 1—2020、GB/T 20001.1—2001、GB/T 24421.3—2009 等标准的要求，服务业组织在编制标准时可参考 GB/T 15624—2011 中的服务标准化的范围、服务标准的类型、服务标准的基本内容确定标准的编写思路和基本框架，标准具体编写应符合 GB/T 1 规定的标准结构和编写规则。

（七）标准体系表编制应符合 GB/T 13016—2018 和 GB/T 13017—2018

标准体系表编制应符合 GB/T 13016—2018 和 GB/T 13017—2018 的要求，包括结构、编制原则和工作方法、格式与编写说明书内容（标准体系表的结构形式、标准明细表的格式、统计表格式、编制说明内容等要求）等，应结合服务业组织的实际情况。

三、服务业组织标准体系建立的一般步骤

在 GB/T 24421.2—2009、GB/T 13016—2018 和 GB/T 13017—2018 等国家标准的基础上，结合服务业组织自身经营、管理和服务特点，建立科学可适用的标准体系。一般可按需求分析、框架设计、内容编制、贯彻实施、评价改进等步骤进行。

（一）需求分析

根据服务业组织的特点，一是确定标准化范围、对象、目标；二是梳理所涉及法律法规和规范性的文件，收集相关现行有效的国家标准、行业标准、地方标准和组织内部的各项规范制度；三是分析组织的服务事项，并进行分类。

（二）框架设计

参照 GB/T 24421.2—2009 的要求，结合服务业组织的实际情况，突出服务事项和特点，设计适用于本组织的标准体系框架。

（三）内容编制

根据标准体系框架，以实际需求为原则，科学、合理地编制标准体系明细表，确保服务业组织服务提供的各个环节有标准可依，标准齐全。对照明细表进行统计，形成统计表。

（四）贯彻实施

服务业组织标准体系表发布后，通过动员大会、专家授课等多种方式组织标准体系宣贯、培训，有组织、有计划、有措施地实施标准体系，贯彻到服务实现、经营管理等各项活动，确保全员参与。

（五）评价改进

定期组织服务业组织标准体系实施效果评价，总结实施经验，持续提升和改进标准体系的质量和水平。

第二节 服务通用基础标准体系

服务业组织服务通用标准体系总体结构参见 GB/T 24421.2—2009 的 5.1 部分（见图 4-2）。

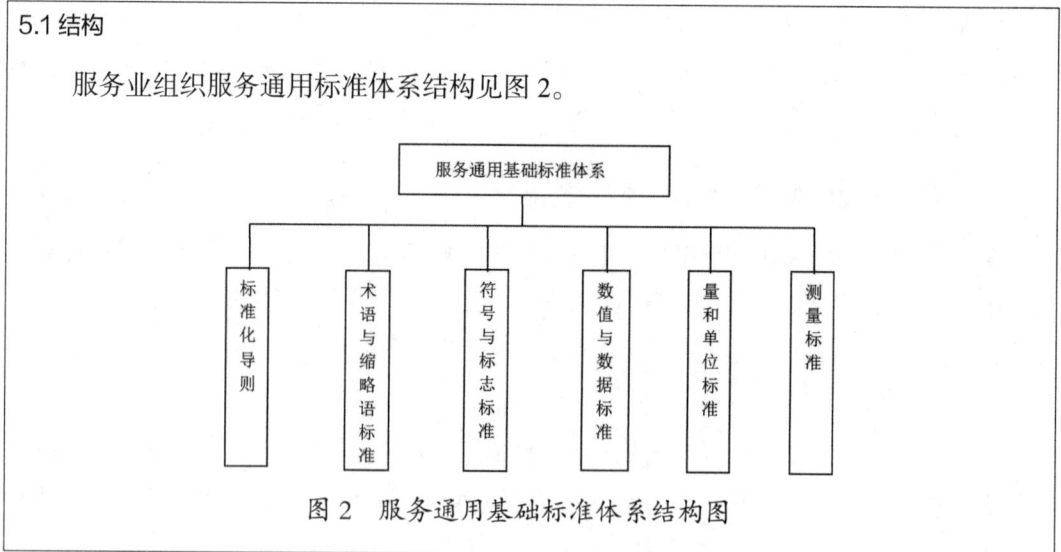

5.1 结构

服务业组织服务通用标准体系结构见图 2。

图 2 服务通用基础标准体系结构图

图 4-2 GB/T 24421.2—2009 的 5.1 部分

服务通用基础标准体系中的标准是指该类标准对所有服务业组织直接或间接适用，同时又具有广泛指导作用的标准。服务通用基础标准是服务业组织标准体系的一部分，是所有服务业组织在建立和实施标准体系时应遵循的一些通用、基础标准的集合。因此，一般情况下，服务通用基础标准体系处于整个服务业组织标准体系的最上一层，对服务保障标准体系和服务提供标准体系的建立和制定起着技术上的保证和支撑的作用。

服务通用基础标准体系一般包括标准化导则、术语与缩略语标准、符号与标志标准、数值与数据标准、量和单位标准及测量标准等6个子体系。由于服务业门类广泛，服务的对象、内容、要求各不相同，不同的服务业组织在建立服务通用基础标准体系时，可以不完全局限于上述的6个方面。

除了上述通用基础标准外，还有一些标准不是所有服务业组织通用的基础标准，但是属于某些服务业组织要用到的基础标准。例如，技术制图、公差配合、图像信息、信息技术、汉字编码等方面的基础标准也可以作为服务业组织的通用基础标准体系的子体系，特别是针对设计、科研、通信、教育等性质的服务业组织可以增加除上述6个方面以外的更适合本组织服务需求的通用基础标准子体系。

在现行的国家和行业标准中，可以归入服务通用基础标准体系的标准有 GB/T 1800.1—2020《产品几何技术规范（GPS）极限与配合 第1部分：公差、偏差和配合的基础》、GB/T 50105—2010《建筑结构制图标准》、GB/T 36622.1—2018《智慧城市 公共信息与服务支撑平台 第1部分：总体要求》、YD/T 2437—2012《物联网总体框架与技术要求》、DL/T 5028—2015《电力工程制图标准》。

一、标准化导则

（1）适用于本组织、本行业标准化工作的相关国家标准、行业标准、地方标准，如 GB/T l—2020、GB/T 20001.1—2001、GB/T 13016—2018、GB/T 20000.1—2014 等。

（2）服务业组织制定的标准化工作相关标准。

（3）指导服务组织开展标准化活动的规范性文件。

标准化导则是指导服务业组织开展标准化活动的规范性文件。标准化导则主要包括标准的制定程序、编写规则、标准的通用词汇、采用国际标准、引用文件、标准的分类、编号，以及标准体系建设和实施指南等内容的标准。

这类标准的来源主要有3个途径：一是"收集"，将现有国家标准、行业标准、地方标准等收集起来，分类编号纳入服务业组织标准体系，这类标准如 GB/T 1.1—2020《标准化工作导则 第1部分：标准化文件的结构和起草规则》、GB/T 13016—2018《标准体系构建原则和要求》、GB/T 24421.3—2009《服务业组织标准化工作指南 第3部分：标准编写》。二是"转化"，结合服务业组织的实际情况，将收集的国家标准、行业标准、地方标准转化为企业标准，或者选取标准中一部分内容制定较为详细的、方便组织使用的企业标准。三是"自主编制"，根据服务业组织的实际需求和经营管理方法，编制符合自身标准化工作特点的标准。

某服务业组织的标准化导则标准部分示例见表 4-1。

表 4-1　某服务业组织的标准化导则标准明细示例

序　号	标准名称	标准号	级　别
1	标准化工作导则　第 1 部分：标准化文件的结构和起草规则	GB/T 1.1—2020	国标
2	标准编写规则　第 1 部分：术语	GB/T 20001.1—2001	国标
3	标准编写规则　第 2 部分：符号标准	GB/T 20001.2—2015	国标
4	标准编写规则　第 3 部分：分类标准	GB/T 20001.3—2015	国标
5	服务标准化工作指南	GB/T 15624—2011	国标
6	服务业组织标准化工作指南　第 1 部分：基本要求	GB/T 24421.1—2009	国标
7	服务业组织标准化工作指南　第 2 部分：标准体系	GB/T 24421.2—2009	国标
8	服务业组织标准化工作指南　第 3 部分：标准编写	GB/T 24421.3—2009	国标
9	服务业组织标准化工作指南　第 4 部分：标准实施及评价	GB/T 24421.4—2009	国标
10	标准体系构建原则和要求	GB/T 13016—2018	国标
11	企业标准体系表编制指南	GB/T 13017—2018	国标
12	服务管理体系规范及实施指南	SB/T 10382—2004	行标
13	标准化工作指南　第 1 部分：标准化和相关活动的通用术语	GB/T 20000.1—2014	国标
14	标准化工作指南　第 2 部分：采用国际标准	GB/T 20000.2—2009	国标
15	标准化工作指南　第 3 部分：引用文件	GB/T 20000.3—2014	国标
16	标准中特定内容的起草　第 4 部分：标准中涉及安全的内容	GB/T 20002.4—2015	国标
17	标准中特定内容的起草　第 3 部分：产品标准中涉及环境的内容	GB/T 20002.3—2014	国标
18	标准化工作指南　第 6 部分：标准化良好行为规范	GB/T 20000.6—2006	国标
19	标准化工作指南　第 7 部分：管理体系标准的论证和制定	GB/T 20000.7—2006	国标
20	××××企业服务标准体系表	Q/××××0101—2020	企标
21	××××企业标准化管理办法	Q/××××0102—2020	企标

二、术语与缩略语标准

（1）适用于本组织、本行业的术语和缩略语国家标准、行业标准、地方标准。

（2）服务业组织制定的用于组织内部信息沟通用的概念定义和（或）术语含义标准，其内容应包括中文名称、英文名称、术语定义。

（3）服务业组织可将组织内常用的较长词句缩短省略成较短的语词并将对照关系制定成缩略语标准。

术语与缩略语标准是对某些行业或组织内经常使用，而在行业或组织外又易造成混淆和难理解的名词、词汇、简称、符号进行统一解释或定义的标准。其作用是让大家都能看得懂和理解词汇的具体含义，避免产生歧义或困惑。例如，GB/T 17110—2008《商店购物环境与营销设施的要求》中定义了"售货单元"术语。如果从字面上的含义理解就是销售一批商品中单独的一个商品，而标准中却是这样定义的，"在商品类别和布置方式上具有相对独立特点的售货区"，与字面理解存在较大差异，通过定义就进行了统一规范。

缩略语俗称缩写，是对较长或较复杂的汉语词汇或英文词组经简化后的一种表示方法。例如，"非典"是"非典型性肺炎"的缩略语，"政协"是"中国人民政治协商会议"的缩略语，"WTO"是"世界贸易组织"的缩写词，"TQM"是"全面质量管理"的缩写词。

术语和缩略语标准是组织的技术语言的组成部分，制定术语标准的目的是提供一个共同交流的平台。其中，定义和术语一一对应，统一、简化、准确，便于交流和正确理解以避免歧义和误解。

在制定术语标准时应注意以下原则：

（1）应为每个术语标准建立相应的概念体系。

（2）概念的定义应能在语境中替代同该概念相对应的术语（替代原则）。

（3）概念的定义应使用汉语或国家规定的少数民族文字表述。

（4）使用不同语种表述的同一个定义应在内容上等同，并尽可能使用类似结构。

（5）应指出国家标准的概念体系与国际标准的概念体系之间的差异，以及不同民族语言的概念体系与国家标准的概念体系之间的差异。

这类标准的来源有两个：一是收集已有的适合本组织使用的国家标准、行业标准、地方标准，如 GB/T 16766—2017《旅游业基础术语》、GB/T 18811—2012《电子商务基本术语》、GB/T 37043—2018《智慧城市 术语》等。二是制定团体标准或企业标准，如果在国家标准、行业标准或地方标准中找不到适合本组织的术语和缩略语，但又需要将服务业组织内经常使用的又难理解的概念、术语和缩略语的含义让大家都清楚，就可以制定团体标准或企业标准，其内容包括术语中文名称、英文名称、术语的定义、缩略语的解释。

某服务业组织的术语与缩略语标准部分示例见表 4-2。

表 4-2 某服务业组织的术语与缩略语标准明细示例

序　号	标准名称	标准号	级　别
1	术语工作　原则与方法	GB/T 10112—2019	国标
2	质量管理体系　基础和术语	GB/T 19000—2016	国标
3	图形符号　术语　第1部分：通用	GB/T 15565.1—2008	国标
4	术语工作　词汇　第1部分：理论与应用	GB/T 15237.1—2000	国标
5	物流术语	GB/T 18354—2006	国标
6	托盘术语	GB/T 3716—2000	国标
7	条码术语	GB/T 12905—2000	国标
8	长度计量名词术语及定义	JJF 1010—1987	企标

三、符号与标志标准

（1）适用于本组织、本行业的符号与标志相关国家标准、行业标准、地方标准，如 GB/T 10001.2—2021、GB 2894—2016 等。

（2）服务业组织对符号与标志的样式、颜色、字体、结构及其含义制定的规范性文件。

符号与标志标准指以特定的文字、字母或图形、图像为主要内容并附有相关说明的标准。这类标准主要用于规范公共场所和服务业组织内，以及产品中涉及安全、卫生、环保及便于顾客识别的符号与标志。

一般来说，符号与标志标准不仅仅要在服务业组织内统一，而且要在全国范围内统一，从而可以避免由于符号与标志的不规范而造成的混乱，因此这类标准不适合制定成企业标准，因为企业标准使用范围窄，不易被公众认可，容易造成标志使用的混乱。

因此，符号与标志子体系标准主要由服务业组织自己收集适合本组织的现行国家标准、行业标准和地方标准组成。这类标准包括 GB 190—2009《危险货物包装标志》、GB/T 16901.1—2008《技术文件用图形符号表示规则　第1部分：基本规则》等。

某服务业组织的符号与标志标准部分示例见表 4-3。

表4-3　某服务业组织的符号与标志标准示例

序　号	标准名称	标准号	级　别
1	消防安全标志	GB 13495.1—2015	国标
2	包装储运图示标志	GB/T 191—2008	国标
3	危险货物品名表	GB 12268—2012	国标
4	危险货物分类和品名编号	GB 6944—2012	国标
5	危险货物包装标志	GB 190—2009	国标
6	公共信息图形符号　第1部分：通用符号	GB/T 10001.1—2012	国标
7	标志用图形符号表示规则　第1部分：公共信息图形符号的设计原则	GB/T 16903.1—2008	国标
8	标志用图形符号表示规则　第2部分：理解度测试方法	GB/T 16903.2—2013	国标
9	标志用图形符号表示规则　第3部分：感知性测试方法	GB/T 16903.3—2013	国标

四、数值与数据标准

（1）服务业组织运行和管理活动涉及的数值和数据相关国家标准、行业标准、地方标准。

（2）服务业组织对各种数值和数据的判定与表示制定的标准等。

数值与数据标准是对数字的表示、数值的计算、数据的统计及方法等有关内容的规范性文件。在服务业组织的经营和管理活动中经常涉及有关数值和数据如何计算或统计的问题。例如，财务部门记账的时候，常会遇到以万元为单位还是以元为单位，数值应保留到小数点后几位的问题；统计、科研部门在统计某一数据时，常会遇到统计数据的计算方法问题，以及数值和数据的修约规则问题。在编写标准的过程中也会遇到数与数值如何表示的问题。为了在某一范围内做到数值和数据的统一，就需要制定相关的国家标准、行业标准、地方标准、团体标准或企业标准。

数值与数据的标准一般包括：数值与数据的名称，统计、计算过程中数值的修约规则，各种极限值的判定与表示方法，包含有特性值和数据库表的基本要求等。比如某组织在数值修约规则中规定小数点后保留两位，第三位数四舍五入。又比如在GB/T 1.1—2020中对多位数或多位小数的表示方法规定从小数点起，向左或向右每三位数一组，组间要留四分之一个汉字的间隙，但表示年号不留间隙。对非物质量数的表示规定10以内的数用汉字"一、二、三……九"表示，大于9的数用阿拉伯数字表示。在金融、财务报表中由于统计数字较长，要求每三位数要用"，"分开。

某服务业组织的数值与数据标准部分示例见表4-4。

表4-4　某服务业组织的数值与数据标准明细示例

序　号	标准名称	标准号	级　别
1	数值修约规则和极限数值的表示与判断	GB/T 8170—2008	国标
2	统计学词汇及符号　第1部分　一般统计术语与用于概率的术语	GB/T 3358.1—2009	国标
3	统计分布数值表　正态分布	GB/T 4086.1—1983	国标
4	信息技术　会计核算软件数据接口	GB/T 19581—2004	国标
5	信息技术词汇　第5部分：数据表示	GB/T 5271.5—2008	国标
6	联运通用平托盘　主要尺寸及公差	GB/T 2934—2007	国标

五、量和单位标准

（1）服务业组织运行和管理活动中采用的量和单位相关国家标准。

（2）服务业组织对量和单位的选用和确定制定的标准等。

量和单位标准是物理量及量的单位、符号的使用和表示方法的规范性文件。服务业组织在经营和管理活动中所使用的量和单位应当严格执行《中华人民共和国计量法》(以下简称《计量法》)规定的法定计量单位，不得使用非法定计量单位。如果需要制定量和单位的企业标准，则企业标准不得与现行的国家有关量和单位的强制性标准相抵触。

《计量法》颁布之前，我国使用的量和单位不统一，使用的计量单位有我国传统的，也有从国外引进的，比较混乱，换算麻烦，误差较大。比如，在长度方面，有使用"尺"和"丈"的，也有使用"米"和"厘米"的；在重量（质量）方面，有使用"斤"和"两"的，也有使用"公斤"和"克"的；在液体体积方面，有使用"磅"的，也有使用"升"的。《计量法》颁布后，有些计量单位成了非法定计量单位，不允许再使用，而"千米""米""千克""克""升"等为允许使用的法定计量单位。

我国使用的有关量和单位的国家标准都是强制性标准，标准对量和单位的名称、符号、表示方法、使用的原则做了明确规定，企业要严格执行。服务业组织可直接选择适合本组织使用的现行国家标准，作为量和单位子体系的标准，或者将国家标准中与本组织经营和管理活动有关的量和单位摘录出来并转化为团体标准或企业标准。

某服务业组织的量和单位标准部分明细示例见表4-5。

表4-5　某服务业组织的量和单位标准明细示例

序　号	标准名称	标准号	级　别
1	国际单位制及其应用	GB 3100—1993	国标
2	有关量、单位和符号的一般原则	GB 3101—1993	国标
3	空间和时间的量和单位	GB 3102.1—1993	国标

六、测量标准

测量是指用某种方法（实验）将已知标准量与未知的被测物理量进行比较和判断的过程。测量标准是对测量方法及测量过程中所涉及的设备、器具、人员、环境、已知量和未知量的规范性文件。服务业组织需要对某项活动、过程、产品进行测量，检查其是否达到标准规定的要求时，就要用测量方面的标准。

根据服务的特性和服务的程序，服务业组织可选择并使用定量或定性方法对服务的安全性、有效性和服务满足顾客需求进行验证。定量或定性方法如果有国家标准、行业标准、地方标准的可直接采用，没有的就需要制定测量方法的团体标准或企业标准。

（一）测量方法、依据和程序技术规范

测量方法、依据和程序技术规范是对整个过程的基本要求。测量方法是规定测量时采取的方法、方式。比如，要测量某一服务场所的室内温度，一般是找一只误差小于1摄氏度的温度计，在室内选取若干点，测量后求平均值。这就是最简单的方法。再比如，要测量餐馆某一道菜的感官指标，也就是色、香、味的指标，这就需要有经验的专家用眼看、鼻闻和口尝的方法来检查，这也是一种测量方法。

依据和程序技术规范是指对测量结果要依据标准进行比较和判定。根据实际测量的结果与标准规定进行比较，如果在标准规定的范围内就是合格，不在标准规定的范围就是不合格。

测量方法、依据和程序技术规范方面的标准非常多，如 GB/T 11605—2005《湿度测量方法》、GB/T 18204.19—2000《公共场所室内换气率测定方法》等。

（二）测量设备使用技术规范

测量设备使用技术规范是规定使用测量设备如何使用的标准。在测量设备使用技术规范方面，一般没有现成的国家标准或行业标准，需要服务业组织根据《计量法》和测量设备使用说明书，自己制定测量设备使用技术规范企业标准。

（三）测量设备检定规程及校准、安装和使用程序

根据《计量法》，县级以上人民政府计量行政部门对社会公用计量标准器具，部门和

企业、事业单位使用的最高计量标准器具，以及用于贸易结算、安全防护、医疗卫生、环境监测方面的列入强制检定目录的工作计量器具，实行强制检定。未按照规定申请检定或者检定不合格的，不得使用。实行强制检定的工作计量器具的目录和管理办法，由国务院制定。对规定以外的其他计量标准器具和工作计量器具，使用单位应当自行定期检定或者送其他计量检定机构检定。计量检定必须按照国家计量检定系统表进行。国家计量检定系统表由国务院计量行政部门制定。计量检定必须执行计量检定规程。国家计量检定规程由国务院计量行政部门制定。没有国家计量检定规程的，由国务院有关主管部门和省、自治区、直辖市人民政府计量行政部门分别制定部门计量检定规程和地方计量检定规程。

测量设备检定规程及校准、安装和使用程序的标准很多，如 JJG 52—2016《弹簧管式一般压力表、压力真空表和真空表检定规程》、JJG 111—2019《玻璃体温计检定规程》、JJG 1010—2013《电子停车计时收费表检定规程》等。

（四）测量设备使用人员的资质和技能要求

测量设备检定、校准人员需要取得国家认证机构颁发的资质证书，而测量设备使用人员国家没有规定必须取得某种测量设备的使用资质和技能要求。服务业组织可根据所使用的测量设备范围和种类制定使用人员的资质和技能要求企业标准。

（五）测量量值的计量基准和标准，测量、校准时间间隔

对国家由规定的测量量值的计量基准和标准及测量、校准时间间隔的，服务业组织应按国家规定或标准执行，并将规定或标准纳入标准体系中来。属于国家非强检项目计量器具测量量值的计量基准和标准及测量、校准时间间隔标准，由服务业组织自行制定。

（六）测量控制的监测点和范围

测量是否能测准确，是否反映真实情况，都与选择测量点和范围密切相关。比如，测公共场所环境噪声，一般要选多个测量点，人多的地方要选，人少的地方要选，距窗户近的要选，距窗户远的也要选，多个测量点测量的结果求平均值就比选一个点更接近真实结果。对有测量控制的监测点和范围有国家规定和标准的，按国家规定或标准执行，没有规定的，由服务业组织制定相关监测点和范围的标准。

（七）测量记录、统计方法

对每一次测量要有测量记录和统计方法，测量记录和统计方法是对测量过程的总结。其最终结果是判断被测物理量或过程是否符合标准规定的依据。有些测量国家规定了测量记录的要求和统计方法，有些则没有规定。对于没有规定的，服务业组织可根据实际情况制定有关测量记录、统计方法标准。

（八）测量标志、证书等使用要求

针对测量设备或计量器具在规定的日期内应有符合使用要求的许可标志。任何单位和个人不得在工作岗位上使用无检定合格印、证或超过检定周期及经检验不合格的计量器具。服务业组织可以对标志、证书等使用要求制定相关标准。

制定企业标准应包括以下要求：

（1）测量设备管理人员应掌握对测量设备规定的检定周期和校准时间。

（2）强制检定计量器具应符合法制管理要求。应确保测量设备在使用前均经过了校准，且校准结论满足使用要求。

（3）使用人员应熟悉测量设备的使用，正确、合理、按规定选择和使用测量设备，并确保在校准的有效期内使用。

（4）当发现测量设备失准时，要委托国家授权校准单位进行校准。

（5）测量设备的保管防静电环境应适当，不应与工具、刀具、原材料零配件混放，防止丢失、碰磕、损坏、失准、锈蚀。

某服务业组织的测量标准部分示例见表4-6。

表4-6　某服务业组织的测量标准明细示例

序　号	标准名称	标准号	级　别
1	水平尺校准规范	JJF 1085—2002	国标
2	钢卷尺	QB/T 2443—2011	行标
3	电子称重仪表	GB/T 7724—2008	国标
4	公共场所卫生检验方法　第1部分：物流因素	GB/T 18204.1—2013	国标

第三节　服务保障标准体系

服务业组织服务保障标准体系总体结构参见 GB/T 24421.2—2009 的6.1部分（见图4-3）。

服务保障标准体系由服务业组织为支撑服务有效提供而制定的规范性文件构成，是按其内在联系而形成的科学有机整体。服务保障标准体系是以安全、环保、健康、节约能源为主，以人力资源、设备、财务、信息为辅的完整的，为服务提供的有效开展必要的资源。

> **6.1 结构**
>
> 服务业组织服务保障标准体系结构见图3。
>
>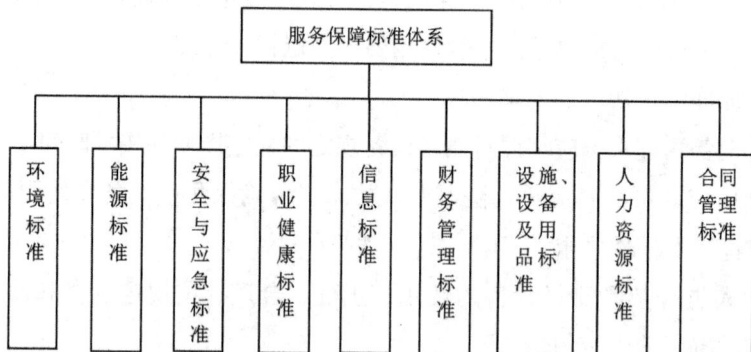
>
> 图3 服务保障标准体系结构图

图 4-3 GB/T 24421.2—2009 的 6.1 部分

服务保障标准体系通常包括:环境标准,能源标准,安全与应急标准,职业健康标准,信息标准,财务管理标准,设施、设备及用品标准,人力资源标准,合同管理标准等9个子体系。

服务业组织可根据9个子体系的不同特点,分别收集和制定适合本组织需求的服务保障方面的标准。在编制服务保障标准体系时,不一定完全局限于9个子体系,可以根据本服务业的特点对子体系适当裁减,对子体系的内容进行修改或补充,也可以在9个子体系下再分出下一层的子体系。例如,养老服务机构、医疗卫生机构和某些孤残福利机构等可以把安全与应急标准再分为危机与风险控制标准和安全管理标准——作为安全与应急标准体系的第二层子体系,来突出本行业的服务特色。

一、环境标准

环境标准要求参见 GB/T 24421.2—2009 的 6.2 部分(见图4-4)。

环境是服务业组织进行活动的外部存在条件,包括空气、水、土壤、自然资源等。环境问题不能简单地认为是某一个组织的问题,而是一个社会问题,一个社会、经济能否实现可持续发展的重要问题,是一个组织应承担的社会责任问题。为避免或减少有害的环境影响,服务业组织应从产品开发、资源利用、服务活动直至废弃物处理等各个环节,采取控制污染和合理利用资源等各种可行的管理手段和技术措施。

6.2 环境标准

服务业组织应收集、制定的环境条件和环境保护标准，包括但不限于：

a) 落实国家法律法规和标准要求应采取的管理措施；

b) 环境质量、监测方法、环境保护措施标准；

c) 经营和管理活动中废气、废水、废渣和有毒有害物质等的限量和处理标准；

d) 环境目标、实施、运行和持续改进的管理要求；

e) 服务提供所需的温度、湿度、光线、空气质量、卫生、清洁度、噪声、场地面积等基本条件的要求；

f) 服务业组织场所日常环境管理标准。

图 4-4　GB/T 24421.2—2009 的 6.2 部分

环境标准是指为保护环境和有利于生态平衡，对空气、水、土壤等环境质量，污染源、环境治理措施、检测方法及相关的环境管理要求和措施制定的规范性文件。

服务业组织应收集、制定的环境条件和环境保护标准，包括以下几个方面。

（一）落实国家法律法规和标准要求应采取的管理措施

在保护环境方面国家颁布了《中华人民共和国环境保护法》等多项法律法规。如何落实这些法律法规，要采取哪些管理措施，是服务业组织要首先考虑的问题。另外，在保护环境方面国家还发布了多项强制性标准，如 GB 18485—2014《生活垃圾焚烧污染控制标准》、GB 26877—2011《汽车维修业水污染排放标准》、GB 18466—2015《医疗机构水污染物排放标准》、GB 16297—1996《大气污染综合排放标准》、GB 22337—2008《社会生活环境噪声排放标准》、GB 19606—2004《家用和类似用途电器噪声限值》等，这些标准如何落实、如何实施也是服务业组织要解决的问题，因此需要制定出具体的管理措施标准。

（二）环境质量、监测方法、环境保护措施标准

环境质量是影响服务质量的重要因素之一，它直接影响服务的舒适性。因此，服务业组织应对服务提供所需的水质、温度、湿度、光线、空气质量、卫生、清洁度、噪声、场地面积等基本条件所要满足的要求做出统一的规定，以确保服务质量达到预期目标。其中：室内温度控制应符合国家的节能要求，不能过冷和过热；噪声既要考虑机械因素也要考虑人的因素，在人员密集场所应对讲话的音量做出规定，以避免过于嘈杂；对于提供室内服务的服务业组织，尤其是提供商业、休闲娱乐业、餐饮业、医疗卫生等服务的组织，应对室内空气质量做出明确规定，其要求应与国家相关标准协调一致。

服务业组织应对环境质量进行定期、定点监测，以确保环境质量稳定并满足服务的需要，为此需要制定环境监测方法标准。服务业组织在制定环境监测方法标准时，应尽可能采用国家统一的方法标准，内容包括监测方法（检测所需的仪器设备、药品试剂、采样、试验方法、计算公式等）和检测规则（包括检测地点、测试周期、检测项目、结果判定等）。

环境质量、监测方法、环境保护等方面的标准应尽可能收集现有的国家标准、行业标准和地方标准，如 GB 3095—2012《环境空气质量标准》、GB 18285—2018《汽油车污染物排放限值及测量方法》、GB 14892—2006《城市轨道交通列车噪声限值和测量方法》等。根据现有国家标准、行业标准或地方标准，服务业组织可以制定相关的环境保护措施和管理的团体标准或企业标准。企业标准一般包括：环境监测管理、环境设备设施管理要求和程序、环境档案管理等。企业标准应对环境监测管理的程序和要求做出明确规定，环境监测应做到定期定点，其管理程序至少应从监测地点的选择开始到监测记录的形成、传递、分析与使用为止；还应对环保检查方式做出明确规定。对环保设备设施的管理程序和要求应做出明确规定，包括设备、设施的采购、安装、交付验收、维护保养、专业使用、档案管理等环节的管理程序与要求。对环境档案管理包括：档案的内容、归集的程序与要求、保存要求、档案信息的使用程序和要求。

（三）经营和管理活动中废气、废水、废渣和有毒有害物质等的限量和处理标准

对服务业组织在经营和管理活动中可能产生的废气、废水、废渣和有毒有害物质等，宜先请有关检测机构进行实地检测，看是否符合国家相关标准的要求，对合格的排放要保持，并严格控制，对不合格的排放要制定治理标准及达到排放要求的后期管理标准。应对"三废"排放的限量要求，如废气、废水、废渣和有毒有害物质、医疗垃圾等做出规定。应对"三废"的收集与处理的方法、程序及相关的要求做出明确的规定，其规定应符合国家相关的法律法规和行业规定。

（四）环境目标、实施、运行和持续改进的管理要求

服务业组织应根据国家的法律法规和行业的相关规定制定环境方针，并针对组织的环境目标、实施、运行和持续改进制定相关标准，以确保组织环境目标的实现。

（五）服务提供所需的温度、湿度、光线、空气质量、卫生、清洁度、噪声、场地面积等基本条件的要求

为满足顾客的需求，服务业组织要规定服务场所的温度、湿度、光线、空气质量、卫生、清洁度、噪声、场地面积等基本要求，这类要求有国家强制性标准的，要执行国家强制性标准，没有强制性标准的可以执行推荐性标准或制定符合服务业组织实际情况的企业标准。

国家标准对有些服务行业场所的温度、湿度、光线、空气质量、卫生、清洁度、噪声、场地面积及检测方法等做了规定，如 GB 15982—2012《医院消毒卫生标准》、GB 7793—2010《中小学校教室采光和照明卫生标准》、GB 5749—2006《生活饮用水卫生标准》、GB 9660—1988《机场周围飞机噪声环境标准》等，但有些服务行业没有现成的标准，服务业组织可参考执行其他服务行业的国家标准，也可制定团体标准或企业标准。

（六）服务业组织场所日常环境管理标准

服务业组织场所日常环境管理方面尚没有现成的国家或行业标准，只能由服务业组织自己制定企业标准。日常环境管理主要包括：管理的部门、人员，管理的方式、方法、程序，管理的内容和要求，管理的考核等。

某服务业组织的环境标准部分示例见表4-7。

表4-7 某服务业组织的环境标准明细示例

序 号	标准名称	标准号	级 别
1	环境管理体系 要求及使用指南	GB/T 24001—2016	国标
2	环境管理体系 通用实施指南	GB/T 24004—2017	国标
3	室内空气质量标准	GB/T 18883—2002	国标
4	通用仓库等级	GB/T 21072—2007	国标
5	××××企业环境卫生管理规定	Q/××××B0101—2020	企标

二、能源标准

能源标准要求参见 GB/T 24421.2—2009 的 6.3 部分（见图4-5）。

在服务保障标准体系中对能源的管理及用能和节能工作措施都是十分重要的内容。有关能源方面的标准主要包括以下几方面。

（一）能源产品标准

如煤、电、油、气体燃料、热力、水等产品质量标准。

服务业组织在运营和管理活动中使用到的各种能源产品的产品标准，这些标准不需要服务业组织来制定，都有现成的国家标准或行业标准，服务业组织可以收集起来作为能源标准子体系的一部分。

（二）能源设备及其系统的经济运行标准

如能源的转换设备、供能输送设备、用能终端设备的耗能定额标准，以及设备经济运行规范等。

6.3 能源标准

用能和节能工作收集、制定的标准，包括但不限于：

a) 能源产品标准，如煤、电、油、气体燃料、热力、水等产品质量标准；

b) 能源设备及其系统的经济运行标准，如能源的转换设备、供能输送设备、用能终端设备的耗能定额标准，以及设备经济运行规范等；

c) 节能材料标准，如节能材料及能量传导材料技术标准；

d) 节能调整和改造标准；

e) 能源管理各种记录的保存和使用标准；

f) 能源计量和能耗的分析标准；

g) 经济运行及评价标准。

图 4-5　GB/T 24421.2—2009 的 6.3 部分

应根据实际需要制定能源设备及其系统的经济运行标准，如能源的转换设备、功能输送设备、用能终端设备的耗能定额标准，以及设备经济运行规范等；且与相关的国家标准和行业标准要求协调一致。能耗定额标准如 GB 25323—2010《再生铅单位产品能源消耗限额》，服务业组织可参照相关的国家标准制定自己的能耗定额标准。

（三）节能材料标准

如节能材料及能量传导材料技术标准。

服务业组织应对节能材料或产品的质量要求、试验方法做出明确的规定，有国家标准或行业标准的可以直接采用。

（四）节能调整和改造标准

1. 节能调整

应规定合理用能的方法，评价的依据、办法、程序和相关的要求。

2. 节能技术改造

应规定节能技术改造的办事程序与要求、成果奖励的程序与要求。

（五）能源管理各种记录的保存和使用标准

应规定能源管理中各种报告与记录的保存和利用的程序与要求。

（六）能源计量和能耗的分析标准

1. 能源计划

服务业组织应根据需要制订用能计划和节能计划，并规定能源计划的编制方法、程序及要求。

2. 能源消耗及统计分析

应规定能源消耗定额的制定、审批、实施及消耗的统计、分析等各环节所使用的方法、程序及要求。

3. 能源计量监测

能源计量监测主要包括能源计量器具配备和能源计量器具管理。

应规定各类能源（煤、水、电、汽、油）的器具配备要求，包括：器具名称、配置地点、配置数量、量程及精度等级等。同时应对器具购置、安装、使用、检定、维修、更换、档案管理全过程中各环节制定管理程序和相关要求。

（七）经济运行及评价标准

应规定经济运行及评价的依据、评价方法与程序、评价结果的处理相关要求。在经济运行及评价方面有一些国家标准，如 GB/T 13462—2008《电力变压器经济运行》、GB/T 29455—2012《照明设施经济运行》，在制定企业标准时可作为参考。

某服务业组织的能源标准部分示例见表4-8。

表4-8　某服务业组织的能源标准明细示例

序　号	标准名称	标准号	级　别
1	用能单位节能量计算方法	GB/T 13234—2018	国标
2	普通照明用双端荧光灯能效限定值及能效等级	GB 19043—2013	国标
3	综合能耗计算通则	GB/T 2589—2008	国标
4	用能单位能效对标指南	GB/T 36714—2018	国标

三、安全与应急标准

安全与应急标准要求参见 GB/T 24421.2—2009 的 6.4 部分（见图 4-6）。

安全与应急标准是为使顾客的生命和财产在服务过程中不受到伤害，或者在发生突发事件时能有效降低损失而收集、制定的标准。以保护顾客生命和财产安全为目的收集、制定的标准，包括但不限于以下内容。

6.4 应急标准

以保护顾客生命和财产安全为目的收集、制定的标准，包括但不限于：

a) 安全目标的设定与管理标准；

b) 安全标志、报警信号、危险因素分类等安全标准；

c) 突发事件分类标准，应对预案、上报程序、检查与处置程序标准；

d) 识别风险、评估风险、控制风险的管理标准；

e) 安全管理、安全防护等管理标准；

f) 安全人员配备及安全培训标准；

g) 设施、设备安全标准，如电器、压力容器、锅炉、电梯等特种设备使用安全标准，无障碍基础设施标准；

h) 各类风险控制与应急的工作预案和处理程序；

i) 安全监测技术与评价、控制技术标准，如食物中毒、火灾、医疗事故等监测、评价与防范规范；

j) 落实国家法律法规和标准要求应采取的管理措施；

k) 需要顾客注意的风险控制及应急技术要求；

l) 预防、补救和纠正措施标准；

m) 安全与应急信息沟通形式、流程及其管理的标准；

图 4-6　GB/T 24421.2—2009 的 6.4 部分

（一）安全目标的设定与管理标准

安全目标的设定主要包括：防自然灾害、防火、防盗、防疫、防毒，以及危险品的保管、储存、运输目标的设定与管理。

（二）安全标志、报警信号、危险因素分类等安全标准

安全标志、报警信号、危险因素分类等安全标准大部分有国家标准、行业标准或地方标准。服务业组织可根据上述标准制定相关的企业危险因素分类标准。

（三）突发事件分类标准，应对预案、上报程序、检查与处置程序标准

突发事件分类标准，应对预案、上报程序、检查与处置程序等没有现成的国家标准，需要服务业组织自己制定相关的企业标准。

1. 突发事件分类标准

应结合服务业组织自身的行业特点规定突发事件的分类依据，并据此对突发事件进行分类。

2. 应对预案

应对各类突发事件分别制定应对预案，预案中应包括事件处理措施、处理程序和相关要求。

3. 上报程序

应规定各类突发事件发生时的上报时间、上报内容、上报方式、上报程序及相关要求。

4. 检查与处置程序

应规定对突发事件进行调查、整改检查与处置的程序及相关要求；并对调查报告、整改报告及事件处理报告的内容与要求做出明确的规定。

（四）识别风险、评估风险、控制风险的管理标准

识别风险、评估风险、控制风险的管理等也没有现成的国家标准，需要服务业组织自己制定相关的企业标准。

（五）安全管理、安全防护等管理标准

安全管理的主要内容包括：

（1）服务过程安全，包括安全操作规程、特种工作环境安全要求。

（2）设备维修安全。

（3）安全用电。

（4）货物储存、搬运安全。

（5）安全事故处理，包括事故隐患报告、事故报告、事故调查报告、事故调查处理报告、事故调查处理程序、事故整改措施。

（6）安全生产检查与考核，包括安全生产检查、隐患整改、考核。

安全防护的内容主要包括：（1）劳动防护管理、劳保用品技术要求。（2）劳动保护及班前准备。（3）劳动保护用品的采购、领用、发放等。

（六）安全人员配备及安全培训标准

包括安全人员配备和安全教育。

（七）设施、设备安全标准

设备安全标准主要涉及特种设备，包括电梯、起重设备、游乐设施和锅炉等压力器等。设施安全标准主要涉及无障碍基础设施等。在设施、设备安全标准中，大部分是国家标准、行业标准，包括产品标准、安全使用标准、维护维修标准、检查验收标准等。在使用和管理方面，有国家标准或行业标准的，要采用国家标准或行业标准，没有国家标准或行业标准的，服务业组织应制定相应的企业标准。

（八）各类风险控制与应急的工作预案和处理程序

1.安全事故应急救援预案

内容包括：应急救援系统组成，指挥组成、专业队组成，救援的准备，救援的实施，救援的评价。

其中专业队组成包括：通信队、治安队、医疗救护队、运输队、物资供应站。所有专业队应规定：要求、人数、器材配备。

2.重大事故应急处理预案

内容包括：报警和通信、现场抢险、应急方案、条件保障、器材、经费、人员、相关制度、培训和演练、预案的评估和修改等内容。其中报警应规定逐级上报的时间、内容，报警及报告采用的形式，程序及相关的要求。

（九）安全监测技术与评价、控制技术标准

对各种可能发生的安全事故，应制定监测、防范的技术与评价标准，目的就是防止安全事故的发生，将事故消灭在萌芽状态。

（十）落实国家法律法规和标准要求应采取的管理措施

要认真落实国家安全生产方面的法律法规和强制性标准，应制定安全管理的企业标准，包括管理的部门、人员、职责、权限、内容、方法、措施和要求等。

（十一）需要顾客注意的风险控制及应急技术要求

应制定风险提示（或告知），如何防范，发生危险时采取哪些有效的应急措施标准，以减少危害造成的损失。

（十二）预防、补救和纠正措施标准

制定安全管理标准，还应包括事故的预防、补救和纠正措施内容。

（十三）安全与应急信息沟通形式、流程及其管理的标准

为了保障信息的畅通，制定安全管理标准还应规定应急信息沟通形式、流程及其管理的内容。

1.交通安全管理标准

内容包括：交通安全教育、机动车司机交通安全管理、行人交通安全管理、自行车交通安全管理、交通安全检查与处理。

2.消防安全管理标准

内容包括：消防安全教育、电器设备消防安全管理、配电室消防安全管理、锅炉房消防安全、燃气安全、生产区消防安全管理、生活区消防安全管理、消防设施及器材管理、消防检查及处理等。

3. 内部治安秩序管理标准

内容包括：来客管理、要害部门管理、员工出入管理、劳动纪律管理等。应对上述内功做出明确的规定，以确保服务业组织辖区内治安秩序的协调与稳定，防止和减少治安事件的发生。

某服务业组织的安全与应急标准部分示例见表4-9。

表4-9　某服务业组织的安全与应急标准明细示例

序　号	标准名称	标准号	级　别
1	安全标志及其使用导则	GB 2894—2008	国标
2	图形符号 安全色和安全标志　第1部分：安全标志和安全标记的设计原则	GB/T 2893.1—2013	国标
3	消防安全标志设置要求	GB 15630—1995	国标
4	监管员安全管理制度	Q/×××B0301—2020	企标
5	仓储公司安全管理制度	Q/×××B0302—2020	企标

四、职业健康标准

职业健康标准要求参见 GB/T 24421.2—2009 的 6.5 部分（见图 4-7）。

6.5 职业健康标准

以消除和减少服务提供过程中产生的职业安全风险，针对职工从事职业活动中的健康损害、安全危险及其有害因素收集、制定的标准，包括但不限于：

a) 工作场所的空气、噪声、温湿度限值标准；

b) 工作场所有害物质限量标准；

c) 劳动防护标准；

d) 职业安全风险统计分析标准；

e) 职业危害预防和纠正措施标准；

f) 职业安全培训标准；

g) 职业禁忌病的诊断与管理标准。

图 4-7　GB/T 24421.2—2009 的 6.5 部分

（一）工作场所的空气、噪声、温湿度限值标准

大部分服务行业工作场所的空气、噪声、温湿度限值国家有相应的标准，没有相应

国家标准的，服务业组织可参照国家标准制定企业标准。

（二）工作场所有害物质限量标准

应对工作场所有害限量做出规定，主要包括：尘埃浓度限量，有害物质微生物、化学物浓度限量，噪声、振动、高温限量，辐射保护，生物危险保护。

（三）劳动防护标准

应制定劳动防护用设备、用品的配备与使用的标准。

（四）职业安全风险统计分析标准

职业安全风险统计分析标准的内容包括：危险源的识别、特殊环境作业人员的定期普查与统计等。

（五）职业危害预防和纠正措施标准

职业危害预防和纠正措施标准的内容包括：职业健康绩效常规监视和测量、预防性及事后性绩效测量、数据和结果的应用、纠正及预防措施等。

（六）职业安全培训标准

职业安全培训主要内容包括：培训计划、培训内容、培训人员、培训教师、时间地点、考核要求等。

（七）职业禁忌病的诊断与管理标准

职业病和职业禁忌病的管理包括：（1）对有害性物品使用、处理要求，如原料、化学试剂、培养基等；（2）生产场所和作业场所的安全卫生要求，如防护措施；（3）检验方法；（4）评价方法；（5）职业健康方针与环境目标，其中方针和目标应符合《经营综合标准中方针目标标准》。

某服务业组织的职业健康标准部分示例见表4–10。

表4–10　某服务业组织的职业健康标准明细示例

序　号	标准名称	标准号	级　别
1	职业健康安全管理体系　要求及使用指南	GB/T 45001—2020	国标
2	职业健康监护技术规范	GB/Z 188—2014	国标
3	职业健康促进技术导则	GB/Z 297—2017	国标
4	员工劳动防护用品管理规定	Q/×××B0401—2020	企标

五、信息标准

信息标准要求参见 GB/T 24421.2—2009 的6.6部分（见图4–8）。

6.6 信息标准

6.6.1 信息通用标准，包括但不限于：

　　a) 信息术语与编码标准；

　　b) 软件与设备标准；

　　c) 存储技术与管理标准；

　　d) 网络技术与信息安全。

6.6.2 信息应用标准，包括但不限于：

　　a) 数据元与代码标准；

　　b) 文件格式标准；

　　c) 业务流程与应用标准；

　　d) 信息交换校准；

　　e) 数据处理标准。

6.6.3 信息管理标准，包括但不限于：

　　a) 信息分类与控制要求，适用范围和有效性管理；

　　b) 信息发放、回收、借阅、销毁的要求；

　　c) 信息的评审与更新批准要求；

　　d) 信息的识别和检索；

　　e) 信息使用的追溯要求。

图 4-8　GB/T 24421.2—2009 的 6.6 部分

（一）信息通用标准

信息通用标准指在服务业组织内均适用的与信息有关的标准，可以作为服务通用基础标准的一个子体系放入服务通用基础标准里面，也可作为服务保障标准体系的一个子体系放入信息标准里面。

信息通用标准，主要包括：

1. 信息术语与编码标准

由于信息技术发展很快，难免会出现一些新的词汇、术语和编码规则，与通用基础标准体系有关的信息术语、定义和编码标准，如 GB/T 25529—2010《地理信息分类与编码规则》，这类标准有国家标准或行业标准的，可直接采用或行业标准，没有国家标准或行业标准的，服务业组织可以制定本组织内需要统一的术语和编码的企业标准。

2. 软件与设备标准

软件标准是服务业组织使用的系统软件和应用软件类的标准。设备标准是与信息技术有关的硬件设备标准。

3. 存储技术与管理标准

存储技术与管理是指信息的采集和存储的方式，以及存储的管理要求，这一类的国家标准、行业标准和地方标准不是很多，一般需要服务业组织自己制定相应的企业标准。

4. 网络技术与信息安全

网络技术是通信技术与计算机技术相结合的产物。网络技术是利用电缆、光纤、微波、载波或通信卫星将地球上分散的、独立的计算机相互连接起来形成一个集合，通过这个集合可以使信息资源共享。信息安全从广义上是国家、社会的信息技术体系不受到威胁和侵害；从狭义上是信息资源不因偶然或故意的原因被泄露、更改、破坏，或信息内容被非法系统辨识和控制。网络技术与信息安全的国家标准、行业标准和地方标准很多，一般情况下服务业组织可以直接采用国家标准或行业标准。

（二）信息应用标准

信息应用标准范围很广，各行业都有自己的信息应用方面的标准，主要包括：

1. 数据元与代码标准

数据元也称为数据的数据。在数据（文档、图片、视频）存储时，文件系统还会产生很多无法直接看到的、与该数据有关的数据，而这些数据称为文档、图片、视频等数据的元数据。因此需要规范服务业组织内运用到的数据元，并对需要编码的事项进行编码，如文件、设备、人员等。有关数据元和代码的国家标准、行业标准很多，服务业组织可以收集适用的相关标准。

2. 文件格式标准

文件格式标准是指服务业组织使用的各种文件、文档格式要有统一的标准。一般可以采用国家标准或行业标准。

3. 业务流程与应用标准

业务流程是服务业组织内服务与管理的业务流程，包括网上业务流程。所有业务流程与应用应当制定相关标准。目前，个别服务业行业的业务流程与应用已经有相关国家标准或行业标准。

4. 信息交换标准

信息交换也是存储与转发交换，是指一项交换技术。信息交换包括通过一个网络，从节点到节点的信息传送。信息交换对服务业组织十分重要，没有信息交换服务业将无法有效开展各项服务工作。因此服务业组织需要规范信息交换方面的行为，制定相关标准。在信息交换方面国家标准、行业标准有很多，如 DB33/T 2023—2017《跨境电子商务物流信息交换规范》。在没有相应的国家标准或行业标准时，服务业组织应制定信息交换的企业标准。

5. 数据处理标准

数据处理是用人工或自动化装置来完成的对数据的采集、存储、检索、分析、加工、变换、传输的过程。通过对数据的处理，我们可以从大量的杂乱无章的数据中抽取出有价值和有意义的数据。因此需要规范服务业组织在运营中的信息处理行为，保障各种信息的及时、准确、可靠、有实用价值。有些数据处理标准是用于规范测量数据的。

（三）信息管理标准

信息管理是为了有效地开发和利用信息资源，以现代信息技术为手段，对信息资源进行计划、组织、领导和控制的活动。

信息管理标准，主要包括：

1. 信息分类与控制要求、适用范围和有效性管理

在制定信息管理标准时，要考虑信息分类与控制要求，哪些信息是反复使用的，哪些信息是个别部门使用的，哪些信息需要保密，哪些信息是公开的，都要事先筹划，分类管理，才能保障信息的有效性。

2. 信息发放、回收、借阅、销毁的要求

信息发放、回收、借阅、销毁的要求，是服务业组织在管理工作中一项重要内容。所有信息包括纸质、电子信息的发放、回收、借阅、销毁都要有专人负责，要有记录，制定标准时要严谨，要有具体的管理方法。

3. 信息的评审与更新批准要求

信息的评审与更新批准要求，包括信息发布的评审程序，是服务业组织对信息管理的基本要求。不是所有信息都要经过评审和报批，对重要信息包括管理制度、标准发布、新闻发布等信息必须要经过评审和报批的程序，而一般的日常信息、上级下发的信息则由主管领导批复就可以。

4. 信息的识别和检索

在制定信息的管理标准时，要考虑信息识别和检索功能的实现，以及信息权限管理。纸质信息要有人工检索功能，电子信息要有相关软件来支持，保证信息的检索、使用方便、安全和快捷。

5. 信息使用的追溯要求

信息使用后要做到能追溯，也就是能够找到信息的来源、发布时间、发布的单位或部门，以及使用的情况等。制定标准时要规定信息的编号规则、名称、发布时间、发布的单位、使用单位，以及领导的批复和终止时间，以便事后发现问题时可以对信息使用的情况进行追溯。

某服务业组织的信息标准部分示例见表 4–11。

表 4–11　某服务业组织的信息标准明细示例

序　号	标准名称	标准号	级　别
1	信息安全技术　信息系统安全管理要求	GB/T 20269—2006	国标
2	信息安全技术　网络基础安全技术要求	GB/T 20270—2006	国标
3	信息安全技术　信息系统通用安全技术要求	GB/T 20271—2006	国标
4	信息安全技术　操作系统安全技术要求	GB/T 20272—2019	国标
5	信息安全技术　数据库管理系统安全技术要求	GB/T 20273—2019	国标
6	信息安全技术　信息安全风险评估规范	GB/T 20984—2007	国标
7	信息技术　安全技术　信息安全控制实践指南	GB/T 22081—2016	国标
8	物流网络信息系统风险与防范	GB/T 26318—2016	国标
9	物流管理信息系统应用开发指南	GB/T 23830—2009	国标

六、财务管理标准

财务管理标准要求参见 GB/T 24421.2—2009 的 6.7 部分（见图 4–9）。

6.7 财务管理标准

　　按法律法规和标准的要求，对财务活动中的成本核算和收支等方面进行管理，收集、制定标准，包括但不限于：

　　a) 筹资、投资管理标准，筹集资金比例评估与核算、投资项目评估与管理、成本管理；

　　b) 营运资金管理标准，流动资产和流动负债的管理；

　　c) 利润分配管理标准；

　　d) 财务决策管理，财务计划分析与控制。

图 4–9　GB/T 24421.2—2009 的 6.7 部分

某服务业组织的财务管理标准部分示例见表 4–12。

表4-12　某服务业组织的财产管理标准明细示例

序　号	标准名称	标准号	级　别
1	企业财务管理制度	Q/××××B0601—2020	企标
2	现金管理制度	Q/××××B0602—2020	国标
3	票据管理制度	Q/××××B0603—2020	国标
4	结算管理制度	Q/××××B0604—2020	国标
5	固定资产管理制度	Q/××××B0605—2020	企标

七、设施、设备及用品标准

设施、设备及用品标准要求参见 GB/T 24421.2—2009 的 6.8 部分（见图 4-10）。

某服务业组织的设施、设备及用品标准部分示例见表 4-13。

表4-13　某服务业组织的设施、设备及用品标准明细示例

序　号	标准名称	标准号	级　别
1	箱式、立柱式托盘	GB/T 18832—2002	国标
2	塑料平托盘	GB/T 15234—1994	国标
3	纸基平托盘	GB/T 19450—2004	国标
4	一次性托盘	GB/T 20077—2006	国标
5	托盘单元货载	GB/T 16470—2008	国标
6	工业车辆　叉车货叉在使用中的检查和修复	GB/T 17910—1999	国标
7	起重机　维护手册　第1部分：总则	GB/T 18453—2001	国标
8	视频安防监控数字录像设备	GB 20815—2006	国标
9	视频监控系统设计与安装要求	Q/××××B0701—2014	企标
10	监管用手提电脑管理规范	Q/××××B0702—2014	企标
11	无专职驾驶员车辆管理办法	Q/××××B0703—2014	企标

6.8 设施、设备及用品标准

6.8.1 选购标准，包括但不限于：

a) 设施、设备及用品的需求评估及采购计划管理；

b) 设施、设备及用品的技术要求；

c) 进货验收的质量检验项目与检验方法；

d) 设施、设备及用品的供方管理，审批程序、购置程序管理。

6.8.2 储运标准，包括但不限于：

a) 设施、设备及用品的储运方式、方法、条件等标准；

b) 设施、设备及用品入、出库管理，盘点查库管理标准；

c) 易腐、易燃、易爆物品和有毒、有害、放射性物品的储运管理标准。

6.8.3 安装调试标准，包括但不限于：

a) 安装验收技术条件，对安装完工后的试运行技术要求和方法的规定；

b) 验收程序、抽样及试验方法；

c) 安装、交付管理要求。

6.8.4 使用与维护保养标准，包括但不限于：

a) 设施、设备使用中的操作、运行要求；

b) 设施、设备维护保养技术要求；

c) 设施、设备维护保养管理要求，包括设施、设备维护保养计划，日常管理，自检和巡回检查管理。

6.8.5 停用改造与报废标准，包括但不限于：

a) 设施、设备失效评判标准；

b) 设备、设施停用改造管理要求；

c) 设备、设施报废评判与处置管理。

图 4-10　GB/T 24421.2—2009 的 6.8 部分

八、人力资源标准

人力资源标准要求参见 GB/T 24421.2—2009 的 6.9 部分（见图 4-11）。

> **6.9 人力资源标准**
>
> 服务业组织对人员配备与管理的相关标准，包括但不限于：
>
> a) 人员资质要求；
>
> b) 人员的聘用标准；
>
> c) 人员教育和培训标准；
>
> d) 人员工作绩效考核标准。

图 4-11　GB/T 24421.2—2009 的 6.9 部分

人力资源是服务业组织最重要的资源和竞争力源泉，通过对员工进行组织、开发、培训、考核等活动，实现最优化的组织绩效。为使所聘用的人员符合本组织提供服务的要求，服务业组织应从配备、使用、管理等方面对人力资源管理做出规定，主要包括人员资质要求、人员聘用管理、人员教育和培训、人员工作绩效考核等标准。

某服务业组织的人力资源标准部分示例见表 4-14。

表 4-14　某服务业组织的人力资源标准明细示例

序　号	标准名称	标准号	级　别
1	仓储从业人员职业资质	GB/T 21070-2007	国标
2	××××企业服务培训规范	Q/××××B0801-2020	企标
3	监管员培训考核规范	Q/××××B0802-2020	企标
4	监管员考勤管理制度	Q/××××B0803-2020	企标
5	业务部经理岗位要求	Q/××××B0804-2020	企标
6	运营部经理岗位要求	Q/××××B0805-2020	企标
7	业务巡查员岗位要求	Q/××××B0806-2020	企标
8	监管员岗位要求	Q/××××B0807-2020	企标

九、合同管理标准

合同管理标准要求参见 GB/T 24421.2—2009 的 6.10 部分（见图 4-12）。

> **6.10 合同管理标准**
>
> 　　服务业组织将顾客需求形成文件或口头协定，达成一致并组织实施整个过程的相关标准，包括但不限于：
>
> 　　a) 合同的分类与格式要求；
>
> 　　b) 合同的评估要求，如需求评估、能力评估、经济性与合法性评估；
>
> 　　c) 合同签订、授权或委托的权限和程序要求；
>
> 　　d) 合同实施管理要求。

图 4-12　GB/T 24421.2—2009 的 6.10 部分

　　服务业组织为了保障服务目的的实现，避免或减少纠纷，应制定合同管理标准，对服务实施有效的管理。经济合同一般包括信贷合同、租赁合同、采购合同、服务提供合同等，不包括与员工签订的劳动合同。合同管理标准的制定应与经济合同法的要求与本行业的相关规定协调一致。

　　某服务业组织的合同管理标准部分示例见表 4-15。

表 4-15　某服务业组织的合同管理标准明细示例

序　号	标准名称	标准号	级　别
1	物流服务合同准则	GB/T 30333—2013	国标
2	合同管理制度	Q/××××B0901—2020	企标
3	劳动合同签订管理规定	Q/××××B0902—2020	企标
4	合同评审规范	Q/××××B0903—2020	企标

第四节　服务提供标准体系

　　服务业组织服务提供标准体系总体结构参见 GB/T 24421.2—2009 的 7.1 部分（见图 4-13）。

　　服务业组织服务提供标准体系一般包括：服务规范、服务提供规范、服务质量控制规范、运行管理规范、服务评价与改进标准等 5 个子体系。服务业组织可根据 5 个子体系的不同特点，分别收集和制定适合本组织需求的服务提供方面的标准。在编制服务提供标准体系时，不一定完全局限于 5 个子体系，可根据本服务业的特点对于子系统适当剪裁，对子体系的内容进行修改或补充，也可以在 5 个子体系下再分出下一层的子体系。例如，商业行业可以把服务规范按售前服务规范、售中服务规范、售后服务规范作为服务规范标准体系的第二层子体系，以突出本行业的服务特点。

7.1 服务提供标准体系

服务业组织服务提供标准体系结构见图 4。

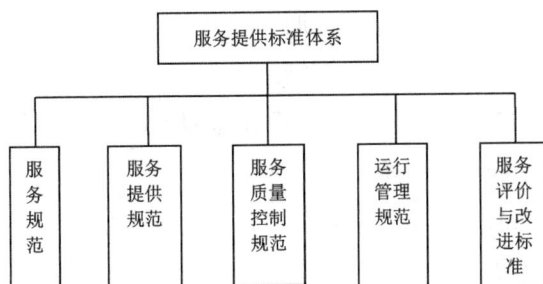

图 4 服务提供标准体系结构图

图 4-13 GB/T 24421.2—2009 的 7.1 部分

一、服务规范

服务规范要求参见 GB/T 24421.2—2009 的 7.2 部分（见图 4-14）。

7.2 服务规范

服务业组织为满足顾客需求，根据服务项目的环节、类别等属性而规定的特性要求，特性要求是定量的或定性的。服务规范应从功能性、安全性、时间性、舒适性、经济性、文明性等 6 个方面对服务应达到的水平和要求进行规范。

根据一般服务流程可收集、制定以下服务规范：

a) 接待、受理服务要求；

b) 服务组织、实施要求；

c) 服务验收与结算要求；

d) 售后服务要求。

图 4-14 GB/T 24421.2—2009 的 7.2 部分

服务规范是指服务业组织为满足顾客需求，对某项服务（工程）或者行为进行定量或定性的服务要求规定。服务规范的内容极可能有技术性的内容，也可能有管理性的内容或服务人员的工作性内容。虽然服务规范的内容不同，但制定服务规范的目的是唯一的，都是为了满足顾客的需求。

哪些服务活动需要制定服务规范，是服务业组织首先要明确的问题。这个问题实际上就是服务业组织在制定服务规范之前，要先建立服务规范的标准体系表和明细表，在体系表和明细表确定之后，再制定相应的服务规范标准。在建立服务规范体系表时，应先确定本组织向顾客提供的服务项目有哪些，再确定每个项目中间有哪些服务环节，最后确定哪些环节需要制定服务规范，要逐项分解，要有侧重。重要的服务项目、重要的服务环节，以及与顾客需求有直接相关的服务项目首先要制定服务规范。有些服务行业需要将所有服务项目，以及每一个环节都制定服务规范，而有些行业则只需要在重点环节上制定服务规范。具体到哪些服务项目需要制定服务规范，哪些项目暂时不需要制定，就需要服务业组织自己去辨识、判断。

服务业组织一般可根据服务流程收集和制定4类服务规范。

（一）接待、受理服务要求

接待、受理服务是服务业组织的窗口服务，该项服务的好与坏对整个服务业组织提供的服务活动是否规范起着至关重要的作用，直接影响到顾客的满意度和该组织的声誉。制定前应收集是否已有相关的国家标准或行业标准。没有国家或行业标准的可制定接待、受理服务企业标准。制定时要围绕该服务规范的特性来进行规范。接待、受理服务一般应包括：接待环境、设备、设施功能和舒适程度的要求，接待人员的仪表、举止、语言文明性要求，接待、受理的程序要求、标识醒目、信息公开和安全保障的要求，受理时限及工作效率的要求，以人为本、方便、经济、人性化的要求等。

（二）服务组织、实施要求

服务组织、实施要求是服务规范标准体系中的重要一环，起着服务的保障作用。

服务组织、实施规范一般包括：服务提供组织形式和流程要求、各个服务环节的人员要求、应急预案要求、实施过程的各项保障和效果要求等。

（三）服务验收与结算要求

服务验收与结算要求是整个服务结束之前服务业组织要完成的一项工作，也是服务活动中应当进行规范的一项内容。服务验收与结算规范一般包括：验收的范围、项目和验收的标准要求，验收中问题的处置，结算的方式与程序，结算单据的填写与保存，结果的核实与确认。

（四）售后服务要求

售后服务是销售服务完成后，对答应顾客的各种承诺的后续服务。

不是所有的服务业组织都制定售后服务规范，一般在销售、加工、制造、物流配送、修理等行业中有售后服务环节，应制定售后服务规范。售后服务规范一般包括：（1）顾客使用信息的跟踪、反馈、分析、处理要求；（2）安装、调试、返修、配送的质量要求；（3）换货、退货的条件和程序要求；（4）顾客满意度的征集和质量纠纷的处置要求等。

某服务业组织的服务规范标准部分示例见表4-16。

表4-16　某服务业组织的服务规范标准明细示例

序　号	标准名称	标准号	级　别
1	建筑及居住区数字化技术应用　第3部分：物业管理	GB/T 20299.3—2006	国标
2	住宅小区公共物流服务规范	Q/××××G0101—2020	企标
3	物业保安服务规范	Q/××××G0102—2020	企标
4	住宅物业服务规范	Q/××××G0103—2020	企标
5	物业绿化养护管理规范	Q/××××G0104—2020	企标

二、服务提供规范

服务提供规范要求参见 GB/T 24421.2—2009 的 7.3 部分（见图4-15）。

> 7.3 服务提供规范
>
> 　　服务实现过程中，对服务提供的要求、提供的方法、程序所制定的标准，包括但不限于：
>
> 　　a) 提供服务的方法和手段，如服务提供过程中所要求的各项设施、设备及用品的配备数量和结构；
>
> 　　b) 服务流程和环节划分的方法和要求，以及各环节的操作规范、工作内容和输入输出要求；
>
> 　　c) 服务的沟通与确认要求。

图 4-15　GB/T 24421.2—2009 的 7.3 部分

服务提供规范是指供方为提供服务所进行的必要的活动准则。在服务实现过程中，对服务提供的要求、提供的方法、程序所制定的标准。

服务提供规范一般可以搜集和制定以下标准。

（一）提供服务的方法和手段

提供服务的方法和手段是服务实现之前服务业组织就已经设计好的服务形式。这些方法和手段是将服务要求具体化、程序化和可操作化的集中体现。方法和手段确定后，对后续服务提供的实现起着重要的作用。提供服务的方法和手段一般包括：（1）提供服务的设备、设施的类型、数量要求；（2）人员的数量和技能要求；（3）分供方的资质等级、承包能力、可信度要求；（4）每一项服务提供的验收要求，包括安全、卫生、环境方面的要求。

（二）提供服务的流程、工作内容、操作规范和输入、输出要求

为了更好地完成服务提供流程的设计，应根据顾客需求将整个服务流程再细化分为工作程序或工作阶段，对每个工作阶段的工作内容、操作规程再进行详细描述。但要特别注意各个工作阶段之间的接口，也就是输入与输出的要求。由于服务行业的特点各不相同，其服务的各个阶段的内容、顺序和要求也不相同，因此规范输入和输出要求时尽量保证中间不要脱节。

服务提供的各个工作阶段一般包括：为顾客提供服务方面的信息、接受订单或签订合同、为服务设计规范、提供服务、服务费用结算。各个工作阶段的工作内容和操作规范要写得清晰、准确，操作性要强，因为它直接影响着服务的结果。服务提供过程各个阶段的划分可采用流程图的形式。

（三）服务的沟通与确认要求

为保证服务提供的顺利完成，在服务提供过程中，服务人员应随时与顾客沟通，一方面让顾客了解服务提供过程中的简单程序和要求，另一方面服务人员也可进一步了解顾客在接受服务时的感受。

另外确认也是服务提供过程中或某项服务完成后，不可少的内容。

沟通与确认的形式可以是口头的，也可以是文字的，通过沟通与确认可以提高服务效率，简便手续，避免服务中的纠纷。服务的沟通与确认一般包括：沟通与确认的形式与方法、沟通与确认的程序、沟通与确认结果的分析、处理和改进等。

某服务业组织的服务提供规范标准部分示例见表4-17。

表4-17　某服务业组织的服务提供规范标准明细示例

序　号	标准名称	标准号	级　别
1	客服接待服务提供规范	Q/××××G0201—2020	企标
2	保洁服务提供规范	Q/××××G0202—2020	企标
3	保安服务提供规格	Q/××××G0203—2020	企标
4	工程人员服务流程	Q/××××G0204—2020	企标
5	装修办理流程	Q/××××G0205—2020	企标
6	设备日常报修规程	Q/××××G0206—2020	企标
7	绿化作业流程	Q/××××G0207—2020	企标

三、服务质量控制规范

服务质量控制规范要求参见 GB/T 24421.2—2009 的 7.4 部分（见图 4-16）。

7.4 服务质量控制规范

服务提供过程中，识别、分析对服务质量有重要影响的关键过程，并加以控制而收集、制定的标准，包括但不限于：

a) 服务提供的评价方法，控制措施标准；

b) 对顾客抱怨等不满意的处置标准；

c) 不合格服务的纠正与管理，如分析、识别、评审和处置等控制办法；

d) 预防性措施的要求及评价标准；

e) 质量争议处置的管理规范。

图 4-16　GB/T 24421.2—2009 的 7.4 部分

服务质量控制规范是指在提供服务的过程中对反映满足需要的全部特性，采用一定的手段和方法去评价、改进并完善服务而制定的标准或要求。

服务质量控制实际上就是对服务特性的控制，服务特性包括服务结果特性和服务提供过程特性两类，它们都是满足明确和隐含需要的能力的反映。无论是服务结果特性还是服务提供过程特性，都应在服务提供之前就明确规定好。

服务特性的确定应从服务结果和服务提供过程所能实现的和具有的功能来考虑，一般包括：功能性、安全性、时间性、舒适性、经济性、文明性等 6 个方面。

服务特性基本上是可以被顾客感知的，但有些服务提供特性是难以被顾客直接感知的。

服务特性的控制，关键是要控制实现服务结果的一系列活动。这里的活动，不仅限于服务提供方与顾客接触的直接服务过程，还包括非直接接触的服务过程，以及服务之前和服务之后的所有活动。前者包括顾客需求的确定，服务设备的准备，服务人员的培训，服务过程的设计、策划；后者包括服务结果的记录、评价，改进的方向、措施的确定等。

服务质量控制规范一般可以搜集和制定以下标准。

（一）服务提供的评价方法、控制措施标准

对每一项服务提供是否达到预期效果，以及顾客接受服务后是否满意，服务业组织都应对服务提供进行评价，通过评价发现和改进不合格项，从而控制和提高服务质量。服务评价的方法一般包括：供方评价和外部评价。供方评价又称为自我评价，是服务业组织自己组织有经验的管理人员或员工对服务提供过程和效果进行检查、验证的评价，并提出改进和控制措施。外部评价包括顾客评价和社会第三方评价。顾客评价是对服务质量的基本评价。顾客很少有自愿地向服务业组织提供对服务质量的评价，大多数是在服务提供完成后，服务业组织主动请求顾客提出意见和建议，这些意见或建议有时不能反映顾客的真实想法和感受。所以还要对这些意见和建议加以分析、测量，以便得到正确的结论。社会第三方评价包括中介组织和政府有关机构的评价。第三方评价与前面提到的两种评价出发点不同，角度不同，其结果应该更客观。服务业组织可以各取所长，将三种评价结合起来，统一到让顾客满意这一基础标准上来。

控制措施标准主要包括：（1）控制质量的方法标准；（2）人员技能的考核标准；（3）测量和试验的程序标准；（4）有关测量器具、设备的质量保证标准；（5）预防发生特殊情况的预防措施标准等。正常情况下，控制服务质量比较容易，关键是在服务提供过程中有可能发生一些特殊情况，而采取的补救措施的方法和规范往往被服务业组织忽略。

（二）对顾客抱怨等不满意的处置标准

在服务提供过程中或结束后，发生顾客抱怨的情况很多，顾客抱怨的原因主要包括：（1）服务不到位；（2）服务提供前服务业组织准备不充分；（3）个别顾客无理取闹；（4）不可抗拒等自然因素。但不管什么原因，顾客抱怨也属于一种正常现象，是服务业组织经常遇到的问题。如何处置顾客的抱怨是服务业组织控制服务质量的重要内容之一。对顾客的抱怨进行合理的处置，满足顾客的要求，就可以减少抱怨的发生，反之，抱怨会越来越多。

（三）不合格服务的纠正与管理

加强对不合格服务的纠正与管理是服务控制的有效方法。服务业组织首先要学会分析、识别和判断不合格服务项，找到问题的根源和要害，才能对症下药，提出纠正措施和处置方法。如何分析、识别和判断不合格服务项，最常见的方法是内部评审，对顾客投诉、反馈意见、社会大众的反映，以及对国家相关政策法规的出台，服务业组织要定期组织专业人员进行内部评审，对不合格服务项制定纠正措施和处置办法。

（四）预防性措施的要求及评价标准

为了保证服务提供质量，服务业组织可根据服务提供过程中可能发生的一些特殊情况，制定相应的预防性措施，涉及安全、卫生、环保、自然灾害等方面的问题时，通常称作应急预案。预防性措施的要求一般包括：项目负责人、组织形式、工作流程和实施方案、必要设备、实施准备、演练频次及要求、对措施的评价等。

（五）质量争议处置的管理规范

在服务提供过程中服务业组织与顾客难免会出现一些质量争议，也就是争议双方都不愿意承认自己的过错，最后可能导致民事或刑事诉讼。这种现象在服务业中多次发生，包括存款纠纷。

质量争议处置管理规范一般应包括：（1）服务提供过程中各种信息保管、查询、提供的规范；（2）与争议相关的证据、服务规范、法律法规符合性的识别方法、评审形式和要求；（3）争议结果判定要求和原则；（4）沟通、谅解规范；（5）道歉、赔偿规范。组织认为服务提供符合规范要求的，服务业组织可提供相应的法律依据和证据，与发生争议的顾客沟通，达成谅解，不符合规范要求的，道歉或确定赔偿责任和赔偿范围。双方达不成协议的，还应制定应诉程序和应诉规范，最终结果按法院裁定执行。

某服务业组织的服务质量控制标准部分示例见表 4-18。

表 4-18　某服务业组织的服务质量控制标准明细示例

序　号	标准名称	标准号	级　别
1	卓越绩效评价准则	GB/T 19580—2012	国标
2	投诉处理指南	GB/T 17242—1998	国标
3	质押监管企业评估指标	SB/T 10979—2013	行标
4	物流企业分类与评估指标	GB/T 19680—2013	国标
5	监管员工作表现评价表	Q/×××× G0301—2020	企标
6	顾客满意度调查管理办法	Q/×××× G0302—2020	企标
7	文件控制程序	Q/×××× G0303—2020	企标
8	记录控制程序	Q/×××× G0304—2020	企标

四、运行管理规范

运行管理规范要求参见 GB/T 24421.2—2009 的 7.5 部分（见图 4-17）。

运行管理规范是根据组织的经营战略要求，对运行过程的规划、设计、实施和控制进行管理的准则或要求。运行管理是以各种过程为基本单元，规定每个过程的输入和输出、供方和顾客，以及识别各过程的相互关系和作用，建立过程网络，全面协调过程之间的相互配合。运行管理需要通过一定的方法实施。目前常用的是 SIPOC（供方—输入—过程—输出—顾客）过程方法图。

> **7.5 运行管理规范**
>
> 结合服务业组织运行管理的要求，收集、制定的标准，包括但不限于：
>
> a) 落实国家法律法规和标准要求应采取的管理措施；
>
> b) 服务提供过程中的各种因素的平衡要求，如经济效益最大化与社会效益保障，需求与生产能力，技术水平与资金规模等；
>
> c) 营销的组织与管理要求，客户关系管理要求；
>
> d) 服务资源调剂与组织的一般要求；
>
> e) 服务人员的有序组织和配备要求；
>
> f) 设施、设备与用品的配置标准；
>
> g) 工作现场各类信息沟通要求和反馈渠道要求；
>
> h) 工作现场整理、整顿、清理、清扫要求。

图 4-17　GB/T 24421.2—2009 的 7.5 部分

根据运行管理的要求和过程方法图，服务业组织一般要收集和制定以下标准：

（一）落实国家法律法规和标准要求应采取的管理措施

落实国家法律法规和标准要求是指当国家发布新的法律法规或强制标准时，服务业组织应设专门的机构跟踪、落实与之相关的法律法规及标准。对输入的各种资源，包括信息、人员、设施、方法、环境等进行重新评估，对不符合法律法规或标准要求的各种资源要组织人员进行整顿、整理、修订、补充、完善。

（二）组织协调服务提供过程中的各种因素的平衡管理

组织在提供服务的过程中要对各种因素平衡进行协调管理，其中包括顾客需求和生产能力、经济效益最大化和社会效益、技术水平和资金规模等因素的协调和管理。对顾客需求和生产能力应制定需求的收集、分析、识别，以及生产能力的设计、开发、评审、制造、测量和改进的管理标准；对经济效益最大化和社会效益，应制定从输入到输出全过程的有效分析、测量、对比的管理标准，包括资源的利用、平均周期、成本的核算、投入产出比等；对技术水平与资金规模应制定人员的技能和效率、技术的应用、过程能力、费用的分配等管理标准。

（三）营销的组织与管理要求和客户关系管理要求

营销管理是为了实现企业或组织的目标，建立和保持与目标市场之间的互利的交互关系，而对设计项目进行的分析、规划、实施和控制。营销管理的实质是需求管理。营销的组织和管理是运行管理的重要环节，在营销管理实践中，企业通常需要预先设定一个预期的市场需求水平，然而，实际的市场需求水平可能与预期的市场需求水平并不一致。这就需要企业营销管理者针对不同的需求情况，采用不同的营销管理对策，包括广告宣传、组织策划，进而有效满足市场需求，确保企业目标的实现。

客户关系管理，是保证供方与顾客之间和谐的管理。服务人员与顾客的互动行为对服务质量及供方与顾客的关系起着十分关键的作用。由于服务的生产过程与消费过程同时进行，要保证实际提供的服务达到每一个顾客预期的质量水平，就必须保证服务人员与顾客间取得充分的沟通，同时，服务人员必须针对不同顾客的需求差异保持足够的应变能力。所以，服务的运营管理应当扩展至对服务过程及顾客的管理。

任何营销策略，最终都靠营销组织和营销队伍来贯彻，所有的经营商、终端、消费者的需求，都通过销售队伍来满足。因此，销售队伍的管理及对客户关系的管理是营销管理的重要内容之一。营销管理一般需要制定市场分析管理、客户需求管理、选择目标市场管理、设计营销组合、营销过程管理等标准。

（四）服务资源调剂与组织的一般要求

在运营管理过程中，服务资源调剂是必要的。服务资源包括人力资源、财务资源、基础设施资源、信息资源、技术资源等。任何组织在提供某项服务前对服务资源的分配、提供，事前做了设计、规划和安排，但在运营过程中，由于气候、环境、服务对象及需求发生变化时，就需要对服务资源进行调剂，避免不必要的资源浪费。这种调剂一般不会对服务质量造成影响。对服务资源或组织进行调整，不仅可以节约人力、物力、财力，而且可以谋求经济效益的最大化。所以服务资源调剂是服务业组织常用的方法。在制定服务资源调剂与组织一般要求的标准时，要考虑能源及设备、设施的管理，同时还要考虑人员的组织形式、特种工作、人员的配置和管理。

（五）服务人员的有序组织和配备要求

服务人员的有序组织和配备要求是运营管理的重要环节。一般情况下，服务是要靠人来完成的。在服务提供过程中，服务人员的有序组织和配备、服务人员应具有的娴熟技能是保障服务提供顺利开展的前提。每项服务包括多少个环节，每个环节配备多少服务人员，每个服务人员的具体职责和工作要求是什么都要在标准中详细规定，服务人员的配备要合理有序，各岗位人员不能多也不能少，多了造成资料浪费，少了不能满足顾客需求。最常见的方法是根据顾客流量进行人员的调整和配备。

（六）设施、设备与用品的配置标准

在运营管理中，设备、设施和用品及人员的搭配要恰当合理。有些设备、设施及用品需要每个人必备，有些设备、设施用品需要多人共用，对每个人必须必备的设备、设施用品要规定名称、数量、使用期限，同时还要规定维修、更换、变更使用人的要求。对于共同共用的设备、设施及用品要规定名称、数量，维护保管部门及负责人，使用或操作要求，放置地点、使用的时间等，对于分年龄、性别使用的也要做出规定。

（七）工作现场各类信息沟通要求和反馈渠道要求

工作现场各类信息沟通、反馈的渠道是否畅通，信息是否及时、准确，直接影响着服务质量和效果。信息沟通一般可以通过书面报告、电话、视频监控、网上邮件、微信等形式进行。通过信息沟通，可以发现运营管理中存在的问题，并及时予以纠正，避免出现大的差错。另外信息沟通可以统一指挥各工作场所的管理和服务人员，做到行动一致。信息沟通和反馈首先要做到信息渠道畅通。信息沟通和反馈还要做到及时、准确。在运营过程中不是所有的反馈信息当时能处理，有些信息还要经过分析、研究和领导决策，因此保证信息的及时、准确十分重要。信息沟通和反馈要求一般包括沟通的形式、反馈的渠道、信息采集的时间、准确性及处理结果要求。

（八）工作现场整理、整顿、清理、清扫要求

在运营管理中，工作现场的管理十分重要，由于服务是一个过程，是无形的，顾客很难感知和判断其服务质量和效果，他们更多地会根据服务人员的外貌、设施和环境等有形线索来进行判断。因此，有些展示成了服务运营的一个重要方面。工作场所一定要保持整齐、干净，服务人员穿着整齐、举止文雅，服务用的设备、设施摆放整齐，使服务环境给顾客一种温馨的感觉。服务现场管理是持续的、持之以恒的管理，每天都要有人负责整理、整顿、清理、清扫，保持服务现场的舒适和整洁。标准应对整理、整顿、清理、清扫的程度做出规定。

某服务业组织的运行管理标准部分示例见表4-19。

表4-19　服务业组织的运行管理标准明细示例

序　号	标准名称	标准号	级　别
1	行政运行管理规范	Q/××××G0401—2020	企标
2	安保运行管理规范	Q/××××G0402—2020	企标
3	保洁运行管理规范	Q/××××G0403—2020	企标
4	工程运行管理规范	Q/××××G0404—2020	企标
5	物业运行管理规范	Q/××××G0405—2020	企标
6	管理处主任管理标准	Q/××××G0406—2020	企标
7	消防管理规范	Q/××××G0407—2020	企标

五、服务评价与改进标准

服务评价与改进标准要求参见 GB/T 24421.2—2009 的 7.6 部分（见图 4-18）。

7.6 服务评价与改进标准

对服务的有效性、适宜性和顾客满意进行评价，并对达不到预期效果的服务进行改进而收集、制定的标准，包括但不限于：

a) 评价的基本条件、原则和依据；

b) 评价的组织机构和人员；

c) 评价的程序和方法；

d) 评价内容和要求；

e) 检验和验证；

f) 数据分析、处理和评价；

g) 改进的原则与方法；

h) 服务产品的开发与设计。

图 4-18　GB/T 24421.2—2009 的 7.6 部分

对服务业组织构建的标准体系开展有效性、适宜性和顾客满意度评价，并通过评价对达不到预期效果的服务提供进行改进，是服务业组织提高服务质量、完善科学管理的有效方法。服务评价与改进是一个持续的、周而复始的过程，一般可以按照 P-D-C-A（计划—实施—检查—处置）管理模式进行。

服务评价与改进标准一般包括 8 个方面的内容。

（一）评价的基本条件、原则和依据

评价的基本条件是对被评价的服务业组织的基本要求。满足评价基本条件的服务业组织可以申请或进行服务标准体系的评价，达不到基本条件的，就不能申请和参与评价。评价包括社会评价和自我评价。评价的基本条件可以包括否决条件，当服务业组织存在否决条件的任何一条时，服务业组织都不能申请和开展体系评价。

评价的原则和依据是评价组织在开展标准体系评价时，要掌握原则，评价要实事求是，客观公正。评价时还要有评价依据或评价标准，因此开展服务评价应制定评价的基本条件、原则和依据的标准。

（二）评价的组织机构和人员

评价的组织机构是指参与评价的组织和机构，一般分为自我评价和专业机构评价。自我评价是服务业组织自己组织的评价。专业机构评价是有资质的社会第三方的评价，第三方评价应涵盖顾客的评价。

评价人员是指参与评价的专业技术人员。专业技术人员应是经过标准化培训，掌握服务业组织标准体系建设指南系列国家标准及相关标准，从事过相关专业工作的，具有一定工作经验和综合评审能力的人员。在开展对服务业组织标准体系评价时，应根据评价的类别，分别制定有关评价的组织机构和人员要求的标准。

（三）评价的程序和方法

1. 评价程序

评价程序是指对服务业组织开展评价要规定评价的工作程序和方法，从而保证评价工作能顺利开展。评价的程序标准一般包括：评价提出、成立评价小组、制订评价计划、评价准备、评价实施、内部评价报告和不合格报告编写、评价结果处置等。

评价的方法是开展标准体系评价时，评价组织和评价人员所采用的评价手段和方法。在制定评价方法标准时应注意几点：

（1）通过该方法能够准确发现服务业组织标准体系的不足或缺陷。

（2）该方法能够较全面地验证服务业组织标准体系实施的情况。

（3）该方法应体现客观公正。

（4）该方法应简单易行。

2. 评价方法

评价方法一般制定以下内容。

（1）按标准体系文件要求编制检查评分表，对服务业标准体系文件和相关标准实施过程是否满足标准要求进行打分。

（2）编制检查记录表，对服务业组织的服务通用、服务保障，以及服务提供存在的问题和不合格项进行记录。

（3）开展问卷调查、满意度测试、过程验证，以及观察、提问、查看记录和报告、数据分析对比的方法。

（四）评价内容和要求

评价的内容和要求是标准体系的核心，是评价机构和评价人员开展评价的依据和尺度，也就是开展评价时具体要检查的内容。评价是否客观公正、是否全面有效、是否准确反映组织的实际情况关键在于如何制定评价内容和要求的标准。评价内容和要求标准，可分为对服务标准体系文件评价和对服务标准体系实施效果及满意度的评价两个部分。评价的内容和要求标准最好采用评分表的形式，一是检查的内容更具体，二是每项要求是否做到可用分数来衡量，三是保证评价的公正性。

标准体系文件评价标准，至少应包括以下内容和要求：

（1）服务业组织制定的体系表、明细表是否合理和完整，是否符合 GB/T 13016—2018、GB/T 13017—2018 的有关要求，所执行的各项标准之间是否做到了协调和统一。

（2）服务通用基础标准是否完整符合实际，是否具有广泛的指导意义。

（3）是否建立了适合服务业组织发展要求的服务保障标准体系和服务提供标准体系。

（4）是否建立了持续改进的长效机制，整个服务标准体系文件是否满足服务业组织的经营、管理和顾客需求。

（5）建立的服务标准体系是否符合国家服务业组织标准体系建设指南系列标准要求，结构、格式是否符合 GB/T 1.1—2020 的编写要求。

标准体系实施效果及满意度评价标准，至少应包括以下内容和要求：

（1）组织提供的各项服务是否按标准中规定的要求组织实施，对服务提供过程，采取的方法和手段，人员的数量和技能，设备、设施及场所的种类、完好状况、安全、卫生、环境等是否满足服务提供特性中的功能性、安全性、时间性、舒适性、文明性和经济性的要求，顾客的满意度如何。

（2）服务通用基础标准体系、服务保障标准体系、服务提供标准体系在实施过程中是否满足组织的各项服务需求，是否达到标准规定的预期目标。

（3）各项记录或报告是否完整、齐全、真实有效。

（五）检验和验证

对各项服务是否达到预期效果，应制定检验和验证标准。检验和验证的方法一般有两种：一种是通过仪器进行检验和验证；一种是不通过仪器进行检验和验证。

通过仪器进行检验和验证至少制定以下内容的标准：

（1）与检验、验证有关的计量器具的合法性和有效性的标准；

（2）使用计量器具人员的资质标准；

（3）抽样方案、测量方法和判定原则的标准。

不通过仪器进行检验和验证至少应制定以下内容的标准：

（1）制定能够反映客观实际的公认的检验和验证方法标准；

（2）与顾客需求进行对比的方法标准；

（3）对服务提供的完整性和关键要素有效性的识别方法标准。

（六）数据分析、处理和评价

数据分析、处理和评价是进行标准体系评价时最常用的方法。通过数据分析、处理和评价可以保证评价结果的准确率，可以提高评价的效率，同时也为改进提供依据。数据分析、处理和评价一般要制定以下标准：

（1）数据的搜集方法标准；

（2）数据的归纳、整理、计算和分析、识别标准；

（3）有效数据的处理标准；

（4）对数据分析、处理的方法和评价结果的处置标准。

（七）改进的原则与方法

改进是服务业组织不断完善标准体系，实现最终目标的有效方法，改进可按照 P-D-C-A（计划—实施—检查—处置）管理模式进行。

标准体系的改进，至少包括以下标准。

1. 改进的原则

服务改进应考虑的原则有：（1）服务质量的改进重点、顾客的满意度、改进过程、改进效果和改进效率；（2）在改进服务质量的同时应注意节约资源、降低成本；（3）有些服务质量短期内可以改进，但有些需要长期才能完成，要兼顾短期和长期两个方面；（4）服务的质量改进要考虑社会的发展和需求；（5）对参与和提出服务质量改进的有关人员要鼓励和奖励。

2. 信息来源

服务改进的信息来源一般有：（1）国家发布的法律法规和强制性国家标准；（2）顾客的反馈意见、建议，以及顾客的投诉；（3）日常测量、检验、试验报告；（4）各种记录、报告、报表中反映的数据；（5）社会调查问卷；（6）员工的合理化建议；（7）自我评价和专业机构评价的报告。

3. 改进方法、方式

改进的方式、方法主要有：日常改进、持续改进、评价后的改进和评价后的跟踪评价。

日常改进包括由专人或专部门随时收集和传递有关不合格信息，确认信息的来源，分析不合格原因，制定预防和纠正的措施，对过程、组织或文件进行调整，避免不合格再发生。

持续改进包括对标准体系文件或组织机构修改和调整，直至达到预期的效果。这种改进是根据社会的发展、文明的进步、顾客的需求而持续长期进行的。组织应建立持续改进机制，积极组织有关员工参加改进措施的实施过程，提高员工的持续改进意识。

评价后的改进是根据定期或不定期的自我评价和外部评价的结果，服务业组织应对所有的不合格项进行分析和试验，制定纠正和预防措施，并付诸实施。

改进后的跟踪评价主要包括：（1）明确改进的关键环节和过程；（2）对纠正和改进的措施实时进行跟踪；（3）改进后顾客的满意度和相关数据分析、识别；（4）对改进后的有效性进行跟踪评价。

（八）服务产品的开发与设计

服务产品的开发与设计是和社会的需求、顾客的期望分不开的。在开发或改进产品前首先要进行产品设计。服务产品设计标准主要包括：顾客需求、供方的资源和能力、组织和实施程序、质量保证、安全措施、风险控制、设计评审等。

某服务业组织的服务评价与改进标准部分示例见表4-20。

表4-20　某服务业组织的服务评价与改进标准明细示例

序　号	标准名称	标准号	级　别
1	××××业务服务评价体系	Q/××××G0501—2020	企标
2	标准体系自我评价方法	Q/××××G0502—2020	企标
3	持续改进控制程序	Q/××××G0503—2020	企标
4	标准实施检查制度	Q/××××G0504—2020	企标
5	信息反馈管理程序	Q/××××G0505—2020	企标

◆◆ 复习思考题

1.简述服务业组织标准体系结构。

2.简述服务业组织标准体系三大子体系的关系。

3.分别简述服务通用标准体系、服务保障标准体系、服务提供标准体系的构成。

4.以标准化导则为例，分析这类标准的来源与途径。

5.服务规范一般可收集、制定哪些内容？

第五章　服务标准制定

服务标准制定

服务标准制定是开展标准化工作的重要部分，本章重点介绍服务标准化制定原则、服务标准制定程序及核心内容的编写。

第一节 服务标准制定原则

一、服务标准制定原则

为确保服务提供者满足消费者的需求，在制定服务标准时应考虑以下原则。

（一）促进选择原则

促进消费者选择，满足不同消费者的多种需求，是消费者政策的基本原则。应为消费者提供可比较和现实的选择，以便他们能够选择最能满足其要求的服务。在服务标准化工作中，这意味着标准不应偏袒任何特定的供应商或受限于不必要的服务提供形式。服务的各种特征将与性价比和竞争市场的需求保持平衡。

（二）可获得性原则

服务可获得性是消费者对于他们需要或想要的物品的支付能力，以及服务对于所有消费者的可用性，无论其地点、社会和经济因素及身体或心理机能障碍。因此，基本服务（如水、能源和医疗）应为所有人提供，应考虑到包括儿童、老年人和其他人群在内的各种消费者（包括各年龄段、不同种族和文化背景及不同能力的人）的利益，并在制定相关标准之初就纳入考虑范围。标准应确保服务不会无故歧视任何特殊消费者群体。

由于各种个人因素而可能在互动时处于不利或不利危险中的消费者应当给予识别，服务提供商应对此类消费者采用更灵活、更具包容性的服务提供方法。

（三）信息沟通原则

如果没有清晰、准确、简单、相关及时的信息，消费者就无法对服务做出明智的选择。信息与信息沟通在选择、提供及有效使用服务中起着至关重要的作用，因为服务与产品不同，服务在帮助消费者衡量产品质量、用途适用性、价值等方面有形要素很少。信息沟通（尤其是合同签订前的沟通）和信息的处理方式（包括工作人员的态度）是基本考虑事项。

（四）安全原则

消费者有权要求所有提供的服务都是安全的。安全可以包括人身安全、健康和卫生安全、个人数据的隐私安全（如金融服务和电子商务）等。组织应该采取所有合理的方法，识别对消费者安全的潜在的风险并将其最小化。如果服务本身具有风险，则必须在购买前向消费者提供信息，这些信息必须清楚地说明组织的潜在风险、风险，以及将这些问题最小化的责任。当考虑弱势群体时，安全尤其重要。

（五）补偿原则

通常，消费者需要对服务交付充满信心，如果出现问题，需要有适当的措施来处理消费者关心的问题或补偿，不论服务提供者是在国内还是国外。服务提供者应确保提供消费者可获得且有效的投诉和反馈系统，并能获得公平解决投诉的服务方案。服务提供者应使用客户反馈系统来推动服务提供方面的持续改进。

（六）持续性原则

服务的提供应满足可持续性发展的要求。可持续性发展为全球系统的状态，包括环境、社会、气候、伦理和经济等方面，满足当前需求，又不损害子孙后代需求的发展。可持续性发展涵盖了广泛的社会、环境和道德问题，从支持社区发展到保护全球资源。例如，服务提供者应公平对待其员工，并应尽量减少其业务对当地社区的负面影响。服务提供者还应通过减少浪费和尽量减少对水和能源等资源的使用来考虑其对环境的影响。

（七）消费者代表原则

当所制定标准的主要内容会对消费者产生影响时，标准制定组织宜保证技术委员会或工作组中都有消费者代表（包括弱势群体消费者）。如果不可行，需用其他方法确保消费者利益得到考虑，如通过征求意见的方式。适当时，宜在标准中制定关于消费者代表参与的条款，如规定在制定新服务标准过程中征求消费者意见。

（八）质量保证原则

质量表示服务满足消费者需求的程度。因此，质量包含构成优良服务的许多其他无形因素，如提供有用而准确的信息、及时提供服务、很好地处理顾客投诉等。同时，质量也包括在环境影响评估和可持续发展框架内的因素，如资源可持续使用和能源再利用。

（九）隐私和数据保护原则

服务的设计和提供方式应确保采取适当的措施，以保护消费者的个人数据，并征得与第三方共享个人数据的必要同意。

二、起草服务标准前考虑事项

在起草服务标准时，重要的是确保文本涉及服务的所有相关方面。在开始工作之前，考虑以下问题可能会有所帮助。

（1）服务由什么组成？

服务提供的核心要素是为消费者提供的服务，提供消费者希望或需要的服务是消费者考虑使用服务的主要原因。

（2）谁是服务提供者？

服务提供者是个人或组织，负责向消费者交付服务。服务提供者有责任遵守约定的服务要求，而不管其他中介是否参与了该过程。

（3）向谁提供服务？

接受服务者是那些希望满足其需求和期望的消费者。消费者可以是个人或团体，具有法人实体的个人或组织。可能会有连续的服务事件，而服务提供者的目标是满足所有这些事件。

有必要界定服务提供的消费者范围。如果有些消费者（如儿童）不是该服务对象，则应在范围内注明。一旦确定了目标消费者，就应该确定他们的需求和期望，尤其注意分析确定易受伤害消费者的特定需求。

（4）服务在哪里提供？

提供服务的物理或虚拟位置，是否安全且易于访问？

是否需要提供设备？如果需要，则需要解决设备的安全性和可及性。

（5）什么时候提供服务？

提供服务的时间或时间段：服务的开始和终止不一定在特定的时间发生，并且可以从一个服务部门到另一个服务部门而变化。服务可以以单个事件的形式（如包裹递送）或连续提供的形式（如电话线）提供服务；它可以仅由一项核心服务（如销售冰淇淋）或多项（如住宿）组成，并且还包括等级或优化（如优质或标准服务）。

（6）如何提供服务？

如何提供服务主要指提供服务的方式，包括方法顺序或过程。提供服务是否涉及人员？人员在什么时候与消费者互动？

制定新服务标准或修订现有标准时，从消费者角度，在服务标准制定不同阶段考虑消费者的相关事项见表5-1。

表 5-1　在服务标准制定阶段考虑消费者的相关事项

1. 预研标准	识别： 标准或其他可交付成果的目的、范围和应用领域。 提供服务的不同类型的服务提供者。 谁可能会使用该服务？谁可能会受到该服务的影响？ 消费者的潜在利益和风险。 服务的当前水平、当前的满意度，以及需要解决存在的普遍问题。
2. 成立标准起草工作组	确保： 为标准起草工作组中不熟悉标准程序的人员提供培训。 使标准起草工作组人员熟悉并掌握相关的标准。 标准起草工作组要考虑所有利益相关方，注意标准起草工作组中利益相关方代表的均衡性，包括消费者代表。 考虑有关服务的消费者体验数据，如消费者投诉和事故数据。 标准起草工作组利用来自其他来源的信息，如服务提供者、用户组、用户调查/重点组、市场监督、在线评论等。
3. 起草标准内容	确保： 该标准满足了最广泛消费者/潜在消费者的需求。 该标准将可能的安全性隐私保护和安全风险最小化，并提供了有关这些风险的充分信息。 标准最大限度地保证对最广泛用户的可及性，包括使用相关辅助技术。 有适当的方法评估服务质量，推动持续改进。
4. 审查过程	确保： 该标准草案已发送给消费者代表征求意见，这些消费者代表可能受到该特定服务的影响。 标准草案发送业务、用户利益相关者，征求意见。 在可能的情况下，进行真实的标准案例研究，对其效果进行测试。
5. 发布标准	确保： 标准可复制推广应用。
6. 复审标准	标准需要定期复审，以确保持续改进。 谁正在使用标准？ 如何使用？ 对消费者仍然有用吗？ 消费者是否有新的风险？

第二节　服务标准制定程序

　　标准制定是标准化工作的核心工作，要想有效地开展标准化工作，标准的制定就应该有计划、有组织、有秩序地按一定程序进行。服务标准的制定程序与一般标准的制定程序是一致的。借鉴世界贸易组织、国际标准化组织和国际电工委员会关于标准制定阶段划分的规定，结合我国的实际情况，我国于 1997 年颁布的 GB/T 16733—1997《国家标准制定程序的阶段划分及代码》，确立了国家标准的制定程序，即预备阶段、立项阶段、起草阶段、征求意见阶段、审查阶段、批准阶段、出版阶段、复审阶段、废止阶段。行业标准、地方标准、团体标准、企业标准的制定程序可以此为参照，在保证质量的前提下，可根据实际情况，简化各阶段的某些环节或步骤。

世界贸易组织委托国际标准化组织负责贸易技术壁垒协议（TBT）中有关标准通报事宜的具体实施，为此 WTO 秘书处和 ISO 秘书处共同签署了《关于 ISO 实施 WTO 标准信息服务的理解备忘录》，要求各签约国家标准化机构至少每六个月公布一次工作计划，并使用标准制定的国际协调阶段编码系统。WTO 规定了制定标准至少有 5 个阶段。

Ⅰ——已决定制定一个标准，但技术工作还未开始（简称Ⅰ阶段）；

Ⅱ——技术工作已经开始，但未开始征求意见（简称Ⅱ阶段）；

Ⅲ——已开始征求意见，但未完成征求意见（简称Ⅲ阶段）；

Ⅳ——征求意见完成，但未实施（简称Ⅳ阶段）；

Ⅴ——实施开始（简称Ⅴ阶段）。

国家标准制定程序的阶段划分及代码见表 5-2。

表 5-2　国家标准制定程序的阶段划分及代码

阶段代码	阶段名称	阶段任务	阶段成果	WTO 对应阶段	ISO/IEC 对应阶段
00	预研阶段	提出新工作项目建议	PWI（项目提案）preliminary work item		0
10	立项阶段	提出新工作项目	NP（项目建议书）new work item proposal	Ⅰ	10
20	起草阶段	提出标准草案征求意见稿	WD（工作组讨论稿）working standard	Ⅱ	20
30	征求意见阶段	提出标准草案送审稿	CD（征求意见稿）committee standard	Ⅲ	30
40	审查阶段	提出标准草案报批稿	DS（送审稿）draft standard	Ⅲ	40
50	批准阶段	提供标准出版稿	FDS（报批稿）final draft standard	Ⅳ	50
60	出版阶段	提供标准出版物	GB、GB/T、GB/Z	Ⅳ	60
90	复审阶段	定期复审	修改、修订、继续有效	Ⅴ	90
95	废止阶段		废止		95

一、预备阶段

预备阶段是标准计划项目的提出阶段。对将要立项的新工作项目进行研究及必要的论证，并在此基础上提出新工作项目建议（00阶段的成果：PWI）。

国家标准、行业标准和地方标准的制定，需预先提出项目建议。各级标准化行政主管部门可以随时向社会征集标准制修订项目建议，各有关部门、单位、组织或个人也可以随时提出和上报标准制修订项目建议。

标准的制定项目建议应包括：拟制定的标准名称和范围，标准草案或大纲（如标准的范围、结构及其相互关系），制定该标准的依据、目的、意义及主要工作内容，国内外相应标准及有关科学技术成就的简要说明，工作步骤及计划进度、工作分工，制定过程中可能出现的问题和解决措施，经费预算等。

二、立项阶段

对新工作项目建议进行审查、汇总、协调、确定，直至下达确定标准制修订的项目，通常称为标准立项。立项的目的是保证标准的统一性和协调性，避免标准的交叉和重复制定。各级标准化行政主管部门负责对各有关部门、单位、组织或个人提出和上报的标准制修订项目建议进行审查、批准立项，并下达标准制修订项目计划。

国家标准的立项，是根据《国家标准管理办法》，由国务院标准化行政主管部门提出编制国家标准年度计划，下发到国务院各有关行政主管部门和全国各专业标准化技术委员会。国务院标准化行政主管部门，负责对各专业标准化技术委员会提出的项目建议进行审查、协调、确定项目任务书，必要时还可以对项目计划进行调整和增补（修改）。急需制定的标准项目可以进入标准制修订快速程序。

行业标准和地方标准的立项审批与国家标准的立项审批基本相同，行业标准由行业标准归口部门统一管理，地方标准由省、自治区、直辖市标准化行政主管部门统一管理。

三、起草阶段

标准制修订项目计划下达后，由标准的归口部门或标准项目提出部门组织标准制修订工作小组，也称标准起草组，负责标准的起草工作。标准起草组的成员应当由熟悉服务、生产、检验、安全，有较丰富实践经验和较好文字表达能力的专业人员组成。

标准起草阶段的主要工作任务是通过调查研究，编制标准草案（征求意见稿）及其编制说明和有关附件。

（一）调查研究

各类技术资料是起草标准的依据，是否充分掌握有关资料，直接影响服务标准的质量。因此，起草阶段必须进行广泛的调查研究，通过调查研究主要搜集以下几方面的资料。

（1）国内外有关标准及法规，包括同一或同类标准化对象的各种技术标准及相关法律法规。

（2）国内外最新科技成果，包括有关科技文献、出版物、专利、科研成果等。由此获得大量的技术情报，掌握国内外相关科学技术发展的水平和趋势，准确地确定标准的技术水平。

（3）生产实践资料，主要是生产的技术水平等。

（4）试验数据。列入标准的技术要求，必须以试验数据为依据，对标准的技术内容或技术指标，应进行反复的试验验证。

（二）起草征求意见稿和编制说明

对搜集到的资料进行整理、分析、对比、选优后，根据标准化的对象和目的，按标准编写要求起草标准征求意见稿和编制说明。起草标准可由一个人执笔，也可分成若干部分分别由几个人起草，最后由一个人整理完成，经起草小组集体讨论后定稿。编制说明是标准起草全过程的真实记录，主要内容包括以下几方面。

（1）工作简况，包括任务来源、协作单位、主要工作过程、国家标准主要起草人及其所做的工作等。

（2）国家标准编制原则和确定国家标准主要内容（如技术指标、参数、公式、性能要求、试验方法、检验规则等）的论据（包括试验、统计数据），修订国家标准时，应增列新旧国家标准水平的对比。

（3）主要试验（或验证）的分析、综述报告，技术经济论证，预期的经济效果。

（4）采用国际标准和国外先进标准的程度，以及与国外同类标准水平的对比情况，或与测试的国外样品、样机的有关数据对比情况。

（5）与有关的现行法律法规和强制性国家标准的关系。

（6）重大分歧意见的处理经过和依据。

（7）国家标准作为强制性国家标准或推荐性国家标准的建议。

（8）贯彻国家标准的要求和措施建议（包括组织措施、技术措施、过渡办法等内容）。

（9）废止现行有关标准的建议。

（10）其他应予说明的事项。对需要有标准样品对照的国家标准，一般应在审查国家标准前制备相应的标准样品。

以上内容，依具体标准草案而定，不是所有编制说明都应具备的内容。

四、征求意见阶段

标准草案征求意见是制定标准的重要环节，要做到周密、细致、完备。征求意见的期限一般不超过3个月。征求意见稿要经专业技术委员会或提出单位技术负责人审核同意后，方可对外征求意见。发往征求意见的单位应是与本标准有密切关系的服务、生产、使用、科研、监督检验单位及有关大专院校。服务产品标准还应征求经销单位和顾客的意见，特别要注意征求对标准有分歧意见单位的意见。征求意见时，要明确征求意见期限。被征求意见单位应在规定的期限内回复意见，逾期不回复的按无意见处理。回复意见涉及重要技术指标时，应附上必要的技术数据。

标准起草小组对返回的意见要汇总整理，逐条讨论，确定处理结果。对意见的处理应填写意见汇总处理表，作为审查会讨论的依据和报批标准的附件。标准起草小组依据处理结果，修改征求意见稿，提交标准归口部门或提出部门审查同意，形成标准送审稿。

五、审查阶段

国家标准、行业标准及地方标准的审查由各专业技术委员会组织有关专家进行，没有专业标准化技术委员会的，可由标准化行政主管部门和项目主管部门或提出部门共同组织审查。

标准审查一要审查标准草案是否与国家有关法律法规、行政规章、强制性标准相抵触；二要审查技术内容是否符合实际和科学技术的发展方向，技术要求是否先进合理，是否符合市场需求等。

审查标准送审稿，可采取会审，也可采取函审。对技术内容复杂、涉及面广、分歧意见较多的服务标准宜采用会议审查；特殊情况或标准技术内容简单，意见分歧少，较成熟的标准可以采取函审。依据《关于加强强制性标准管理的若干规定》，强制性标准必须会议审查。参加审查会的代表应包括行政机关、生产、使用、经销、科研、检验以及大专院校等各有关方面的专家或长期从事与标准有关的科研、生产或检验工作的具有较丰富实践经验的人员。使用方面的代表人数不应少于1/4。会议审查如需表决，必须有出席会议代表人数的3/4同意为通过，标准起草人不能参加表决。函审时，应有3/4回函同意为通过，回函不足2/3的，应重新组织函审。

标准审查会应充分发扬民主，尽量听取各方不同意见，对代表提出的合理意见应积极采纳，对有分歧的技术内容可通过民主协商的方式达成一致意见。对在审查会上做出的主要修改意见，要形成会议纪要，修改内容较多的可作为会议纪要附件处理。对需要起草小组会后落实的内容，起草小组落实后要及时将落实的结果通知与会代表或专家。审查会结束后，起草小组应根据会议决定的修改内容，将送审稿改写为报批稿。

六、批准阶段

审查通过的标准可以报批。国家标准由国务院标准化行政主管部门统一审批、编号、发布；行业标准由行业标准归口部门审批、编号、发布；地方标准由省、自治区、直辖市标准化行政主管部门审批、编号、发布。经审查不符合要求的标准草案将予以退回。

涉及国际贸易的强制性标准，应根据我国关于《制定、采用和实施标准的良好行为规范》的承诺，向世界贸易组织各成员通报，自通报之日起 60 天之后，无反对意见，国务院标准化行政主管部门方可批准、发布。

依据《中华人民共和国标准化法》，行业标准、地方标准批准发布后，还应向国务院标准化行政主管部门和国务院有关行政主管部门备案。

七、出版阶段

将国家标准出版稿编辑出版，提供标准出版物（60 阶段的成果：GB、GB/T、GB/Z）。

八、复审阶段

标准发布实施后，制定标准的部门应当根据科学技术的发展、生产的进步和消费者需求的变化，适时进行复审，以确认现行标准继续有效或者予以修订、废止。在我国标准化实际工作中，国家标准、行业标准和地方标准的复审周期一般不超过五年。随着科学技术的发展，标准的复审周期将越来越短。

标准的复审结果分为：继续有效、修订或废止。国家标准、行业标准的复审工作应纳入专业标准化技术委员会或行业标准化归口部门的日常工作计划。各专业标准化技术委员会每年向国务院标准化行政主管部门报告标准的复审结论，国务院标准化行政主管部门应对报送的复审结论进行审查、确认和批复，并及时向社会公告。经复审确认继续有效的标准，其顺序号、年代号不变；重版印刷时，在国家标准的封面上、国家标准编号下写明"××××年确认有效"。需要修订的标准，应列入国家标准或行业标准制修订计划，按照标准的制修订程序进行修订。与国家现行法律法规、行政规章、强制性标准相抵触或内容已不适应当前的经济建设和科学技术发展需要的标准应予以废止。地方标准的复审由地方标准化行政主管部门提出复审计划，标准的提出或技术归口机构负责具体的复审工作，并应将复审结果报地方标准化行政主管部门确认和批复，复审结果由标准化行政主管部门向社会公告。

九、废止阶段

对于经复审后确定为无存在必要的标准，予以废止。

第三节　服务标准编写

一、服务标准编写方法

（一）按服务流程编写

根据服务行为发生的时间顺序来编写标准。一般来讲，程序性特点比较明显的服务提供可采用此种方法，如导游服务提供规范、宴会服务提供规范、酒店前台接待标准等各种服务流程标准。

图 5-1 给出了 GB/T 39002—2020《餐饮分餐制设计实施指南》对服务流程编写的示例。

......

6.2.1 后厨分餐

6.2.1.1 器皿准备，准备用于盛放菜品的器皿，必要时对热食盛放器皿提前进行温蒸加热。

6.2.1.2 菜品盛放，由厨师将加工制作完成的菜品盛入配套器皿内。

6.2.1.3 菜品传送，传菜员使用专业器皿将菜品送达餐厅。

6.2.1.4 交接核对，传菜员与服务人员进行菜品交接核对。

6.2.1.5 菜品分发，服务人员将菜品送至每位就餐人员。

6.2.1.6 器皿回放，服务人员宜关注就餐进度，及时回收用后器皿。

......

图 5-1　服务流程编写示例 1

图 5-2 给出了 GB/T 36734—2018《主题公园演艺服务规范》对服务流程编写的示例。

......

7.3 演出服务

7.3.1 演出准备

7.3.1.1 演艺节目应根据演出剧本和排练要求，准确、完整地完成节目演出，确保演出效果。

7.3.1.2 服务人员应对演艺人员到岗、演艺服装及道具配备等状况进行检查。

7.3.1.3 演职人员应在表演前完成化妆、着装，并穿戴好演出服饰、道具等，宜在演出前20min完成各项准备工作。

7.3.1.4 服务人员应对演艺场所的消防设备设施、演艺道具、用电安全等进行检查。

7.3.1.5 服务人员应主动引导游客入座，在人流集中时，采用分流引导等方式引导疏散游客。

7.3.2 演出中服务

7.3.2.1 演出过程中，演职人员应按照表演剧本要求认真完成相应动作，保证演出质量。

7.3.2.2 服务人员应对演出服务过程的演出安排、演出质量、应急处置等相关事项进行全场监管，避免表演者及游客发生意外。若出现伤害事故，应及时救治受伤人员。

7.3.2.3 演职人员表演危险动作时，应采取相应的安全防护措施，并与游客设置隔离区，避免对演艺人员及游客造成伤害。

7.3.2.4 演出准备区、表演区应有专人管理，不得让游客及其他人员进入，避免发生伤害事故。

7.3.2.5 服务人员应维护好演出现场秩序，避免游客在观赏过程中发生混乱或向演出区投掷杂物。

7.3.3 演出后服务

7.3.3.1 演艺结束后，演员应按照要求，向观众谢幕或礼貌欢送后通过规定的通道有序下场。

7.3.3.2 服务人员应及时疏导旅客离场，合理安排流量和流向，保持良好秩序。

7.3.3.3 服务人员应及时清理演艺场所设施，发现游客遗失物品、设施损坏及存在安全隐患应及时上报、登记。

7.3.3.4 清洁人员应及时清扫观演区和演出区，保持演艺场所的清洁卫生。

......

图 5-2　服务流程编写示例 2

（二）按服务要素编写

针对服务活动所涉及的各个要素给出的要求，围绕服务组织、职员、顾客、合同、支付、交付、服务结果、服务环境、设备设施及用品、补救措施和沟通等要素制定标准。一个服务标准既可针对一个服务要素制定，如 GB/T 21338—2008《机动车维修从业人员从业资格条件》仅围绕"职员"这个要素来编写，也可以围绕多个服务要素来编写，如 GB/T 20647.1—2006《社区服务指南　第1部分：总则》对社区服务的组织要求、人员资质要求、设备设施配置要求、工作场所环境要求等要素均做出了规定。

按服务流程和按服务要素来编写标准这两种方法并不是孤立的，可以在同一个标准中联合使用。以 GB/T 38357—2019《招标代理服务规范》为例，标准中"4.1 招标代理机构"和"4.2 招标专业技术人员"是按照服务要素的方法进行编写的，而第6章"服务提供"是按照服务流程方法进行编写的。

二、服务标准核心内容的编写

依据 GB/T 24620—2009《服务标准制定导则 考虑消费者需求》介绍服务标准核心内容的编写方法。针对服务活动所涉及的各个要素给出的要求，围绕服务组织、职员、顾客、合同、支付、交付、服务结果、服务环境、设备设施及用品、补救措施和沟通等要素制定标准。

（一）服务提供组织

服务提供组织分为两类：服务提供商和为服务提供商提供支撑的组织（供方）。

思考：标准编写时，如何"编写服务提供组织"内容？

制定服务标准，编写"服务提供组织"内容时，可以从组织的管理体系、组织资质、经营理念、资源管理、诚信等多方面进行规范。

1. 管理体系

（1）质量管理体系：质量管理是服务提供组织为有效控制服务过程，对质量策划、质量控制、质量保证和质量改进等活动的管理。

可参考 ISO 9000 族标准，对以下事项进行规定：

①服务提供组织的质量方针和目标；

②服务质量管理规程；

③服务提供组织通过质量管理体系认证的要求；

④服务提供组织质量制度要求等。

（2）环境管理体系：服务提供组织环境管理是指以节约资源和能源、减少污染为核心目标的一系列管理活动。

可参考 ISO 14000 族标准，对以下事项进行规定：

①服务提供组织环境管理的目标、实施、运行和持续改进的管理要求；

②服务提供组织落实国家法律法规和标准要求应采取的管理措施；

③环境质量、监测方法、环境保护措施；

④服务提供组织通过环境管理体系认证的要求；

⑤服务提供组织日常环境管理要求。

（3）职业健康安全管理体系：劳动者依法所享有的在劳动的过程中不受职场危险因素侵害的权利。

可参考 ISO 18000 族标准，对以下事项进行规定：

①服务提供组织职业健康安全的目标与方针；

②服务提供组织落实国家法律法规而应采取的具体措施；

③服务提供组织职业安全健康防护设施与设备；

④服务提供组织职业健康安全制度；

⑤服务提供组织职业安全培训；

⑥服务提供组织通过职业健康安全管理体系的要求等。

2. 偿付能力和其他财务方面

财务是服务提供组织内部管理的重要方面，其中偿付能力又是财务活动的关键内容。

服务标准中，可对服务提供组织的偿付能力和其他财务方面规定以下内容：

（1）服务提供组织的财务管理制度；

（2）服务提供组织财务部门管理制度；

（3）服务提供组织财务管理的部分具体指标或约束性条款；

3. 诚信

诚信是服务提供组织谋求发展的重要条件。

服务标准中，可对以下事项进行规定：

（1）服务提供组织的服务承诺；

（2）服务提供组织的诚信建设目标；

（3）服务提供组织的信用管理制度；

（4）服务提供组织信用风险防范制度；

（5）服务提供组织落实国家有关诚信法律法规的措施等。

4. 社会责任

服务提供组织在创造利润、对股东承担法律责任的同时，还有承担对员工、消费者、社区和环境的责任。

服务标准中，可对以下事项进行规定：

（1）服务提供组织对员工的责任；

（2）服务提供组织对消费者的责任；

（3）服务提供组织对所在社区及环境的责任；

（4）服务提供组织对政府的责任；

（5）服务提供组织对股东的责任；

（6）服务提供组织对供应商的责任。

5. 人力资源

人力资源是一个组织的战略资源，是组织核心竞争力的载体。

根据人力资源管理的内容，服务标准中可对以下进行规定：

（1）员工的招募与选拔制度；

（2）员工培训与开发制度；

（3）员工绩效管理制度；

（4）员工薪酬管理制度；

（5）员工流动管理制度；

（6）员工关系管理制度。

图 5-3 给出了 GB/T 36734—2018《主题公园演艺服务规范》对服务提供组织编写的示例。

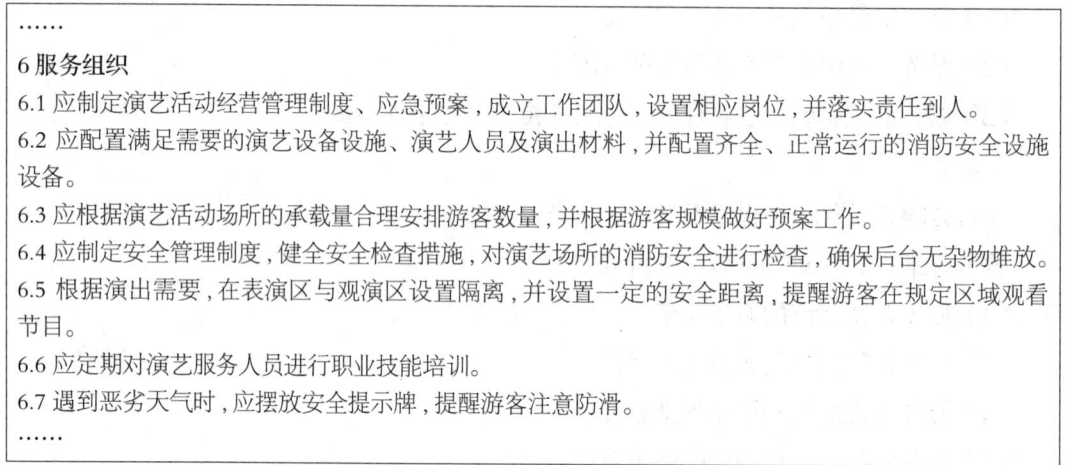

……

6 服务组织

6.1 应制定演艺活动经营管理制度、应急预案，成立工作团队，设置相应岗位，并落实责任到人。

6.2 应配置满足需要的演艺设备设施、演艺人员及演出材料，并配置齐全、正常运行的消防安全设施设备。

6.3 应根据演艺活动场所的承载量合理安排游客数量，并根据游客规模做好预案工作。

6.4 应制定安全管理制度，健全安全检查措施，对演艺场所的消防安全进行检查，确保后台无杂物堆放。

6.5 根据演出需要，在表演区与观演区设置隔离，并设置一定的安全距离，提醒游客在规定区域观看节目。

6.6 应定期对演艺服务人员进行职业技能培训。

6.7 遇到恶劣天气时，应摆放安全提示牌，提醒游客注意防滑。

……

图 5-3 服务提供组织编写示例 1

图 5-4 给出了 GB/T 35555—2017《温泉服务基本规范》对服务提供组织编写的示例。

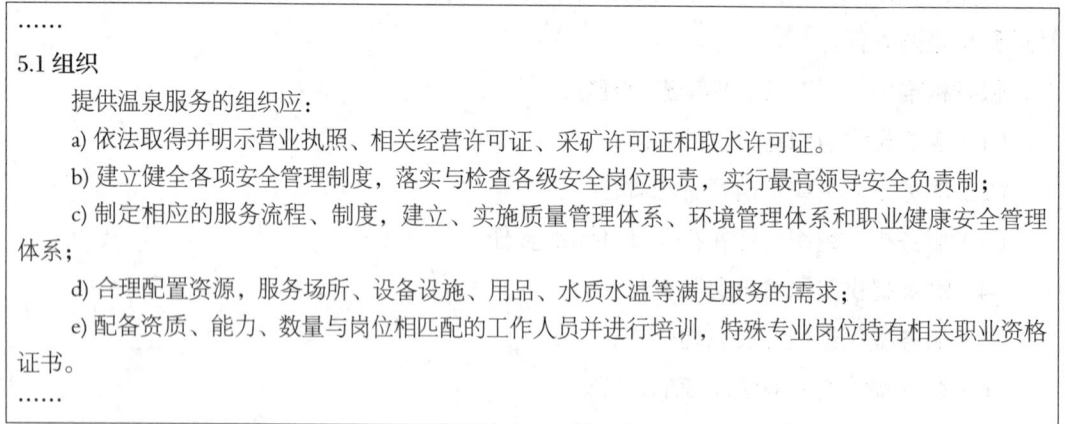

……

5.1 组织

提供温泉服务的组织应：

a) 依法取得并明示营业执照、相关经营许可证、采矿许可证和取水许可证。

b) 建立健全各项安全管理制度，落实与检查各级安全岗位职责，实行最高领导安全负责制；

c) 制定相应的服务流程、制度，建立、实施质量管理体系、环境管理体系和职业健康安全管理体系；

d) 合理配置资源，服务场所、设备设施、用品、水质水温等满足服务的需求；

e) 配备资质、能力、数量与岗位相匹配的工作人员并进行培训，特殊专业岗位持有相关职业资格证书。

……

图 5-4 服务提供组织编写示例 2

图 5-5 给出了 GB/T 35560—2017《老年旅游服务规范 景区》对服务提供组织编写的示例。

……
5 服务提供者
5.1 服务组织
5.1.1 景区在满足 GB/T 26355-2010 要求的基础上，应注意识别和考虑老年旅游者明示和潜在的需求，设计提供照顾老年旅游者生理和心理特征的关怀服务。
5.1.2 景区的规划应考虑老年人的旅游需求，已经建设好的景区应有相应的补充规划。
5.1.3 景区应从制度管理、人员要求、设施配备等方面提升景区安全管理、医疗应急救助服务，考虑老年人生理特点，设置相应功能或服务区域。
5.1.4 景区管理经营者应制定老年旅游服务的管理规范、程序规范、记录规范等规范性文件，明确对老年旅游服务质量承诺，以及实现老年旅游服务质量承诺和目标的主要方法和措施。
……

图 5-5　服务提供组织编写示例 3

（二）职员

职员主要是指与顾客直接接触的工作人员，包括雇员、志愿者、实习生等。

思考：标准编写时，如何编写"职员"内容？

制定服务标准，编写"职员"内容时，可以从组织的资质和技能、知识、态度、培训等多方面进行规范。

1. 资质和技能

所要求的技能既包括必要的最低资质和执行主要服务任务的经验，也包括辅助技能，如沟通技能（尤其是当提供个人护理服务时），灵活处理不同问题和理解顾客的技能，必要时，具备良好的体能。

2. 知识

标准在某些方面需规定最低要求。例如，与顾客直接接触的职员需要掌握流利的目标用户语言，或完全理解并能够解释组织的投诉程序。

3. 态度

职业道德要求贯穿服务提供的全部阶段，包括行为和决策责任、礼貌和关心顾客需求、遵守行业或组织道德规范。

4. 培训

组织或公司的管理文件需包括监测职员表现和促进职员持续发展的措施。所有的培训宜包括与顾客沟通（投诉处理过程中的态度和技巧）、安全和健康要求、特殊需要等。需提供与职员岗位和服务相关的专业培训。

5. 素质

包括服务过程中的仪容仪表、责任和礼貌、时刻关注顾客的需要、遵守行业或组织的道德规范等。

图 5-6 给出了 GB/T 36734—2018《主题公园演艺服务规范》对职员相关要求编写的示例。

......
7.1 服务人员

7.1.1 演职人员应具有表演专业基础或剧组表演经验,认真准确表演,精心塑造角色人物形象。

7.1.2 服务人员应了解演艺服务基本内容、主要特色等知识,具备良好的职业道德和文化修养,尊重不同民族的风俗和文化习惯。

7.1.3 服务人员应熟知各类应急事件处置方案、演出场所安全及卫生管理等要求,并定期进行演练。

7.1.4 票务人员应熟悉主题公园演出情况,具备相应的知识,熟知咨询岗位职责和服务标准,耐心、热情解答游客询问。

7.1.5 演艺设施、设备的操控人员应参加相应专业的技能培训,经考核合格后上岗。
......

图 5-6 职员编写示例 1

图 5-7 给出了 GB/T 36735—2018《社区便民服务中心服务规范》对职员相关要求编写的示例。

......
5.3 服务人员

5.3.1 仪表仪容

服务中心工作人员应着装整洁,大方得体,佩戴统一工作牌,工作牌应注明社区名称、人员姓名、岗位名称、职务等信息。

5.3.2 服务态度

服务中心工作人员应服务态度真诚、待人亲切,接待服务对象应主动热情。

5.3.3 服务用语

服务中心工作人员应使用文明用语,语言亲切、自然、简明、清晰;应使用能与服务对象进行有效沟通的语言。

5.3.4 服务纪律

服务中心工作人员应轮流提前 0.5h 到岗,推迟 0.5h 离岗,实现错时工作;合理安排坐班与走访时间,做好工作衔接,不空岗;不做与工作无关的事情。
......

图 5-7 职员编写示例 2

(三)顾客

顾客包括正在考虑预约、购买服务或享用服务的人。为保证顾客的安全和隐私,顾客需要达到一定条件才能被允许签订服务合同或接受服务。这些条件包括年龄、知识或技能、态度或健康等的最低要求。需要对在年龄、健康或智力方面处于弱势的顾客制定具体条款。有限制条件时（如合理的安全因素），需明确表达。

图 5-8 给出了 GB/T 16767-2010《游乐园（场）服务质量》对顾客要求编写的示例。

……

6.2.2 游客安全

6.2.2.1 对游客身体条件有要求的，或不适合某种疾病患者参加的游乐活动，应在该项活动入门处以"警告"方式予以公布。

6.2.2.2 应婉拒不符合乘坐条件的游客参与相应游乐活动。

…….

图 5-8　顾客编写示例

（四）合同

合同是服务提供环节中的关键要素，顾客凭借合同内容要求服务提供组织提供服务。有必要在服务标准中对合同要素予以规定和强调，以确保顾客利益得到最大程度的保护。

1. 清晰明确

以口头形式订立合同时，其他沟通（包括购买前的宣传材料）清晰而有条理尤为重要。书面合同宜使用简单易于理解的语言，并包含关键条款的解释。具体领域的标准需明确哪些条款需要解释。合同文本印刷宜具有足够的尺寸和可选方式。为与服务交付相适应，具体领域标准可提供适合格式的详细信息。

2. 客观和公平

关于公平合同条款、撤销权、全部成本、数据保护等方面的规定，需遵守国家法律法规。对于每年一签的服务合同，消费者可能认为服务继续延续（如车险），因此，合同需明确指出是否存在自动转签，以及长期服务享有哪些权利。需要考虑长期服务的一些权利是否为该行业消费者享有，并考虑是否有必要对其进行详细描述。

3. 格式

合同的设计影响对合同的理解。关键信息的位置和表达方式需考虑国家或部门规定。

图 5-9 给出了 GB/T 38357—2019《招标代理服务规范》对合同相关要求编写的示例。

......

6.5 合同签订及后续服务

6.5.1 协助签订合同

6.5.1.1 在中标通知书发出之后，招标代理机构应告知招标人法律法规及招标文件中有关合同签订的原则期限和其他要求，并协助招标人与中标人签订合同。

6.5.1.2 招标代理机构应完成下列内容：

　　a）准备双方需签订的合同文件草稿；

　　b）协助招标人核实中标人按照招标文件要求提交约保证金的情况；

　　c）协助招标人对合同文件的构成及内容盖章签署等情况进行校核。

6.5.1.3 招标人和中标人无法在规定期限内完成合同签订的，招标代理机构应事先告知招标人存在的风险及补救建议。

6.5.1.4 采用电子招标投标的，招标代理机构应协助招标人通过电子交易平台以数据电文形式与中标人签订合同。

......

图 5-9　合同编写示例 1

图 5-10 给出了 GB/T 37516—2019《就业年龄段智力、精神及重度肢体残疾人托养服务规范》对合同相关要求编写的示例。

......

6.2 签订协议

6.2.1 残疾人托养服务机构应与服务对象或其监护人签订具有法律效力、权责明晰的托养服务协议，也可与获得法律授权的人员或机构签订托养协议。

6.2.2 协议应明确规定托养服务的内容、标准、方式、时间、收费、退费、民事责任和投诉处理程序等必要事项并显著提示。

6.2.3 协议应包括风险告知书，显著提示服务对象或其监护人相关风险；并就保险事项进行约定。

......

图 5-10　合同编写示例 2

图 5-11 给出了 GB/T 32944—2016《影视拍摄基地服务规范》对合同编写的示例。

......

5.5 服务协议订立

5.5.1 影视拍摄基地应与顾客订立书面服务协议。

5.5.2 服务协议应包括服务内容、服务时间与地点、收费标准或单价、服务变更手续、投诉与纠纷解决方法、隐私保护、风险警示等内容，同时对影响拍摄服务质量的其他关键要素进行约定。

5.5.3 服务协议应体现公平、公正的原则，在双方平等、自愿的前提下订立。

......

图 5-11　合同编写示例 3

（五）支付

告知有关支付的相关信息，并尽可能提供便捷的支付方式和多种支付途径供顾客选择。

1. 与支付有关的信息

需明确说明发票或结算单是否包含服务费、税费、运费等。适当时，需提供单位价格信息（如电力、水费、燃气供应）。

2. 支付方式

支付方式可包括现金、代金券、电子转账、信用卡、第三方支付等。支付方式宜适合于被交付服务的方式，如果预计的支付方式不可用或待定的支付方式存在相关的附加费用，需明确指出。宜提供多种支付方式供消费者选择。

3. 条件

关于部分或全部支付服务费用的时限信息、大笔金额支出、增值税、小费的信息需明确。合同中需规定投诉种类的处理，参照组织投诉程序和外部争执解决条款。

注：参见 GB/T 19012—2019《质量管理　顾客满意　组织投诉处理指南》、GB/T 19013—2009《质量管理　顾客满意　组织外部争议解决指南》

图 5-12 给出了 GB/T 32944—2016《影视拍摄基地服务规范》对服务支付编写的示例。

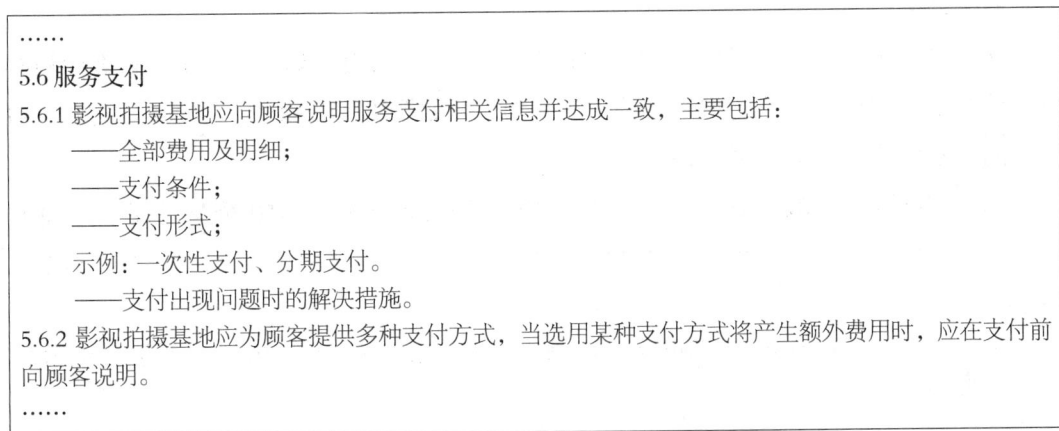

……

5.6 服务支付

5.6.1 影视拍摄基地应向顾客说明服务支付相关信息并达成一致，主要包括：

　　——全部费用及明细；

　　——支付条件；

　　——支付形式；

　　示例：一次性支付、分期支付。

　　——支付出现问题时的解决措施。

5.6.2 影视拍摄基地应为顾客提供多种支付方式，当选用某种支付方式将产生额外费用时，应在支付前向顾客说明。

……

图 5-12　服务支付编写示例

（六）交付

服务交付是服务提供的核心内容，是顾客获得服务、满足服务需求的重要环节。

1. 活动说明

具体领域的标准宜简要概述服务所包含的各种活动。

2. 可信赖性

具体领域的标准需描述交付协议。可参照具体行业的评级方案，如酒店评级方案。

3. 隐私

需遵守隐私和数据保护方面国家规定。

4. 安全

其他标准或法律法规要求可能涉及安全问题，如与服务环境、使用设备或作为特定服务交付部分的物品的供应有关。

5. 健康和卫生

其他标准或法律法规要求可能与健康和卫生问题相关，如与服务环境或者作为特定服务交付部分的物品的供应有关。

6. 环境方面

对环境、文化和人类遗产的保护宜予以考虑，包括废物处理、降低气味、减少噪音和视觉污染。建议增强顾客和职员的环境保护意识。

7. 行为守则

GB/T 19010—2009《质量管理　顾客满意　组织行为规范指南》提供行为守则供参考。此外还需考虑组织使命、价值和质量承诺，以及具体行业规范。

8. 保密性

保密包括人（如成人 / 儿童和领导 / 团队安排）、所有物（如用于安全存放有价值物质的设施）、投资、财务信息和顾客身份（例如个人数据访问限制等）的安全。它们各自相应的重要性取决于被支付的服务。

图 5-13 给出了 GB/T 32944—2016《影视拍摄基地服务规范》对服务交付编写的示例。

……

5.7 服务交付

影视拍摄基地服务主要包括场地服务、置景服务、人力资源服务、服装与化妆服务等内容，服务交付的质量要求见第 6 章。

……

图 5-13　服务交付编写示例 1

图 5-14 给出了 GB/T 35560-2017《老年旅游服务规范　景区》对交付编写的示例。

......
6 服务交付

6.1 预约服务

6.1.1 景区应为老年旅游者提供提前预约服务，及时向他们反馈景区开放时间、景区配套设施、景区适宜的游览项目等接待信息。

6.1.2 景区应主动对接老年旅游团队，了解有关老年旅游者的信息（人群特征、结构、偏好、明示的需求或要求等），根据老年游客流量调配服务人员和辅助设备。

6.2 票务服务

6.2.1 景区售票处应明示老年人相关的优惠信息。

6.2.2 出售景区门票时，景区服务人员应主动解释票务种类和价格，尤其是为老年旅游者提供的优惠信息，并说明需要提供的有效证件，按规定为老年旅游者提供低价优惠门票。

6.2.3 景区宜为老年旅游者设置专门的通道回落服务程序帮助其优先进入。
......

图 5-14　服务交付编写示例 2

（七）服务结果

服务结果是对于所享受服务的一个评价。

1. 顾客满意度

参考建立顾客满意度的方法，包括对投诉数据和顾客调查的定期分析。

2. 持续改进

服务提供者需预见/预先设计到某种持续改进的方案。质量管理标准提供了持续改进方法。实现改进目标的途径包括分析相关的投诉、索赔和事件数据。适当时，定期分析顾客满意度信息，以及对顾客需求的调查，不断提高服务质量。

图 5-15 给出了 GB/T 36734—2018《主题公园演艺服务规范》对服务结果编写的示例。

......
8 服务监督与改进

8.1 应健全服务质量管理制度,在醒目位置公布投诉电话和意见箱,并定期开展顾客满意度调查。

8.2 根据开展的顾客满意度调查结果和游客提出的意见,提出改进措施并予以实施,持续改进服务质量,提高顾客满意度。

8.3 应认真处理游客投诉,在 5 个工作日内将投诉处理结果反馈给游客,并保管完整记录和档案。
......

图 5-15　服务结果编写示例 1

图 5-16 给出了 GB/T 32944—2016《影视拍摄基地服务规范》对服务结果编写的示例。

......

7 服务评价与改进

7.1 影视拍摄基地应建立服务评价管理机制，定期收集来自内外部的评价信息并加以分析。

7.2 影视拍摄基地可根据不同评价目标，依据第 5 章、第 6 章内容，从服务流程、服务质量要求等方面选择评价要素，设计评价指标体系，实施服务质量评价活动。

7.3 影视拍摄基地应分析服务质量评价结果，制定整改措施，持续改进，不断提高服务质量。

......

图 5-16　服务结果编写示例 2

图 5-17 给出了 GB/T 35966—2018《高技术服务业服务质量评价指南》对服务结果编写的示例。

......

5.4 服务结果

服务结果要素应满足但不限于以下指标：

a) 客户满意度：客户对服务的总体满意程度，例如，客户感受到的性价比、客户投诉率、服务提供者对客户投诉的处理；

b) 合规状况：服务提供者合规管理及合约执行等的状况；

c) 可持续发展：服务提供者收益和成长空间；

d) 辐射效果：服务提供者对行业发展的支撑带动作用，例如，在技术升级、商业模式创新发展等方面的带动作用。

......

图 5-17　服务结果编写示例 3

（八）服务环境

服务交付的环境可能是场所（如物品出售地、工作室、乡村或顾客自己家里），或者是服务网点（如铁路网点、航空终点站等）。

1. 健康和安全要求

服务环境需符合国家法律法规、国家标准和国际协议（如写字楼日光通道、温度、湿度、空气质量等），相关要求需明确说明。特定服务领域可能需要特殊要求。

2. 可达性

需遵守相关的法律法规、协议和标准，相关要求需明确说明。特定服务领域可能需要特殊要求。

图 5-18 给出了 GB/T 36732—2018《生态休闲养生（养老）基地建设和运营服务规范》对服务环境编写的示例。

......
6.4 环境建设

6.4.1 自然环境

6.4.1.1 基地内的植被和生物多样性应有制度化保障，并得到有效保护。

6.4.1.2 基地内环境空气质量应符合 GB 3095—2012 中的一级标准。

6.4.1.3 基地内声环境质量应符合 GB 3096—2008 中的 1 类要求。

6.4.1.4 基地内地表水环境质量应符合 GB 3838—2002 中的Ⅲ类要求。

6.4.1.5 基地内污水排放应符合 GB 8978 的相关要求。

6.4.1.6 基地内一切可绿化的用地均应绿化，绿化率大于等于 35%，绿地本身的绿化率大于等于 70%。

6.4.1.7 基地周围 500m 范围内应无污染源。

6.4.2 人文环境

6.4.2.1 基地内的建筑空间、建筑形象、园林景观、设施等宜与具有地方特色的文化符号相融合，形成美观独特、易于识别的形象系统。

6.4.2.2 基地应包保护基地内的历史文化，定期修缮维护古建筑，收集、整理和陈列文献文物。

6.4.2.3 基地应保护基地内的自然文化，可结合当地自然资源特点，建设专题博物馆，提供生态旅游，开展生态教育。

6.4.2.4 基地应保护基地内的民族民俗文化，保留传统节庆、地方戏曲、民俗表演等。

6.4.2.5 基地应保护基地内的宗教文化，尊重和适当表现当地的宗教文化。

6.4.2.6 基地宜弘扬当地特色文化，将休闲、养生活动与富有地方特色的文化创意活动结合起来。

6.4.3 养老服务环境

基地提供养老服务的环境应满足 GB/T 29353—2012 中 7.1 的规定。
......

图 5-18　服务环境编写示例

（九）设备

设备是提供服务的重要手段和支撑。

1. 质量和安全要求

在服务交付中使用的物品和设施需安全并且适用其用途，同时需要遵守相关的标准和国家的技术要求。作为服务的一部分，提供的物品需要遵守法律法规要求、相关的标准和协议。

2. 可用性

家具的尺寸和形状、固定装置和设备必须适合目标用户，包括那些因有移动、视觉或听力障碍或年龄因素而有特殊要求的用户。

3. 其他相关要求

对于有必要进行风险管理的领域可能需要规定具体要求。如果提供的服务包括设备且设备需要定期检查时，则需要提供维护说明。

图 5-19 给出了 GB/T 36734—2018《主题公园演艺服务规范》对服务设备编写的示例。

......

7.2 服务设施

7.2.1 演出场地应设置演出告示牌，明确演出名称、演出内容、演出时间及相关注意事项。

7.2.2 演出场地应遮蔽雨雪，日间演出应有遮阳设施。

7.2.3 演出场地内应设置相应防护设施设备，避免演出过程中对游客造成伤害。

7.2.4 演出场地应配置与其规模相适应的接待设施，如问讯处、行李寄存处等。

7.2.5 演出场地应按 GB2894 规定设置安全标志，消防安全标志按 GB13495.1 和 GB15630 的规定设置。

7.2.6 演出场地配置的旅游标志及符号应符合 GB/T10001.2 的要求，配以中英文 2 种以上文字说明，标识牌的外形应与主题公园环境相一致。

7.2.7 演出配置的音响、灯光器材、舞台机械及场地、座位等设备设施应符合安全、消防等相关国家规定，并保持良好的运行状态。

7.2.8 演出设施及设备应有专人负责管理和保养，并定期检修维护。

7.2.9 为老年人、残疾人、孕妇等特殊人群提供人性化设施，宜配备必要的无障碍设施。

......

图 5-19　服务设备编写示例

（十）补救措施

1. 服务的中断或变更

如紧急措施，公司重组、兼并、迁移。

2. 责任条款

组织宜依据具体情况提供适当的保险。具体领域标准需明确可能需要保险的特殊领域和最低程度。

3. 保证

依据所交付的服务，保证向顾客提供适当的担保，具体领域标准宜指出需要提供担保的范围或最低要求。

4. 赔偿

需制定服务未按照协议交付时的赔偿条款。在行为守则中宜制定这样的承诺，需要制定组织投诉程序和外部争端解决条款。

注：参见 GB/T 19010—2009《质量管理 顾客满意 组织行为规范指南》、GB/T 19012—2019《质量管理 顾客满意 组织投诉处理指南》、GB/T 19013—2009《质量管理 顾客满意 组织外部争议解决指南》

图 5-20 给出了 GB/T 36732—2018《生态休闲养生（养老）基地建设和运营服务规范》对补救措施编写的示例。

......

9.1.2 投诉处理

基地在投诉处理方面应至少做到：

a) 按公平、公正、公开的原则建立完善的投诉处理制度；

b) 在服务的不同阶段设立投诉接待处，或投诉箱、投诉簿等；

c) 投诉处理 24h 内回复、10d 内反馈处理结果，对不满意处理结果的，积极协调处理；

d) 投诉处理结案率大于 98%；

e) 建立投诉档案管理制，档案记录实事求是，保持完整。

......

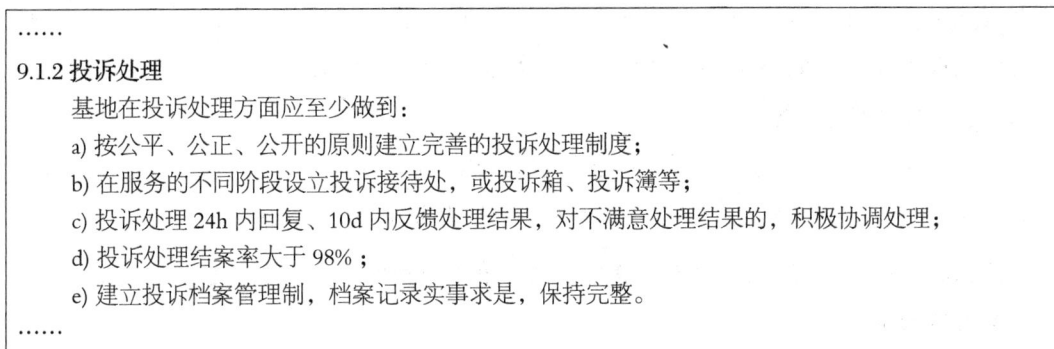

图 5-20　补救措施编写示例 1

图 5-21 给出了 GB/T 27917.3—2011《快递服务　第 3 部分：服务环节》对补救措施编写的示例。

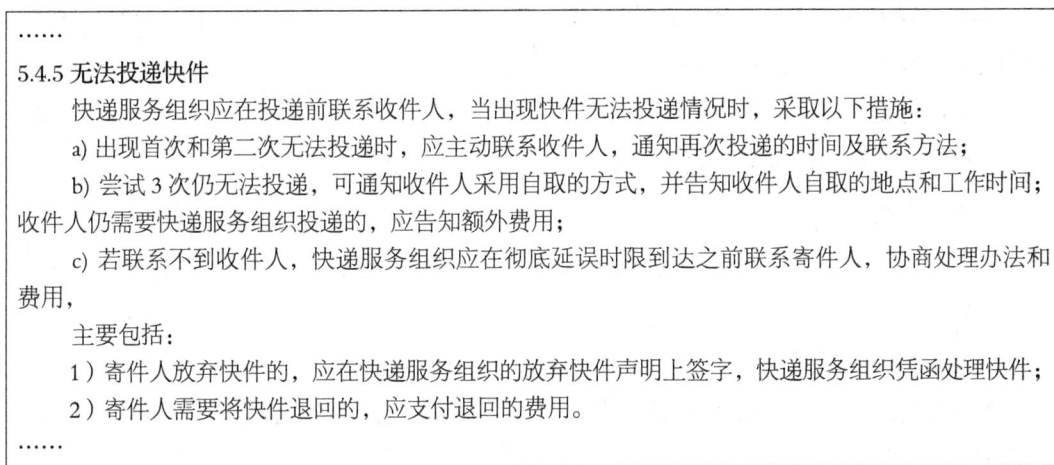

......

5.4.5 无法投递快件

快递服务组织应在投递前联系收件人，当出现快件无法投递情况时，采取以下措施：

a) 出现首次和第二次无法投递时，应主动联系收件人，通知再次投递的时间及联系方法；

b) 尝试 3 次仍无法投递，可通知收件人采用自取的方式，并告知收件人自取的地点和工作时间；收件人仍需要快递服务组织投递的，应告知额外费用；

c) 若联系不到收件人，快递服务组织应在彻底延误时限到达之前联系寄件人，协商处理办法和费用，

主要包括：

1）寄件人放弃快件的，应在快递服务组织的放弃快件声明上签字，快递服务组织凭函处理快件；

2）寄件人需要将快件退回的，应支付退回的费用。

......

图 5-21　补救措施编写示例 2

（十一）服务提供者与顾客之间的沟通

顾客与服务提供者之间的沟通发生在服务提供之前、服务提供过程中和服务提供之后。广告中和其他宣传资料中所包含的信息，以及签订合同、提供和支付账单、保证、维护和投诉等后续信息非常重要。

1. 方法

特定领域标准宜规定可能使用的信息和沟通技术（如面对面、互联网、电话等），提出具体要求。宜提供可选方式和面对面交流的机会。

2. 内容

服务交付时，需要提供详细说明和具体要求，尤其涉及儿童时。需扼要说明价格、

税费或服务费、支付方法和账单。需清楚说明保证和赔偿形式，包括索赔和投诉处理政策、活动取消政策。此外还要提供详细的服务提供者的联络信息，以及关于第三方参考资料的可用性和使用权限的信息。

标准宜考虑格式布局、用词、电子信息的句法规则等。语言需明确、简洁、真实，考虑顾客的潜在特殊需求。此外，也要考虑具体行业要求、协议和标准。

注：GB/T 21737—2008《为消费者提供商品和服务的购买信息》给出指导。

3. 沟通频率

沟通失败可能导致出现问题及顾客对服务提供者的投诉。在服务交付阶段，标准宜指出沟通的关键环节，以及最小沟通频率或间隔。在可能进行"实时"沟通的情况下，宜考虑适当的反应速度。

4. 易获得性

不能与服务提供者联系是顾客失望的潜在原因。宜为所有用户提供清晰可用的有关组织职员的信息，并且这些信息需适合被交付的服务。

5. 态度政策

组织宜制定相应的顾客服务要求和流程，包括礼貌要求。

6. 行为守则

组织宜提供其行为守则是如何获得信息的，行为守则应是公开的。特定领域标准中可做出规定。

7. 顾客满意度测量

服务交付时，需提供获得反馈信息的方法，并确定能够从广泛的用户包括有特殊需求的用户处获得反馈。

（十二）服务组织内部沟通

主要指服务组织内部及该组织与其供方之间应进行良好的沟通。

1. 方法

标准宜规定可能使用的信息和沟通技术（如面对面、互联网、电话等），提出具体要求。宜提供可选方式。

2. 沟通频率

沟通失败可能导致出现问题及顾客对服务提供者的投诉。在服务交付阶段，标准宜指出沟通的关键环节，以及最小沟通频率或间隔。

3. 共享信息

组织的政策和流程宜涵盖服务提供者与其供方之间，或服务组织内部的不同部门之间要共享信息的数量和质量，尤其涉及顾客隐私信息时。这包括对个人数据使用权的控制，尤其涉及广告和向其他组织销售等。

图 5-22 给出了 GB/T 27917.2—2011《快递服务　第 2 部分：组织要求》对沟通编写的示例。

......

13　沟　通

13.1　内部沟通

　　快递服务组织通过召开会议、布告栏和内部刊物、声像资料、互联网、信函等形式，建立内部沟通机制。

13.2　用户沟通

13.2.1　沟通渠道

　　快递服务组织应提供与用户沟通的免费渠道，主要包括网络、电话、短信、信函等形式。

13.2.2　沟通内容

　　沟通应包括业务咨询、业务受理、快件查询、用户满意、用户投诉及服务承诺等内容。

......

图 5-22　沟通编写示例

三、服务要素在不同服务中的分析示例

（一）理发店

　　理发店是小规模组织的示例，可能是个体经营或独立的小店铺经营模式。理发店服务要素分析见表 5-3。

表 5-3　理发店服务要素分析

服务要素	理发店
一、服务提供者	规模较小的组织可能不了解或未能实施质量和环境管理标准，可制定工作流程标准对理发店实施管理
	通常付款在服务交付后发生，偿还能力和其他财务方面对消费者的直接影响较小
	其他问题可能包括预约安排是否有充分的时间间隔以减少顾客等待某一理发室的时间，并适当处理化学废物（未使用过的染发剂等）
二、供方	供方提供的洗发剂、头发处理剂等产品的质量
三、职员	接待员、洗头工、美发师等
	最低要求包括理发资质，所有职员需要掌握有关健康、安全、顾客管理等方面的知识
四、顾客	顾客包括所有年龄和不同行为能力的人
	必要的顾客信息包括对产品化学成分敏感性等方面
	提供美容等辅助服务时，可能需要制定相关规定，如哪个年龄段的孩子需要看管

续 表

服务要素	理发店
五、合同	没有明示合同
六、支付	允许的支付方式
七、交付	头发处理（剪发、洗头、修剪、染发、烫发等）
	头发护理建议、与顾客的一般交谈
	其他护理，如修指甲、化妆
	其他服务，包括等待设施（座椅和读物、音乐和饮料）
八、服务结果	主要是理发和造型
	其他：等待设施、聊天、建议（此时，服务交付和服务结果不可分；顾客满意度不仅取决于发型，还取决于服务交付的其他要素）
九、服务环境	理发厅
十、设备	剪刀、刷子、染发剂、吹风机等
	位置、面盆高度（工效学因素）等
十一、补救措施	了解顾客的发型要求，以及对使用化学物品（例如染发剂）的敏感度
	安全操作和处理染发和烫发等产品
	梳子、刷子的卫生情况等
	退款或重新理发等相关的规定，以及责任保险等
十二、顾客和服务提供者之间的沟通	预约、提供建议、交谈
十三、服务提供者内部之间的沟通	预约计划
	定购材料
	化学药剂残留在头发上的时间、吹干头发的时间等相关信息

（二）人寿保险

人寿保险是无形产品的一个例子。在人寿保险中，顾客所关心的问题是在信息不透明（不同的公司可能采用不同的方式提供信息）或缺乏信任（例如，发生保单所列的事项时，保险公司是否赔偿）的情况下，如何选择购买的险种。人寿保险服务要素分析见表 5-4。

表5-4　人寿保险服务要素分析

服务要素	人寿保险
一、服务提供者	可能使用质量管理体系标准和环境管理体系标准（不太重要）。一般不需要具体领域标准
	对于保险公司而言，偿还能力和其他财务方面信息极为重要。国家管理部门可能制定了相关要求。如未制定相关要求，或相关要求不足以解决问题，可以制定标准予以补充。公司管理规定可能对公司自身提出相关要求
	问题可能包括保险费是否应取决于个人数据信息。例如，健康或财产情况，以及费率设置是否基于对健康风险的分析
二、供方	保险代理人、经纪人等
三、职员	精算师和前台服务人员
	除国家行政管理部门制定的要求以外，其他要求有可能在国家、行业部门或公司管理规定中提出
四、顾客	被保险人、保险受益人
	要求可能包括保险受益顾客的年龄、智力，以及被保险人健康状况、职员等
五、合同	管理规定和相关的条款
	国家保险管理部门可能制定基本要求。国家、行业部门或公司管理规定可能提出其他要求
六、支付	消费者许可的支付方式
七、交付	提供保险服务
	除国家管理部门制定的要求以外，公司政策也适用。计算保险费的前提条件和规则是基本要素。为使消费者了解相关信息，具体分支机构可制定行为守则提供相关指导
	需要赔付时，公司、职员、技术、程序措施应保证保险公司的赔付能力
八、服务结果	一旦协议条件满足，获得协议金额
	需要赔付时，公司、职员、技术、程序措施应保证保险公司的赔付能力
九、服务环境	公司办公室
	办公室一般标准
十、设备	信息沟通技术、软件、文件
	信息和通信技术的标准
十一、补救措施	信息安全条款
	再保险标准
	责任条款

续　表

服务要素	人寿保险
十二、顾客和服务提供者之间的沟通	保险公司和被保险人之间的沟通
	对保险条款的说明
	出现索赔时，提供承担政策查询
十三、服务提供者内部之间的沟通	关于公司内部沟通，以及经纪人、投资公司、管理部门、供方和其他单位沟通的具体领域标准或者公司要求
	使用信息沟通技术的详细说明

◆◆ **复习思考题**

　　1. 简述服务标准制定原则。

　　2. 简述服务标准制定程序。

　　3. 举例说明服务标准编写的方法。

　　4. 试以酒店服务为例，分析其各要素相关主体及其标准制定过程中需要考虑的事项。

　　5. 举例说明服务交付和服务结果的区别。

第六章　服务标准实施及评价

◆◆◆ **本章学习要求：**

掌握：服务标准实施办法、实施程序；标准实施评价步骤；标准体系评价的
程序。

熟悉：服务标准实施的基本原则；标准实施评价基本原则。

了解：标准体系评价依据和基本条件。

标准的实施是指有组织、有计划、有措施地贯彻执行标准的活动，是将标准规定的
各项内容贯彻到服务实现、经营管理等领域的活动过程，是整个标准化活动的重要环节。
标准实施的程度直接关系到标准化的经济效果。服务业组织标准化工作的重要任务是实
施标准，不仅要实施服务组织自己制定的各类标准，同时还要实施与服务业组织相关的
国家标准、行业标准和地方标准。只有通过标准实施，才能体现标准的作用，才能正确
地评价和改进标准。标准实施工作往往涉及服务业组织服务、经营、管理活动的各方面，
涉及管理者、执行者等各类人员，是一项比较复杂的活动。如何提高标准实施的有效性，
科学评价标准实施效果，是服务业组织开展标准化工作必须解决好的一个问题。

第一节　服务标准实施

一、基本原则

（一）系统性原则

服务业组织标准实施应坚持系统性原则，统筹兼顾，有计划、有步骤地进行。实施
标准的过程中应关注相关标准间的协调性，所有服务标准应作为一个整体实施，以保证
标准实施的总体效果。

（1）实施标准的过程要遵循系统性原则。一方面标准中可能做出标准实施的多项规
定，且这些规定往往存在着相互联系、相互制约的关系；另一方面，标准中也有些具体规
定，在实施标准时，往往涉及多方面的因素，因此，实施一项标准，应该全面、系统地
考虑，做到统筹兼顾，以期最佳实施效果。

（2）标准的实施涉及多个环节。标准的实施涉及多个部门、多方面的人员参与，因
此，需要做到统筹兼顾，有计划、有步骤地进行。

（3）标准的实施，要把握标准间的协调性。既要保证各项标准都能实施到位，又要
保证各活动之间相互衔接，避免矛盾、交叉。每项标准都有其特定的功能和作用，共同
支持着服务业组织的各项活动，因此，应把服务业组织实施的所有标准看作一个整体加

以实施，这样才能实施最佳的整体效果。

（二）有效性原则

服务业组织标准实施应坚持有效性原则，把保证安全、保护环境、促进服务业组织和整个行业健康发展作为首要目标。实施标准应因地制宜，注重实效，实现效益最大化。

（1）"保证安全、保护环境"是服务业组织的责任和义务，是服务有效性的重要体现，因此作为首要目标。

（2）"促进服务业组织的健康发展"作为标准实施的目标是毋庸置疑的。但是，服务业组织也不能仅仅考虑自身的利益，还要考虑整个行业健康发展。实施标准时，既要考虑眼前利益，又要考虑长远利益，要顾全大局，局部服从整体。不能因为个别单位低劣的服务，使消费者对整个行业失去了信心，影响整个行业的发展。

（3）因地制宜，实事求是，讲究实效。要在保证标准贯彻执行的同时，因地制宜地考虑实施过程中的各个环节，合理配置资源，讲究实效，尽可能实现效益最大化。

（三）持续性原则

服务业组织标准实施应坚持持续性原则。实施标准应使各个环节符合标准要求，并不断改进实施方法，提升实施效果。

实施标准是一个不断重复的循环过程，应使每一次循环的各个环节均符合标准要求。但这个循环又不是简单的重复，而是一个不断改进的螺旋上升的过程，需要不断改进实施方法，提高实施效果。

二、实施办法

服务标准实施的两种基本方法，即过程法和要素法。"标准的特性"主要是指标准内容的特性及描述方法，是由标准化对象的特性决定的。标准的特性大致可以分为两类：一类是按照事件发生的时间顺序，即从事件发生过程的角度来描述并提出要求；另一类则是对事物按其相关要素分别进行描述并提出要求。也有些标准同时运用了这两种方法，标准的不同特性决定标准的实施可采用不同的方法。

根据标准的特性不同，一般可选择下列实施方法。

（1）过程法：按照服务过程实现的时间顺序来实施标准的方法。针对服务流程制定的有关标准，一般可采用这种方法实施。采用过程法实施标准要注意各阶段之间的相互衔接。

过程法是指根据事件发生的时间顺序一步步或分阶段地贯彻标准的要求。这里特别需要强调的是，采用过程法实施标准要注意实施过程中各个阶段的相互衔接，因为上一个阶段实施标准的好坏，可能直接影响下一阶段的实施，甚至当有一个环节没有很好地贯彻标准，将影响整个标准的实施效果。服务行业的许多标准，如服务流程标准等，就适宜采用过程法实施。

（2）要素法：按照服务要素来分别实施标准的方法。当标准是按服务活动或结果的各个要素给出要求时，可采用要素法实施标准。要素法实施标准应注意各要素之间的关联性。

有些服务标准是按要素分别提出要求的，各要素之间虽有关联，但没有严格的时间上的关联性。例如，服务行业制定的环境标准、设施设备标准等，就属于这一类标准。这些标准的实施应按要素法进行，即使每个要素分别达到标准的要求，也要注意要素之间的关联性。

注：在采用上述方法实施标准的同时，往往还可以采用符合性评价的方法来保证标准的实施。

在标准实施过程中，有时很难严格界定是采用"过程法"，还是"要素法"，常常两种方法同时使用，这要根据实际情况确定。

三、实施程序

标准实施的一般程序包括计划、准备、实施、信息反馈与改进、实施评价等。

（一）计划

标准实施前应制定工作计划或方案，内容包括实施标准的范围、方式、内容、步骤、负责人员、时间安排、应达到的要求和目标等。

在制定标准实施计划时，应着重考虑以下问题。

（1）从总体上分析实施标准的有利因素和不利因素，确定实施的先后顺序和应采取的措施。除一些重要标准需要专门组织实施外，一般应尽可能结合或配合其他工作贯彻标准工作。

（2）将实施标准分解成若干项具有可操作性的任务和要求，分配给各有关单位和具体人员，明确职责，规定完成时限及相互配合的内容和要求。

（3）根据实施标准的难易程度和涉及范围的大小，选择合适的实施方式，对难度较小且涉及范围较小的标准，可一次性铺开，全面贯彻；对涉及范围广、实施难度较大的标准，可先行试点，然后分期组织实施。

（4）合理组织人力、物力资源，既保证实施标准工作的顺利进行，又不造成浪费。

（二）准备

准备阶段的各项要求，包括组织准备、人员准备、物资准备、技术准备等内容。

1. 组织准备

应建立相应的组织机构，统一组织标准实施工作。对重要标准或标准体系的实施，应建立由服务业组织决策层管理者牵头、各有关单位负责人参加的领导机构和相应的工作机构，配备必要的标准化工作人员，研究实施标准的具体措施，协调解决标准实施的有关问题；对单一的、较简单的标准的实施，也至少应设专人或部门负责标准实施工作。

2. 人员准备

实施标准涉及的关键岗位，应配备具有相应资质和技能的工作人员。

实施标准前，应认真组织宣贯工作，使相关人员对实施标准的重要性有一个正确而全面的认识，掌握标准的有关内容，了解标准实施的关键点和难点，对内容较复杂或技术含量较高的标准，应专门进行专业培训。

人员资质和技能：许多服务岗位的工作人员需要相应资质和技能才能上岗。标准中涉及的关键岗位，往往要求具有一定技能的人员才能完成实施任务，因此，人员准备是关键。

标准宣贯：标准宣贯是标准实施的重要环节。标准宣贯可使相关人员对标准实施的重要性有一个正确而全面的认识，同时使标准的执行者充分理解标准的内容，掌握标准中的关键点和难点。必要时，要专门组织标准宣贯班，请有关人员对标准进行系统地讲解。

3. 物资准备

应配备相应的设施、设备、服务用品、工具、资金及与实施标准相适应的环境条件。

标准的实施要有一定的物质条件作后盾。服务标准是对服务提供的规范，为了达到标准要求，往往需要对现有设施设备进行技术改造，有时还需要购置新设备或必要的检测设备。

服务的环境条件是保证最终服务质量的重要因素。

4. 技术准备

实施一项新标准，当涉及服务技术的改进时，应进行相应的技术准备，必要时应进行技术攻关和技术改造。

为了达到标准中规定的新要求，常常需要采用一些新技术，甚至需要进行试验和技术攻关。例如，《洗衣业服务质量规范》中就做出如下规定：经消毒并洗净的衣物，真菌菌落总数每平方厘米不大于20个。针对这条要求，需要解决的技术问题，一是采用什么消毒方法，二是要解决如何检测的问题。如果这些技术问题不能很好解决，就无法全面实施标准。

（三）实施

应按计划组织标准的实施，使标准规定的各项要求在服务过程的各个环节上加以实现，并满足以下几个要求。

（1）对服务活动涉及的设施、设备、服务用品、工具及相应的环境条件等，应通过一定的方法确认其达到标准要求后，投入使用；对于服务人员，应通过考核确认其达到标准要求后，准予上岗。

（2）对服务标准规定的服务质量要求、服务提供要求等应转化为各个岗位的具体工作要求，并加以实施。

（3）对于安全、环保等方面的标准要求，应落实到具体关键点上，并有相应的保证措施。

（4）对实施过程中遇到的各种问题应采取有效措施加以解决，以保证标准各项要求的贯彻落实。

（四）信息反馈与改进

在实施标准的过程中，应认真做好各项记录，并将各环节形成的数据和有关情况及时反馈至标准实施的组织协调部门，以便及时调整和改进标准实施工作。当发现标准中存在不完善等问题时，应及时向标准批准发布部门反馈情况。

标准的实施必定会对服务、经验、管理等各个环节及最终结果产生一定的影响，出现新的变化，形成一系列数据。实施标准过程中形成的各项数据是改进标准实施工作和修订标准的重要依据。因此，应认真做好记录，并及时将记录信息反馈至有关部门。

（五）实施评价

标准实施效果如何，需要进行综合评价。评价的目的是进一步改进标准和改进实施。通常，对技术类标准的符合性，可使用适宜的仪器设备，按规定的方法进行试验验证。但是，鉴于服务行业采用的许多标准往往不能给出严格的定量指标，很难用单纯测量的方法进行全面的符合性评价，且标准实施效果在很大程度上体现在顾客的感受上，也不可能采用简单的测量方法进行评价，因此，需要制定适合服务业标准特点的实施评价方法。

第二节　服务标准实施评价及标准体系评价

标准实施评价和标准体系评价是服务业组织标准化工作的重要组成部分，通过标准实施评价可以发现标准本身和标准实施过程中存在的缺陷和不足，以便改进标准，提高标准水平，以及改进实施方法，提高实施效果。通过标准体系进行评价，可以发现服务业组织建立和实施标准体系在结构、功能等方面的缺陷，以及服务业组织在服务、经营和管理各项活动中存在的缺陷和不足，并通过制定纠正措施和持续改进，进一步地完善标准体系，改进服务过程，提高服务质量，实现效益最大化。标准实施评价和标准体系评价，是服务业组织自我完善的有效方法，也是推动服务业组织开展服务标准化工作中不可缺少的重要工具，对提高服务业组织科学管理水平，实现其经营方针、目标具有重要的意义。

一、评价原则

标准实施评价及标准体系评价应坚持以下原则。

（一）客观公正的原则

以客观事实为依据，给出公正的结论。客观证据是判断合格与否的依据，客观证据是以客观事实为基础的，包括记录、陈述、文件资料、实物特征、实际现象等，不得加入任何个人的猜想和推测成分。客观证据不足，或未经验证的其他信息，都不能作为合格判定的依据。评价时，应排除各种干扰因素，坚持客观、公正。

（二）科学严谨的原则

该原则一方面要求评价人员应具有科学严谨的工作态度，另一方面要求采取科学的评价方法。

（三）全面准确的原则

只有全面地进行评价才更有实际意义。评价时，往往不可能对所有事项一一进行评价，需要制定抽样方案、确定评价指标，这就是一个全面准确的问题。评价工作的一个重要目标，就是追求评价结果能"全面准确"地反映实际情况。

二、标准实施评价

标准实施评价包括评价的准备、评价内容、评价报告等方面的要求。由于标准的种类较多，各服务业组织的情况各异，实施的方式、方法和取得的效果也有较大差异，因此准确严格地对标准实施情况进行评价，不是一件容易的事情。本部分只能对标准实施评价的共性问题或从一般规律出发，给出要求，对具体标准的实施评价，应根据实际情况，具体问题具体分析，以期获得可靠的评价结果。

（一）评价准备

标准实施评价是一项目的明确、相对独立的活动，必要的准备工作是不可缺少的。评价准备包括组织准备、人员准备、物资准备、评价方案确定等4个方面。

1. 组织准备

应成立标准实施评价工作组，并明确其职责、权限。评价工作组组成人员的数量应视评价工作的复杂程度确定。

"标准实施评价工作组"的成立，可分几种情况：

（1）国家、地方有关部门针对某项国家标准、行业标准或地方标准的实施情况进行评价，由有关主管部门或标准化行政主管部门统一组织，成立一个或多个评价工作组，同时还可能成立相应的领导机构。

（2）服务业组织自己开展的评价活动，可由服务业组织管理层负责成立评价工作组，也可以委托外部评价机构开展评价工作。

评价工作组应设组长或负责人1名，必要时，可设副组长若干名。评价工作组的职责和权限应事先明确。

评价工作组组成人员的多少数量应视评价工作的复杂程度来确定，一般来讲，确定评价工作组组成人员，应考虑：一是要能圆满完成评价工作；二是尽可能降低评价成本，减少被评价单位的负担；三是要尽可能照顾到所需专业领域。

2. 人员准备

评价人员应具有相应的标准化知识和相应的专业知识，熟悉标准及实施的有关要求，能熟练运用评价方法。

评价工作是通过人的活动来完成的，评价工作质量的好坏取决于评价人员的能力和水平，因此，评价人员的选择至关重要。对服务业标准实施的评价，要求评价人员，必须具备一定的标准化知识，了解标准及实施要求，掌握有关法律法规及国家有关政策。同时，还应具备服务业组织所在行业的一些专业知识，熟悉服务流程、服务特性及相关技术，只有这样，评价人员才能发现标准实施中存在的问题，才能准确地给出评价结论。另外，评价人员掌握科学的评价方法也很重要，如何进行调查、收集证据、组织验证及对有关信息进行分析、判断等都需要运用科学的方法。要达到上述要求，评价人员一般需要通过一定的培训。

3. 物资准备

应备齐必要的测量设备、工具、试验用品及评价用记录表等。

在标准实施评价过程中，常常需要开展一系列试验验证活动，特别是场地、设施、设备、温度、湿度、服务用品、安全卫生等方面是否符合标准要求，都需要通过试验来确定。当然，许多试验往往在评价之前由专业技术机构来完成，并出具有关报告。评价时只针对现场的情况做必要的验证；对服务流程、服务质量特性等方面的评价，除观察有关现象外，设定一定试验程序，进行模拟试验，有针对性地进行验证，也是必要的。完成这些工作，离不开必要的测量设备、工具、测试用品等物资。另外，评价过程中使用的记录表、记录工具、调查表等也应事先备齐。

4. 确定评价方案

对标准实施进行评价前，应制定周密的评价方案，以保证评价结果的准确性。制定一个好的评价方案，是做好评价工作的前提。评价工作正式开始之前，应认真研究标准内容、标准实施过程中的各项工作，结合服务业组织的基本情况，制定周密的评价方案。

评价方案应包括以下内容。

（1）给出评价工作的总体安排。要给出评价工作的总体安排，包括任务分工、时间安排、评价工作的总体要求等。总体安排要尽可能详细、周密。如果是委托评价，一般委托单位应事先与被评价单位进行沟通，得到被评价单位的有效配合，使评价工作能顺利进行。

（2）确定评价方法。有些事项可以对照标准，通过观察、询问、调查等方式加以确认。例如，服务人员的仪容仪表、标志佩戴等，可以通过观察的方法来进行评价；设施、设备、工具、服务用品等是否满足标准要求，可以通过查阅有关检验报告、合格证的方式进行评价。有些事项，可以通过测量的方法加以确认，如服务场所的大小、服务特性中的定量指标等。对服务过程的有关要求的评价，可以通过查阅有关记录、报告来完成，也可以通过服务人员的实际操作，再现服务过程，来检查服务过程的各个环节是否满足标准要求。对于涉及面广、内容复杂的标准，可采用抽样的方式进行。但抽样方案应科学，抽样检查的事项应有代表性，能全面反映标准实施的总体情况。对于内容简单或较重要的标准，应采取逐项检查的方法。对具体项目可采取测量、过程再现或通过标准实施痕迹（包括各种记录、报告等）检查等方法实施评价。可以根据实际情况，同时选择多种评价方法，相互佐证，以期使评价结果更符合实际情况。评价方法的选择至关重要，只有运用适宜的评价方法，才能得到科学的评价结果。

（3）建立评价指标体系。指标体系应能尽可能反映标准要求，准确衡量标准实施效果。同时根据指标体系和评价要求确定合理的抽样方案、判定规则。对服务业标准，尽管在要求的条款中有许多是定性的描述，但各要求的章、条也明确或隐含构成了一个指标体系。标准实施评价时，应对照标准，将其各项要求抽象、归纳成一系列可以测量或可以进行比较的指标。对标准实施效果的评价，可以通过设定一系列对服务质量、效率、成本、效益、安全环保、资源合理利用、服务业组织社会形象及经营管理水平等方面的影响指标，进行综合评价。

（二）评价内容

标准实施评价主要包括符合性评价和实施效果评价两方面的内容。

1. 符合性评价

根据标准的各项规定，确认实施过程的各个环节是否达到标准的要求。对于服务设施和设备、环境条件、服务流程及服务质量等方面具有定量指标的标准要求，应采用测量、试验等方法得出定量的数据；标准中的定性规定，可采用比较的方法进行衡量，并给出标准实施是否合格的结论。

从定量和定性两个方面，给出符合性评价的方法和要求。对定量指标的评价，一般比较好确定；对定性指标的评价，往往比较困难。采用"可以比较的方法"进行衡量，需要选择一个参照的"样板"，当这个"样板"难以确定时，只能靠评价人员的经验，进行主观判断。有时可以通过一些间接的方法进行判断。例如，对"服务人员的服务态度"的评价，可以通过查阅顾客意见簿、分析有关反馈意见，得出准确的结论。

2. 实施效果评价

应按评价方案确定的反映标准实施效果的指标体系、抽样方案、判定规则进行评价。通过验证、核实指标体系中的各项指标，确定标准实施效果达到的程度，给出相应的结论性意见。

制定标准的目的是追求最佳实施效果，但标准实施效果的指标体系，一般在标准中没有明确给出。这就需要评价工作组根据标准要求、实施情况来确定。标准实施效果的评价，需要收集大量的信息或证据，进行分析、归纳，得出评价结论。

（三）评价报告

评价报告一般应包括评价的依据、评价人员、评价时间、评价简要过程、各分项指标评价结果、总体结论、存在问题和处理建议等内容。

评价工作结束后，要认真总结整个评价过程，出具评价报告。评价报告的格式应规范、表述准确。各单项结论和总体结论应经过评价工作组充分讨论，形成一致意见，有时还应同被评价单位负责人进行沟通，以确保给出的结论性意见准确反映标准实施的实际情况。提出存在的问题应有确切的根据，处理建议要合理、可行。

三、标准体系评价

（一）评价依据和基本条件

1. 评价依据

标准体系评价可依据 GB/T 24421.1—2009、GB/T 24421.2—2009、GB/T 24421.3—2009等相关标准及有关部门发布的评价细则、办法等。服务业组织标准体系评价是一项比较复杂的工作，目前，该工作主要依据为 GB/T 24421—2009《服务业组织标准化工作指南》系列国家标准和国家标准委、国家发改委等六部（委、局）发布的《关于推进服务标准化试点工作的意见》（国标委农联〔2007〕7 号）等文件，另外，还可参照 GB/T 19273—2017《企业标准化工作　评价与改进》、GB/T 13016—2018《标准体系构建原则和要求》、GB/T 13017—2018《企业标准体系表编制指南》等国家标准。

2. 基本条件

被评价的服务业组织应满足以下几个要求。

（1）标准体系的建立和运行提出的要求：建立了满足本组织服务、经营、管理要求的标准体系，并在标准体系文件批准发布后，进行了有效实施。

（2）对标准化机构和标准化人员提出的要求：设有专门的标准化管理机构，配备专职或兼职人员，标准化职责明确。

（3）对员工提出的要求：全体员工应经过标准化专业知识培训，熟悉企业方针、目标和本部门、本岗位的职责、权限，掌握本岗位工作所执行的各项标准要求。

（4）对管理者提出的要求：最高管理者、中层管理者及关键部门和岗位的工作人员，应熟悉国家有关的法律法规和规章制度，掌握服务业组织标准体系文件的有关内容。

上述4项是对被评价服务业组织提出的基本要求。只有达到这些要求后，服务业组织标准体系的建设工作才算是基本完成，才能进入标准体系评价阶段。

（二）组织机构和人员

1. 评价的组织机构

标准体系评价应由相应的评价组织来完成。评价组织应由熟悉标准化工作和相关业务工作的人员组成，评价任务和职责明确。

评价标准体系评价一般分为两类：一类是外部评价，由有关部门或委托相应机构成立评价组织；一类是内部评价，由服务业组织自己组织评价组开展评价，并可聘请外单位专业人员参加评价工作。评价组织成员的多少，应根据评价工作量的大小和所涉及的专业来确定，既要保证评价工作质量，又要尽可能减轻被评价组织的经济负担。

评价组织的责任和义务：

（1）严格按照评价依据对服务业组织建立并运行标准体系进行评价。

（2）客观、公正地开展评价工作，如实反映评价活动中发现的问题。

（3）严格按照评价计划要求的时间、地点、范围、方法和程序进行评价，对出具的评价报告负责。

（4）评价后，评价组对评价效果、问题、不合格项产生的原因及改进建议向被评价的服务业组织说明，以便进一步改进标准体系。

评价组织应设评价组组长，全面负责评价工作，组织制定评价计划或方案，协调处理评价过程中出现的有关问题，组织全体评价人员研究确定评价结论、分析不合格项原因及改进意见，主持编写评价报告等。

2. 评价人员

评价人员至少应具备以下几个条件。

（1）对评价人员的标准化政策、法规和专业知识要求：熟悉国家有关标准化方针、政策和法律法规，并掌握服务业组织标准化工作指南系列国家标准和相关专业知识。

（2）要求评价人员对被评价组织所处行业有所了解，并熟悉被评价组织的服务、经营、管理过程；熟悉被评价组织的行业特点，能识别和预见该组织在服务、经营、管理过程中存在的问题。

（3）对评价人员的资质、经验和评审技能要求：具有大专以上学历和中级以上职称，具有一定工作经验，有组织管理和综合评审能力，能够解决评价过程中出现的实际问题。

（4）对评价人员的职业道德要求：遵纪守法，坚持原则，实事求是，保守被评价组织的商业秘密。

标准体系评价是一项专业性比较强的工作，特别是服务业组织标准体系评价，在很大程度上依赖评价人员的知识水平、技能和经验，因此对评价人员的要求比较高。评价人员要严格地遵守评价纪律，参与制订评价计划或方案应按评价原则要求，认真进行各项检查、验证工作，详细填写记录、评分表和不合格报告，对不合格项提出改进建议和意见。

（三）评价的程序和方法

1. 评价的程序

（1）成立评价组织。

（2）制订评价计划，确定评价方法、指标体系和判定规则。

要制订评价计划，一般包括评价目的、评价依据、评价方法、评价内容和要求、任务分工、时间、地点等。评价计划或方案一般应事先与被评价的服务业组织进行沟通，征得其同意后，方可实施。

要结合被评价组织的实际，按照评价要求，建立科学的评价的指标体系。例如，对体系文件的评价，应明确标准覆盖率指标、标准适用性指标等。标准体系的有关指标，在 GB/T 24421—2009《服务业组织标准化工作指南》系列国家标准中已提出了相关的要求，但应结合被评价组织的实际情况进行取舍或具体化。标准体系实施效果的指标确定，一般从服务质量、安全环保保证能力、经济社会效益等方面考虑，例如"满意度"是衡量服务质量的指标。当然，对于不能给出具体指标的项目，也应有一个明确的要求，建立指标体系后，应明确各项指标合格与否的判定规则。

（3）评价准备：除做好评价人员的确定、成立评价小组、制定评价计划外，还应编制检查记录表、评分表、调查表、汇总表，准备评价所需的工作文件（包括有国家标准、行业标准文本和标准目类，以及标准化方面的法律法规、文件等）、必要的测量工具、验证方案等。

评价人员在进行评价之前，要仔细阅读服务业组织提交的有关文件，特别是标准体系表和标准体系文件，了解服务业组织的服务、经营、管理状况。

（4）评价实施：评价实施要按照评价计划进行。

第一，召开首次会议。首次会议由评价组全体成员、被评价服务业组织最高管理者及有关人员参加，由评价组组长主持。首次会议议题包括：介绍评价组成员及分工；说明评价目的、范围、方法和程序；被评价服务业组织介绍其基本情况、标准体系建立和运行情况；评价人员提出疑问，进一步了解被评价服务业组织的有关情况；明确被评价服务业组织保密和限制的区域；被评价服务业组织领导部署评价配合工作；评价组组长宣布确认工作开始。

第二，评价人员按照分工分别进行评价工作。结合服务业组织标准化工作基本情况，对标准体系文件、标准体系实施过程、标准体系实施效果进行评价，做出评价记录，给出各单项的评价结果。

第三，召开评价小组会议，对评价的全部内容进行全面分析、总结，经集体讨论，提出评价结论，对不合格项或严重缺陷提出改进的建议。

第四，召开末次会议。末次会议由评价组成员、被评价服务业组织最高管理者和有关人员参加，会议主要包括：简要介绍评价过程，宣布评价结论，通报评价过程中发现的有关问题并提出改进建议。对于评价结论、不合格项及有关问题，被评价服务业组织提出不同意时，可进行复核和澄清。

第五，编写评价报告。按照要求编制评价报告。

第六，评价结果处置。根据评价结果和评价组提出的改进意见，被评价服务业组织要制定改进措施，进一步完善标准体系，提高实施效果。

2. 评价的方法

标准体系评价一般采用下列方法。

（1）查看记录和报告。

（2）过程验证。

（3）观察、提问。

（4）满意度测评。

上述方法中"查看记录和报告""观察、提问"是经常采用的评价方法。"过程验证"方法比较复杂，但往往能获得比较可靠的证据，必要时可采用。"满意度测评"是考察服务质量的有效方法。当然，根据评价的需要，评价组也可以采用其他更有效的方法。无论采用什么方法，其目的都是要获得真实、可靠的数据。

（四）评价的内容和要求

1. 标准体系文件评价

（1）体系完整性评价：主要经营活动的标准覆盖情况。

体系完整性评价主要通过分析服务业组织的服务、经营、管理等各个环节，对照标准明细表，检查该有的标准是否具备，并计算标准的覆盖率。对于涉及服务质量、安全、环境保护等重要标准，以及有关法律法规规定必须具备的标准，而体系中缺少的，一般应视为严重不合格项，其余的应视为一般不合格或缺陷。

（2）体系规范性评价：标准体系框架、标准体系表、标准明细表、标准汇总表和标准文本。

体系规范性评价主要是对照有关国家标准检查体系结构是否合理，以及标准文本编写质量等内容。

（3）体系协调性评价：标准与相关法律法规之间的协调性，标准之间的协调性。

体系协调性评价主要是检查标准体系的外部协调性和内部协调性。外部协调性主要考虑体系文件与有关法律法规和国家有关政策，以及现行的国家标准、行业标准、地方标准的协调性；内部协调性主要是考虑体系内容各标准之间及标准各项规定之间的协调性。

（4）体系有效性评价：满足经营活动需要的情况，保证体系正常运行及持续改进的有关措施。

体系有效性评价主要是检查标准体系文件对服务业组织各项活动的支撑作用，包括保障安全、保护环境、保证服务质量、提高工作效率、降低成本等多个方面；同时，还要检查保证体系正常运行及持续改进的有关措施是否有效等内容。

2. 标准实施评价

由于标准体系中的标准较多，不可能每一个标准实施都要评价，可以采取抽样的方法，只对部分重要标准的执行情况进行评价，其中，单项标准的实施效果评价可与标准体系实施效果评价结合进行。

3. 标准体系实施效果评价

（1）效益评价：应对服务业组织通过建立和实施标准体系，提高服务效率、降低服务成本、增强市场竞争力、提高经济效益和社会效益等方面进行评价。

要严格进行该项评价比较困难，可根据事先确定的评价指标，收集有关数据，通过测算得出较为准确的结论。

（2）服务质量评价：主要有服务质量特征评价和满意度测评。

①服务质量特性评价：对服务质量的功能性、安全性、时间性、文明性、经济性进行评价。

服务质量特性评价主要是指考核服务业组织按标准提供的各项服务，在功能性、安全性、时间性、文明性、经济性等方面实现的程度，一般按下列要求进行评价。

功能性：对照标准规定的服务项目的功能，对每项服务通过检查、验证等方法，证明其是否达到预期的功能和顾客要求。

安全性：标准中应有明确的保证顾客人身、财产安全的设备、设施、人员和措施方面的要求。通过检查、验证等方法，证明其是否达到预期的安全效果。安全性一般包括文字或图形的安全提示，为顾客或财产提供运输、贮存、包装、交付和保护的有效控制，安全方面的应急预案或措施等。

时间性：对时间有要求的服务提供，标准中应规定等待和服务提供过程的时间。通过时间测量，证明其是否达到标准规定的时间要求。

文明性：应对各种文字、图示、影像的说明、指南或宣传广告，服务员的服装、仪表，服务员与顾客接触和沟通的语言、动作等做出规定。通过观察、考察等方法，证明其是否达到预期文明程度，主要包括设计、产品说明书、广告、文明用语、企业文化、诚信、员工素质等。

经济性：标准应对服务和经营活动的经济指标做出明确的规定，各项服务应明码标价。向顾客提供产品或服务的质量与顾客交付的费用是否合理，组织自身的各项能源、材料的消耗是否降至最低等方面，通过测算，综合分析其经济性状况。

②满意度测评：通过发放调查问卷、电话访问或网上调查等方式进行顾客满意度测评。调查的内容应全面反映服务质量要求，调查的范围应尽可能广泛。通过对调查反馈的信息进行统计计算，给出满意度测评结果。

"满意度测评"是评价服务质量高低的有效手段。测评方法可参照国家标准委等六部（委、局）《关于推进服务标准化试点工作的意见》附件3的有关规定进行。

（五）数据分析、处理和评价报告

对评价过程获得的数据进行分析、处理，给出各评价单项的评价结果，汇总各单项评价结果，给出标准体系评价结论，出具评价报告。

评价报告一般应包括以下内容：

（1）评价报告的名称、编号；

（2）评价的时间、地点、参加人员；

（3）评价的目的、范围；

（4）评价的简要过程、对被评价服务业组织的肯定、发现的问题及改进建议；

（5）评价结论。

认真分析、处理评价过程中获取的有关数据，给出评价结论，出具评价报告，是评价工作的重要环节。评价结论要客观真实地反映被评价服务业组织的实际情况，评价报告内容要齐全，格式要规范，体现评价工作的严肃性。

服务标准化试点评估计分表——标准实施部分见表 6-1。

表 6-1　服务标准化试点评估计分表——标准实施部分

项　目	分　项	内容和要求	评分标准
三、标准实施与持续改进（30 分）	3.1 标准实施	标准宣贯和培训（2 分）	a) 实施了标准宣贯和培训； b) 各岗位人员掌握相关标准，具有一定的标准化知识情况
		标准实施准备（2 分）	a) 有标准实施的措施； b) 具备标准实施的必要条件
		★标准实施情况（10 分）	a) 有标准实施记录，并将各环节形成的数据和有关情况及时反馈； b) 检查服务过程中标准的执行情况，确认实施过程中的各个环节和岗位是否达到标准的要求； c) 服务行为规范，服务质量满足标准要求； d) 试点区域 50% 以上服务组织参与标准实施； e) 标准实施率 90% 以上
		标准实施检查（8 分）	a) 有标准实施检查的制度； b) 确定了标准实施检查的机构和人员职责、权限明确； c) 制订了开展标准实施检查工作计划（或日常检查程序）； d) 定期组织检查，实施检查记录和问题处理记录的保持完整

◆◆　**复习思考题**

1. 简述服务标准实施基本原则。

2. 简述服务标准实施方法。

3. 举例服务标准实施程序。

4. 简述标准实施评价的准备内容。

5. 简述标准实施评价内容。

第七章　我国服务标准化试点

掌握:服务业标准化试点工作的实施;社会管理和公共服务综合标准化试点实施;基本公共服务标准化试点实施。

熟悉:服务标准化试点实施步骤;不同类型服务标准化试点项目的建设要求。

了解:服务标准化试点的基本情况;服务业组织标准化工作案例。

我国服务标准化试点

第一节　服务标准化试点简介

2007年3月,国家标准化管理委员会联合国家发展和改革委员会、民政部、商务部、体育局、旅游局等六部门联合下发了《关于推进服务标准化试点工作的意见》,在全国服务业组织中全面启动了服务标准化试点建设工作。开展服务标准化试点即通过政府引导,社会参与和市场化运作,启动一批服务业示范工程项目。服务标准化试点作为整个服务标准化工作的前期实践,其建设过程中的相关经验将对整体工作产生积极的指导性作用,同时试点的示范和辐射带动作用也将进一步扩大服务标准的覆盖范围,最终基本达到整体全局规划与具体试点推广相结合的效果,使得战略规划与具体实践相统一,促进全国服务业健康、快速发展。

为落实《国家基本公共服务体系"十二五"规划》(国发〔2012〕29号)和《社会管理和公共服务标准化工作"十二五"行动纲要》(国标委服务联〔2012〕47号),为加快推进社会管理和公共服务领域标准化试点建设,发挥标准化对加强和创新社会管理、提升公共服务水平的作用,通过标准化提升社会管理科学化水平,促进基本公共服务均等化,2013年8月,国家标准化管理委员会联合有关部门组织制定了《社会管理和公共服务综合标准化试点细则(试行)》(国标委服务联〔2013〕61号)。根据中央关于加强和创新社会治理、建立健全公共服务体系的要求,社会管理和公共服务综合标准化试点的创建要围绕保障和改善民生、转变政府职能、建设服务型政府的内在需求,结合地区、行业发展特色及优势,按照"政府推动、部门联合、自愿申报、有序实施"的原则开展。

按照中共中央办公厅、国务院办公厅印发的《关于建立健全基本公共服务标准体系的指导意见》要求,国家市场监管总局、国家发展改革委、财政部决定选择一批市、县开展国家基本公共服务标准化试点。2019年7月,国家市场监管总局、国家发展改革委、财政部印发《关于下达国家基本公共服务标准化试点项目的通知》(国市监标技〔2020〕49号)。国家基本公共服务标准化试点是由国家市场监管总局、国家发展改革委和财政部会同有关行业主管部门共同组织，以市、县级人民政府为对象，以梳理基本公共服务事项、完善基本公共服务标准体系、探索基本公共服务标准实施机制、建立基本公共服务数据库等为重点。

对服务标准化试点项目的建设要求对比分析见表7-1。

表7-1　服务标准化试点项目的建设要求对比

项目类型	主要参考依据	主要建设内容
服务业标准化试点	《关于推进服务标准化试点工作的意见》	基本要求
	《服务业标准化试点实施细则》	标准体系
	《服务业标准化试点评估计分表（试行）》	标准实施与持续改进
		绩效评估
社会管理和公共服务综合标准化试点	《社会管理和公共服务标准化工作"十二五"行动纲要》	基本要求
	《社会管理和公共服务综合标准化试点细则（试行）》	标准体系
	《社会管理和公共服务综合标准化试点评估计分表(试行)》	标准实施与改进
		建设成效
基本公共服务标准化试点	《关于建立健全基本公共服务标准体系的指导意见》	服务事项
	《关于下达国家基本公共服务标准化试点项目的通知》	编制标准
		标准实施
		数据库

第二节　服务业标准化试点

服务业标准化试点是由国家标准化管理委员会和国家发展和改革委员会牵头并会同国务院有关部门和地方标准化主管部门、地方行业主管部门共同组织，开展以建立和实施服务业标准体系为主要内容，以实现管理规范、服务质量良好、顾客满意度高为目标的探索性活动。

试点分为国家级试点和省级试点。国家级试点工作由国家标准化管理委员会和国家发展和改革委员会牵头组织和管理，并会同国务院相关部门共同推进。省级试点工作由各省、自治区、直辖市市场监督管理局及发展和改革委员会牵头组织和管理，并会同相关部门共同推进。国家级试点原则上应在省级试点工作成功的基础上建设。国家级服务标准化试点工作流程见图7-1。

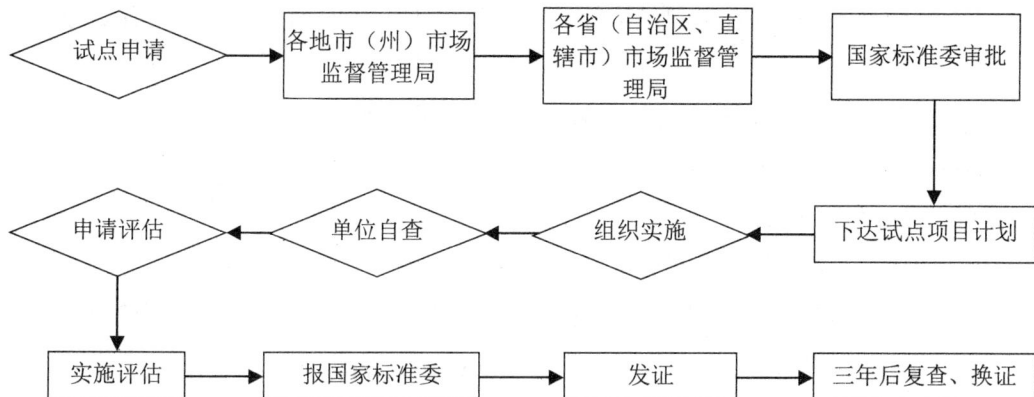

注：各地市（州）市场监督管理局为试点管理单位

图7-1 国家级服务标准化试点工作流程

一、基本原则

服务业标准化试点工作按照"政府推动、部门联合、企业为主、有序实施"的模式进行推进。推进试点工作应遵循以下原则：

（1）标准的制定与行业发展要求相结合。服务标准的制定过程和实际内容要体现行业特点，满足行业发展需求，内容及时更新。

（2）标准的实施与规范行业行为相结合。服务标准的实施过程要立足于规范服务业行为，提高服务业管理水平和市场竞争力，维护服务提供者和消费者的合法权益。

（3）标准的实施效果评价与持续改进相结合。推广实施服务标准要因地制宜、注重实效，要通过对实施效果的评估，不断摸索和总结经验，修订标准、改进实施方法，不断提高服务标准化效果。

（4）试点效果与创建服务品牌相结合。将创建服务品牌作为衡量实施效果的重要指标，引导服务企业向标准化、品牌化的方向发展。

二、试点的条件、申请与受理

试点单位可以是服务性企事业单位、一定行政区域内的服务行业、服务企业较集中的区域及区域性综合服务机构（以下分别简称试点企业、试点行业、试点区域）。

（一）试点企业具备的基本条件

（1）具备独立法人资格，能够独立承担民事责任。

（2）诚信守法，企业三年内未发生重大产品（服务）质量、安全健康、环境保护等事故，未受到市级以上（含市级）相关部门的通报、处分和媒体曝光。

（3）服务能够体现行业特色，对其他行业具有明显的示范带动作用。

（4）企业的市场占有率和经济效益排名位于本地区同行业前列，具有良好的发展潜力。

（5）具有一定的标准化工作基础，设立标准化管理机构并配备专兼职标准化人员，最高管理者具有较强的标准化意识。

（二）试点行业和试点区域

（1）所在地政府重视标准化工作，能够为试点提供政策、资金及其他支持。

（2）开展试点的行业应为当地的支柱产业，在地方国内生产总值中占有较大比例。

（3）试点行业和试点区域应由统一的管理机构作为组织实施部门。

（4）试点行业和试点区域内的主要服务企业应当自愿参与，参与试点的企业数不得少于本行业或本区域内服务企业总数的50%。

试点申请由服务性组织/区域自愿提出，填写申请表、任务书、实施方案，并经试点承担单位、保证单位、参加单位及管理单位盖章后上报。

试点申请由省、自治区、直辖市市场监督管理局负责受理。受理单位应在接到申请后的10日内完成对申请单位提交的申请材料与试点企业、试点行业、试点区域要求的符合性进行审核。

对于符合条件的申请单位，由省、自治区、直辖市市场监督管理局和发改委等有关部门，并汇总报国家标准化管理委员会，由国家标准化管理委员会商国家发展和改革委员会确定后下达。

三、试点工作的实施

（一）试点工作的主要目标

（1）试点单位服务提供的各个环节应有标准可依，标准齐全。标准覆盖率达到80%以上。

（2）与本行业、本单位有关的国家标准、行业标准、地方标准和企业标准应得到有效实施，实施率达到90%。

（3）试点单位的服务质量符合标准要求，服务行为规范，顾客满意度达到90%以上。

（4）形成具有行业特点与优势的服务品牌。

（二）试点工作的主要任务

（1）试点单位应成立由主管领导任组长的试点工作领导小组，对试点工作进行统一领导、统一组织、统一协调、统一实施。

领导小组的主要任务是：确定试点工作的具体目标，组织编制试点实施方案，结合实际制订试点工作的规划计划、实施步骤和保障措施；协调部门分工，分解目标和任务，督促任务落实；组织标准的宣传培训，开展标准的实施和实施效果的评价；总结各阶段工作。

（2）试点工作的主要任务包括以下几点。

①建立健全标准体系。试点单位应根据服务提供的实际需要构建科学合理、层次分明、满足需要的标准体系框架，编制标准体系表。标准体系应在组织内部有效运行。

②制定相关服务标准。试点单位应围绕顾客需求，结合生产经营实际，确定标准化对象。搜集并采用现行的相关国家标准、行业标准、地方标准及法律法规；若无相应国家标准、行业标准、地方标准的，应制定企业标准。制定企业标准时，应积极采用国际标准。

③开展标准的宣传培训。试点单位应有计划地对管理、工作人员开展标准化基本理论和标准化专业知识的培训，提高服务业标准化意识；结合本行业、本单位的实际需要，开展各类相关标准的宣传与培训，使全员了解、熟悉并掌握标准要求，增强执行标准的自觉性。

④组织标准实施。试点单位应确保纳入标准体系表的所有标准得到实施，尤其是服务提供过程每个环节的标准均应制定实施方法和措施，确保标准的有效实施。

⑤开展标准实施评价。试点单位应建立标准实施情况的检查、考核机制，定期组织内部检查和自我评价。

⑥制定持续改进措施。试点单位应建立持续改进的工作机制，定期总结试点工作中的方法、经验并在此基础上加以推广应用，对标准实施过程中发现的问题应及时提出修订标准的建议，在不断完善标准中改进和提升服务质量。

⑦创建行业品牌。试点单位应积极开展"标准提升服务质量行动"，以标准化、规范化管理为手段，以提高服务质量和水平为目的，争创本行业服务品牌。

四、试点的评估

试点的评估由国家标准化管理委员会组织，具体评估工作委托试点所在省、自治区、直辖市标准化行政主管部门负责，省发展和改革委员会及相关部门参加。评估工作可适时邀请国家标准委、国家发展改革委及有关部门共同参与，并积极发挥中介组织和行业协会的作用。

试点工作一般为2年，标准体系应运行半年以上方可申请评估。试点期满前3个月，试点单位应按照试点任务书和服务业标准化试点评估计分表内容进行自查，自查合格的，逐级向省、自治区、直辖市标准化行政主管部门提出评估申请，并填报评估申请表。

试点单位试点期间如发生过重大质量、安全、环保等事故的，或受过通报批评、处分、媒体曝光的，将不予受理。

根据需要，可成立评估组开展评估工作。评估组由标准化、有关行业专家和管理人员组成，成员一般为3~5人。专家的选取应主要来源于各省、自治区、直辖市建立的专家库。评估组依据评估计分表对试点单位进行现场考核评估，并根据试点单位的实际情况制定评估方案。

现场考核评估程序：

（1）宣布评估组成员、评估程序及有关事宜。

（2）评估组听取试点单位工作汇报。

（3）查阅必备的文件、记录、标准文本等资料。

（4）考核服务现场。

（5）随机调查消费者满意程度。

（6）依据评估计分表进行测评。

（7）形成考核评估结论。

（8）评估组向试点单位通报评估情况，提出改进意见和建议。

评估组向省级标准化行政主管部门提交试点评估报告。评估得分达到80分以上的试点为合格。

省、自治区、直辖市市场监督管理局会同有关行业主管部门，根据评估报告和申请材料，确定并公布对试点评估的结果。对未通过评估的试点单位提出整改意见，对通过评估的试点单位报国家标准化管理委员会。国家标准化管理委员会会同国务院有关部门对通过评估的国家级试点单位发放"服务标准化（试点）单位"证书，证书有效期为3年。

五、试点的管理

试点单位所在省、自治区、直辖市标准化行政主管部门应当会同当地发展和改革委员会及行业主管部门，加强对试点工作的管理，指导试点单位按照试点工作的有关要求推动服务标准的实施，及时向国家标准化管理委员会报告试点工作进展情况。各级市场监督管理局会同发展和改革委员会及相关行业主管部门应及时总结服务业标准化成功经验，采用多种形式加大服务业标准化试点成果的宣传，不断增强全社会的服务业标准化意识。

各级市场监督管理局会同发展和改革委员会及相关行业主管部门应对试点合格单位进行跟踪考核，发现不符合标准或发生重大责任事故的单位，将限期整改或上报国家标准化管理委员会。国家标准化管理委员会可视情节做出书面警告、通报批评或撤销证书的处理。证书被撤销的，两年内不得重新申请试点。

各省、自治区、直辖市市场监督管理局应及时总结试点工作取得的成果，推广标准体系建设及标准实施等方面的经验，并向国家标准化管理委员会提出工作建议和意见。

各省、自治区、直辖市应建立专家库。专家一般应具备大专以上学历和中级以上技术职称；从事标准化工作5年以上；具有较扎实的专业知识，具备一定的组织管理和综合评审能力。

六、试点的复查

复查工作由国家标准化管理委员会统一领导，各省、自治区、直辖市标准化行政主管部门负责组织实施。复查对象为已获得"服务标准化（试点）单位"证书且有效期届满的单位。复查工作应制度化、规范化、程序化，坚持科学、公正、公平、公开的原则，并建立长效机制。

"服务标准化单位"证书有效期届满前3个月，试点单位可向所在地的省、自治区、直辖市标准化行政主管部门提出复查申请，并提交复查自检报告和复查申请表。逾期不提交的视为自动放弃。

各省、自治区、直辖市市场监督管理局会同有关部门对本区域内提交申请的试点单位进行复查，并在收到申请材料之日起1个月内组织专家完成复查工作。

复查期间如申请单位发生重大质量事故或标准化体系运行出现重大问题，则停止复查工作；如申请单位有弄虚作假行为，一经发现，则停止复查工作并通报批评。

参与复查工作的有关人员如有违规行为，将取消其参与复查工作资格，并通报相关单位。

复查工作在进行时按照以下步骤进行。

（1）成立复查专家组。复查专家组应由标准化、相关专业领域的技术专家及管理人员组成。专家组成员人数一般为2~3名，申请单位复查时间一般为1~2天。

（2）复查申请材料评价。专家组对申请单位复查申请材料依据相关标准和文件进行评价。

（3）现场复查。申请材料符合要求的，专家组对申请单位进行现场复查。主要包括对标准体系文件的审查及现场抽查两个方面内容。专家组对申请单位建立标准体系的适宜性、有效性及标准化工作情况予以审查。可采取查阅相关文件、记录、向相关人员提问等方式进行。对不合格项及有关问题做好现场记录，填写评分表。

（4）形成复查结论。专家组根据现场审核结果，集体讨论后，提出结论意见，并就有关问题与被复查单位沟通。

复查工作完成后，各省、自治区、直辖市市场监督管理局应将列入国家试点的复查自检报告、复查申请表和单位复查报告上报国家标准化管理委员会备案。经复查合格的试点单位，由国家标准化管理委员会换发"服务标准化单位"证书。

《服务业标准化试点评估计分表（试行）》详见表7-2。

表7-2　服务业标准化试点评估计分表（试行）

项　目	分　项	内容和要求	评分标准	得　分	评估记录
一、标准化工作基本要求（10分）	1.1 机构管理	领导机构（2分）	a) 成立了有主管领导负责的标准化领导机构； b) 规定了领导小组的主要任务，工作有效		
		工作机构（1分）	a) 有标准化专/兼职工作机构，规定了标准化工作职责； b) 提供了必要的工作条件		
	1.2 人员管理	专兼职工作人员配备及职责，标准化教育和培训（2分）	a) 任命了专（兼）职标准化人员，并明确其职责； b) 有专（兼）职标准化人员接受标准化教育和培训的证明资料，人员能力满足工作需求		
	1.3 工作管理	制定与本组织相适应的标准化工作制度，并形成规范性文件（1分）	a) 有标准化管理办法（标准）； b) 建立了明确的监督检查制度（园区试点、区域试点或行业试点内各相关单位还应签订共同遵守的标准化公约或责任书，建立协调自律机制）		
		对组织所开展的标准化活动进行策划、安排，以及加强对各环节的管理（3分）	a) 有工作规划，明确试点工作内容、目标和总体要求，试点各部门（或园区、区域、行业内各单位）有相应的工作计划，任务明确，责任到人； b) 有试点实施方案，对总体目标进行分解，明确阶段目标、工作步骤和保障措施，方案中包括了标准实施计划； c) 召开动员大会或采用其他形式进行广泛动员，组织有关部门（或单位）有计划、有步骤地开展服务标准化活动		

项　目	分　项	内容和要求	评分标准	得　分	评估记录
一、标准化工作基本要求（10分）	1.4 信息管理	信息收集、整理、更新、分析和综合利用，以及记录和保存（1分）	a) 有信息的收集渠道，建立标准化信息库并及时更新，利用信息化手段开展标准化工作； b) 对标准信息进行了综合利用，提出结合组织实际的标准化措施建议。建立并保持了标准体系重要事项的记录		
二、标准体系（40分）	2.1 基本要求	标准体系总体要求（1分）	符合国家安全、卫生、环境和保护消费者合法权益等有关法律法规的要求，符合行业特点和试点经营管理实际		
		体系规范性（2分）	a) 标准体系框架、标准体系表、标准明细表、标准汇总表和标准文本符合 GB/T 24421—2019 和 GB/T 13016—2018、GB/T 13017—2018、GB/T 1.1—2020 的规定； b) 标准文本结构合理、层次分明、内容具体，文字表达准确、严谨、简明、易懂，术语、符号统一		
		体系完整性（3分）	a) 标准体系构成合理、结构完整，包括通用基础、服务保障和服务提供子体系； b) 结合试点实际覆盖了主要经营活动的各个环节，包括服务质量、安全、环境保护等重要标准，以及有关法律法规要求必须具备的标准； c) 覆盖了试点服务提供过程的各环节，标准覆盖率要达到80% 以上		
		体系协调性（2分）	a) 标准与相关法律法规协调； b) 标准体系内各标准之间协调		

续　表

项　目	分　项	内容和要求	评分标准	得　分	评估记录
二、标准体系（40分）	2.1 基本要求	体系有效性（3分）	a) 标准体系体现行业特点，满足试点发展实际； b) 标准体系能满足试点目标任务的完成； c) 标准体系文件具有可操作性和可检查性，能对服务组织各项活动（保障安全、保护环境、保证服务质量、提高工作效率、降低成本等）起到支撑作用，能保证体系正常运行及持续改进的措施有效		
	2.2 服务通用基础标准	具有标准化导则、术语和缩略语、符号与标志等标准（1分）	有适用的符号与标志、标准化导则、术语和缩略语等通用基础标准，能满足服务组织需要		
	2.3 服务保障标准	环境标准（2分）	环境条件和环境保护标准充分适宜		
		能源标准（2分）	能源的管理及用能和节能工作措施标准充分适宜		
		安全与应急标准（4分）	为使顾客生命和财产在服务过程中不受伤害，或者在发生突发事件时能有效降低损失而制定的标准充分适宜		
		职业健康标准（1分）	针对工作人员从事职业活动中的健康损害、安全危险及其有害因素制定的标准充分适宜		
		信息标准（1分）	信息通用、信息应用和信息管理标准充分适宜		
		财务管理标准（1分）	财务活动中的成本核算和收支等方面制定的标准充分适宜		
		设施、设备及用品标准（1分）	设施、设备及用品配置、使用、停用和报废等制定的标准充分适宜		
		人力资源标准（1分）	员工资质、聘用、培训和考核等制定的标准充分适宜		
		合同管理（1分）	合同实施管理的标准充分适宜		
		其他适用标准（1分）	结合试点单位实际应具备的其他服务保障标准		

项　目	分　项	内容和要求	评分标准	得　分	评估记录
二、标准体系（40分）	2.4 服务提供标准	服务规范（2分）	a) 规定了从功能性、安全性、时间性、舒适性、经济性、文明性等六个方面服务应达到的水平和要求； b) 包括接待和受理服务要求、服务组织和实施要求、服务验收和结算要求、售后服务要求		
		★服务提供规范（5分）	a) 提供服务的方法和手段； b) 服务流程和环节划分的方法和要求，以及各环节的操作规范等； c) 岗位职责； d) 服务提供过程中预防性及特殊性措施要求； e) 其他适用的标准		
		服务质量控制规范（3分）	a) 服务提供控制措施标准； b) 对顾客抱怨等不满意的处置标准； c) 对不合格服务的纠正与管理标准； d) 预防性及特殊性措施的要求； e) 质量争议处置的管理标准； f) 其他适用的标准		
		运行管理标准（2分）	根据试点单位的战略要求，对运行过程的规划、实施和控制的标准充分适宜		
		服务评价和改进标准（1分）	对体系有效性、适宜性和顾客满意度评价和体系改进的标准充分适宜		

续 表

项　目	分　项	内容和要求	评分标准	得　分	评估记录
三、标准实施与持续改进（30分）	3.1 标准实施	标准宣贯和培训（2分）	a) 实施了标准宣贯和培训； b) 各岗位人员掌握相关标准，具有一定的标准化知识情况		
		标准实施准备（2分）	a) 有标准实施的措施； b) 具备标准实施的必要条件		
		★标准实施情况（10分）	a) 有标准实施记录，并将各环节形成的数据和有关情况及时反馈； b) 检查服务过程中标准的执行情况，确认实施过程中的各个环节和岗位是否达到标准的要求； c) 服务行为规范，服务质量满足标准要求； d) 试点区域 50% 以上服务组织参与标准实施； e) 标准实施率 90% 以上		
		标准实施检查（8分）	a) 有标准实施检查的制度； b) 确定了标准实施检查的机构和人员职责、权限明确； c) 制定了开展标准实施检查工作计划（或日常检查程序）； d) 定期组织检查，实施检查记录和问题处理记录保持完整		
	3.2 自我评价和持续改进	自我评价（2分）	a) 对评价工作进行了必要的准备，确定了评价方案，明确了评价方法和评价指标体系； b) 对标准实施的符合性和实施效果进行了评价，形成了评价报告		
		持续改进定期总结试点工作中的方法、经验并在此基础上加以推广，在不断完善标准中改进和提升服务质量（6分）	a) 建立了服务标准化工作持续改进的程序或制度，有持续改进的工作方案或计划； b) 针对标准实施检查和自我评价等发现的问题实施了持续改进，及时提出修订标准的建议； c) 有持续改进的记录		

续　表

项　目	分　项	内容和要求	评分标准	得　分	评估记录
四、绩效评估（20分）	4.1 顾客满意度测评	通过内外部顾客满意度测评，结合《意见》附件3进行测评（8分）	综合顾客满意度：95%以上得8分；90%～95%得5分；低于90%得0分		
	4.2 效益	经济效益（4分）	比试点前提高10%以上得4分，提高5%得2分		
		社会效益（4分）	有证据表明社会效益在全国显著提高的得4分，全省显著提高的得3分，全市显著提高的得2分		
	4.3 品牌效应	品牌效应（2分）	获国家级知名品牌得2分，省级知名品牌得1分		
	4.4 标准化创新	标准化创新（2分）	试点在如下方面取得业绩： a) 承担全国标准化技术委员会/分技术委员会/工作组秘书处工作； b) 获标准创新贡献奖； c) 参与省级以上标准制定； d) 参与省级以上标准化科研； e) 获市级以上标准化工作表彰		

注：

1. 评估依据《关于推进服务标准化试点工作的意见》（简称《意见》）、《服务业标准化试点实施细则》（简称《细则》）、GB/T 24421—2009《服务业组织标准化工作指南》系列国家标准等。

2. 本评估记分表包括四部分38个分项目，每项均规定了评分标准。评估组应按照评分标准和实际情况逐项填写评估得分，"评估记录"栏应填写评估中相关说明，未得满分项的需记录存在问题。

3. 表中前三部分各项应具备而不具备的，不得分；不完善的可酌情扣分；因行业的不同，确属不需具备的项目，不扣分。

4. 重点项（＊）原则上要求得分应在该项目满分值的80%以上，评估总得分达80分以上为合格。

5. 试点单位3年内如发生过重大质量、安全、环保等事故的，或受过通报批评、处分、媒体曝光的，不予评估。

第三节　社会管理和公共服务综合标准化试点

为促进我国社会管理和公共服务科学化、规范化，发挥标准化对加强和创新社会管理、提升公共服务水平的作用，推动社会管理和公共服务综合标准化试点工作的有序开展，培育社会管理和公共服务标准化品牌，开展社会管理和公共服务综合标准化试点。

社会管理和公共服务综合标准化试点是指由国家标准化管理委员会联合国务院有关部门共同组织，采用综合标准化方法，开展以制定标准、组织实施标准、对标准实施进行监督为主要内容，以实现管理规范、服务质量良好、公众满意度高为目标，促进提高社会管理科学化水平、推动基本公共服务均等化、加强保障和改善民生的探索性活动。

社会管理和公共服务综合标准化试点工作由国家标准化管理委员会联合国务院有关部门统一部署，制定试点工作相关方针政策、编制规划和计划、组织和协调相关工作。各省、自治区、直辖市标准化行政主管部门联合有关部门具体实施。

社会管理和公共服务标准化联席会议负责审核、确定试点。社会管理和公共服务标准化联席会议办公室（下称部级联席办公室）具体承担发布试点征集、下达试点任务、开展试点监督、确认试点评估结果等相关事宜。

省、自治区、直辖市标准化行政主管部门联合有关部门建立省级联席会议制度，并设立省级联席会议办公室（下称省级联席办公室），具体承担辖区内标准化试点的征集、初核、上报、评估等相关管理事宜。

省、自治区、直辖市标准化行政主管部门应当联合有关部门共同争取省级人民政府对试点工作的政策和资金支持，推动试点建设。试点所在区域的地方人民政府可以作为试点的保证单位或者承担单位，根据实际需要成立试点工作领导小组。

一、基本原则

试点工作应当按照政府推动、部门联合、自愿申报、有序实施的总体要求开展。

试点工作应当遵循以下几条原则。

（1）与创新社会管理，提升公共服务水平，建设服务型政府需求相结合。

（2）与规范服务行为，提升服务质量，维护服务提供者和公众的合法权益相结合。

（3）与维护社会公平正义，促进公共服务均等化相结合。

二、试点的条件、申请与受理

试点单位原则上应当是具有社会管理、公共服务职能的机构或者组织。主要包括政府主导、依法承担对社会事务和社会生活进行管理、规范与协调等职能的机构或者组织，以及由政府主导、具有提供与经济社会发展水平和阶段相适应、旨在保障全体公民生存和发展基本要求等基本公共服务和公共物品的机构或者组织。

试点单位应当具备下列几个基本条件。

（1）具有明确的社会管理、公共服务职能，能够独立承担法律责任。

（2）具有一定的标准化工作基础，有标准化管理机构及专兼职标准化人员，主要负责人具有较强的标准化意识。

（3）3年内未发生重大服务质量、安全、环境保护等事故，未受到相关部门的通报批评、行政处分，以及被媒体曝光造成严重社会影响。

（4）所在地政府重视标准化工作，能够为试点创建提供政策、资金及其他支持。

自愿申请试点的单位应当填写试点申请书。经试点承担单位、参加单位、保证单位、业务指导单位及管理单位同意后报送。

试点由各省、自治区、直辖市相关行业主管部门组织推荐，经审查符合规定的，提交省级联席办公室。

省级联席办公室应当组织成员单位对试点申请进行统一审核，确定后以省级联席办公室名义上报部级联席办公室，同时抄送省级人民政府。省级联席会议成员单位可以将有关情况报送国务院相关行政主管部门。

部级联席办公室统一受理试点申请。收到省级联席办公室报送的申请后，应当组织相关成员单位进行审核，对符合要求并协商一致的，由部级联席办公室下达试点建设任务，也可以由国家标准化管理委员会和国务院相关部门联合下达试点建设任务。

三、试点的实施

（一）试点工作主要目标

（1）社会管理和公共服务的各个环节标准齐全。

（2）社会管理和公共服务的标准得到有效实施，服务行为规范，服务对象满意度提升。

（3）树立具有典型特点与优势的社会管理和公共服务形象。

（二）试点工作主要任务

（1）建立健全标准体系或者标准综合体。试点单位应当根据服务提供的实际需要，对规范社会管理或者公共服务行为构建科学合理、层次分明、满足需要的标准体系框架，编制标准明细表，并确保标准体系在组织内部有效运行。

（2）收集和制定相关标准。试点单位应当围绕公众需求，结合实际，确定标准化对象。收集并实施现行的相关国家标准、行业标准、地方标准。无相应国家标准、行业标准、地方标准的，应当制定试点单位内部标准。

（3）开展标准的宣传培训。试点单位应当开展标准化基本理论和标准化专业知识培训，提高管理过程和服务过程标准化意识，使全员了解、熟悉并掌握标准要求，增强执行标准的自觉性。

（4）组织标准实施。试点单位应当对各领域、各环节的标准均采取切实可行的措施，确保纳入社会管理和公共服务标准体系的标准得到有效实施。

（5）开展标准实施评价。试点单位应当建立标准实施情况的检查、考核机制，定期组织内部检查和自我评价，提升管理和服务的标准化水平。

（6）制定持续改进措施。试点单位应当建立持续改进的工作机制，定期总结试点方法、经验，并推广应用。针对标准实施过程中发现的问题，加以改进完善。

（7）创建品牌。试点单位应当争创社会管理与公共服务标准化品牌。

（8）实施记录归档。试点单位应当将相关档案及时归档，并明确保存时限。

（三）试点工作领导小组

试点单位应当成立由主要负责人任组长的试点工作领导小组，对试点创建工作统一领导、统一组织、统一协调、统一实施，具体承担以下工作任务。

（1）组织编制试点实施方案，确定试点工作具体目标、实施步骤和保障措施。

（2）协调部门分工，分解目标和任务，督促任务落实。

（3）总结各阶段工作。

四、试点的评估

试点评估由国家标准化管理委员会联合国务院有关部门共同组织，部级联席办公室承担日常工作。具体评估工作委托试点所在省、自治区、直辖市标准化行政主管部门与相关部门共同开展，省级联席办公室承担日常工作。

试点创建工作期限一般为2~3年。试点建设中期，部级联席办公室适时组织相关成员开展中期评估。试点期满前3个月，试点单位应当按照试点目标和任务进行自查，自查合格的，可以提出评估申请，并填报试点评估申请表，同时提交总结报告。总结报告内容包括组织管理、标准体系建设、标准实施应用、任务完成情况和试点效果等。省级联席办公室组织相关成员单位确定评估方案后报部级联席办公室。省级联席会议成员单位可以将有关情况报送国务院相关行政主管部门。

试点单位标准体系创建并运行未满半年的不得提出评估申请。

省级联席办公室应当组织相关成员单位成立评估组开展试点评估工作。评估组成员一般为5~7人，由标准化、有关行业专家和管理人员组成。其中标准化专家不少于评估组成员总数的1/3。评估专家可以从国家级社会管理和公共服务标准化工作专家库中随机选取。

评估组应当依据评估方案，对照《社会管理和公共服务综合标准化试点评估计分表（试行）》，对试点单位进行现场考核评估。

现场考核评估应当按照下列程序进行：

（1）宣布评估组成员、评估程序及有关事宜。

（2）听取试点单位工作汇报。

（3）查阅相应的文件、记录、标准文本等资料。

（4）考核现场。

（5）随机调查公众满意程度。

（6）对照评估计分表进行测评。

（7）形成考核评估结论。

（8）向试点单位通报评估情况，提出改进意见和建议。

现场考核评估结束后，评估组向省级联席办公室和相关成员单位提交试点评估报告。

省级联席办公室应当组织相关成员单位对试点评估结果进行确认，并报部级联席办公室。报送材料一式两份，包括报送公函，每个试点的评估申请表、试点总结报告和试点评估报告。省级联席会议成员单位可以将有关情况报送国务院有关行政主管部门。部级联席办公室应当组织成员单位对省级联席办公室报送的试点评估结果进行审核，经协商一致后共同确认评估结果。

对评估合格的试点单位，由部级联席办公室发文公布试点合格单位名单，或者由国家标准化管理委员会和国务院相关部门联合发文公布试点合格单位名单，合格结果有效期3年。

对评估不合格的试点单位，部级联席办公室应当责令限期6个月整改，整改结束后重新申请评估。仍未通过评估的，撤销其试点资格。

试点单位在创建试点期间发生重大服务质量、安全、环保等事故，或者受到通报批评、行政处分，以及被媒体曝光造成严重社会影响的，应当终止其试点任务。

五、试点的管理

省级联席办公室应当组织成员单位加强对试点工作的过程管理，指导试点单位按照有关要求推动试点的有效实施。部级联席办公室组织相关成员单位可以适时派出观察员，督导试点进度和质量。

省级联席办公室应当组织成员单位对试点合格单位跟踪考核，发现不符合标准或者发生重大责任事故的，应当责令限期整改，并报部级联席办公室。部级联席办公室应当组织成员单位进行审核，视情节分别做出书面警告、通报批评或者撤销合格的处理。经撤销合格的单位，两年内不得重新申请试点。

省级联席办公室应当组织成员单位总结试点成果，宣传推广标准体系建设及标准实施等经验，并向部级联席办公室及其成员单位提出工作建议和意见。

部级联席办公室应当组织成员单位建立国家级社会管理和公共服务标准化工作专家库，为试点项目审查、试点评估和复审等工作提供智力支持。专家可以从标准化管理部门、标准化科研单位、专业标准化技术委员会和相关行业中遴选。专家一般应当具备本科以上学历和高级以上技术职称，具有较扎实的专业知识，并且从事标准化或者相关业务工作5年以上。

六、试点的复查

复查工作由国家标准化管理委员会联合国务院有关部门统一部署，省、自治区、直辖市标准化行政主管部门与有关部门负责组织实施。

复查对象是试点合格且有效期届满的单位。

复查工作应当实行制度化、规范化、程序化，坚持科学、公正、公平、公开的原则。

试点合格单位在合格有效期届满前3个月，可以向所在地的省级联席办公室提出复查申请，并提交试点复查自检报告和试点复查申请表。逾期不提交的视为自动放弃。

省级联席办公室应当自收到申请材料之日起，组织成员单位对提交申请的试点单位进行复查，并在3个月内完成复查工作。

复查工作应当按下列步骤进行，时间为1~2天。

（1）成立复查专家组。省级联席办公室应当组织成员单位成立复查专家组，成员一般为5~7名，由标准化、相关专业领域的技术专家及管理人员组成，可以从国家级社会管理和公共服务标准化工作专家库中随机选取。

（2）申请材料评价。专家组应当对申请单位提交的复查申请材料依据相关标准和文件进行评价。

（3）现场复查。申请材料符合要求的，专家组应当对申请单位进行现场复查。现场复查包括审查标准体系文件及现场抽查两个方面。重点查看标准化工作运行机制和有效性评价等制度情况；标准化规划、年度工作计划有效实施情况；标准体系的有效运行实施和持续改进情况；全员标准化意识和公众满意度提升等情况。现场抽查可以采取查阅相关文件、检查记录、向相关人员提问等方式进行。

（4）形成复查结论。专家组根据复查情况，集体讨论后提出结论意见，并就有关问题与被复查单位沟通。

专家组完成复查工作后，应当向省级联席办公室提交复查报告。省级联席办公室应当组织相关成员单位进行确认，并将试点复查自检报告、试点复查申请表、试点复查报告报部级联席办公室。

部级联席办公室应当组织相关成员单位对试点复查结果进行审核。对复查合格的试点单位，由部级联席办公室发文公布复查合格试点单位名单，或者由国家标准化管理委员会和国务院相关部门联合发文公布复查合格试点单位名单，合格有效期3年。经复查不合格的试点单位，取消其试点资格。

复查期间申请单位发生重大服务质量事故或者标准体系运行出现重大问题的，应当停止复查工作；申请单位申请复查弄虚作假的，应当停止复查工作并通报批评。

复查工作人员违反有关规定的，应当取消其复查工作资格，并向相关单位通报。

《社会管理和公共服务综合标准化试点评估计分表（试行）》详见表7-3。

表7-3　社会管理和公共服务综合标准化试点评估计分表（试行）

一级指标	二级指标	三级指标	评分标准	得　分	评估记录
A1 基本要求（10分）	B1 组织管理（4分）	C1 领导职责（2分）	明确了标准化试点领导机构及职责，得1分；试点单位或区域主要负责人承担标准化试点建设领导职务的，得1分		
		C2 工作机构（2分）	组建标准化试点工作机构，并为其提供必要的工作场所、物资等工作条件，得1分；配备专（兼）职工作人员，工作人员掌握标准化知识与工作方法，至少接受过10学时标准化专业培训并取得相应证明，得1分		
	B2 机制建设（6分）	C3 管理机制（2分）	将标准化工作及试点建设纳入试点单位或区域发展规划、年度计划，促进标准化与业务工作相结合，得1分；制定较为完善的标准化管理办法，建立标准制修订、培训、监督检查，以及标准化考核奖惩、持续改进等工作机制，并能长期有效运行，得1分		
		C4 经费保障（2分）	为试点工作提供了保障经费，通过文件等形式建立了标准化工作经费长期保障机制，得2分		
A1 基本要求（10分）	B2 机制建设（6分）	C5 激励政策（2分）	发布了标准化工作激励和奖励机制、政策性文件或主要领导批示的，得2分		

续 表

一级指标	二级指标	三级指标	评分标准	得 分	评估记录
A2 标准体系（30分）	B3 标准体系要求（12分）	C6 体系规范性（2分）	标准体系框架、标准明细表、标准汇总表及编制说明满足 GB/T 24421—2019 等相关国家标准的要求，或者与本单位、本区域社会管理和服务事项、流程相适应，得2分		
		C7 体系完整性（4分）	标准体系构成合理、结构完整，覆盖试点建设所涉及的社会管理和公共服务全部事项，得2分；标准体系从试点单位或区域实际出发，覆盖了主要管理和服务活动的各环节，得2分		
		C8 体系协调性（2分）	标准体系内各项标准与相关法律法规协调统一，得1分；标准体系内各项标准之间协调统一，得1分		
		C9 体系有效性（4分）	标准体系能够体现该试点所涉及社会管理和公共服务事项的特点，体现该单位或区域特点，得2分；标准体系与该单位或区域发展战略，以及该试点建设目标任务相协调，能支撑业务发展，得2分		
	B4 标准要求（18分）	C10 标准规范性（6分）	标准文本格式规范，满足 GB/T 1.1—2020 要求，标准文本结构合理、标准语言表达准确、严谨、简明、易懂，术语、符号统一，标准制修订程序规范，得6分		
		C11 标准科学性（6分）	标准技术要求合理，指标科学、具有可操作性，得6分		
		C12 标准适用性（6分）	标准内容与组织管理特点相适宜，与管理服务活动、流程相匹配，能反映服务对象的需求，得6分		
A3 标准实施与改进（30分）	B5 宣贯培训（6分）	C13 宣贯动员（1分）	召开至少1次面向所有试点建设单位或部门的整体宣传动员会，得1分		
		C14 集中培训（2分）	至少组织3次以上集中培训(标准体系策划、标准编制、标准实施阶段各1次)，培训工作有记录，培训后有对培训效果的考核，得2分		
	B5 宣贯培训（6分）	C15 宣传工作（3分）	通过宣传栏、宣传册及现代信息技术等手段，营造内部学习和实施标准的环境氛围，得2分；对外开展标准化试点建设宣传，及时发布试点建设最新进展，引起社会、公众媒体等关注的，得1分		

续　表

一级指标	二级指标	三级指标	评分标准	得　分	评估记录
A3 标准实施与改进（30分）	B6 实施监督（18分）	C16 标准实施（6分）	采取切实可行措施，推动标准体系中各领域、各环节标准有效实施，得3分；各岗位人员掌握本岗位执行标准知识，得3分		
		C17 过程记录（6分）	对标准实施过程中应该形成的记录完整存档，得3分；标准实施记录可追溯，得3分		
		C18 监督检查（6分）	制订了标准实施检查工作计划（或日常检查程序），定期组织监督抽查，实施检查和问题处理记录完整，得3分；管理和服务行为符合标准要求，服务质量满足标准要求，得3分		
	B7 评价改进（6分）	C19 自我评价（3分）	对标准实施的符合性和实施效果进行评价，有评价报告，得3分		
		C20 持续改进（3分）	针对标准实施检查和自我评价等发现的问题实施了持续改进，有持续改进的记录，及时提出并修订标准体系中的标准，得3分		
A4 建设成效（30分）	B8 保障和改善民生（10分）	C21 服务公开透明（3分）	及时向被服务对象和社会公开服务流程，服务时限等质量指标，得3分		
		C22 满意度监测（4分）	组织制定符合自身服务特点的满意度调查表，持续监测满意度的，得1分；邀请第三方机构测评满意，得2分；根据满意度测评结果，及时分析原因和制定整改措施，满意度持续提升的，得2分		
		C23 投诉意见处理（3分）	建立意见、建议、投诉情况记录，并及时处理，公众投诉持续减少或无投诉，得3分		
	B9 公共服务效能提升（10分）	C24 提高公共服务效率（5分）	有证据表明标准化试点建设后，优化服务流程，减少办事环节、提高办事效率的，得5分		
		C25 降低公共服务成本（5分）	有证据表明标准化试点建设后，减少资源浪费，降低公共资源交易成本的，得5分		

续 表

一级指标	二级指标	三级指标	评分标准	得 分	评估记录
A4 建设成效（30分）	B10 社会管理和公共服务创新（10分）	C26 社会管理和公共服务影响力提升（2分）	试点单位或区域创新了社会管理和公共服务模式，有证据表明相关经验在全省推广、社会影响力提高的，得1分；在全国推广、社会影响力提高的，得2分		
		C27 标准化创新（8分）	试点单位或区域在如下方面取得业绩： 试点单位或区域参与省级以上（含）标准化科研项目； 试点单位或区域主持制定地方标准、行业标准或国家标准； 试点单位或区域担任了省级以上（含）标准化技术组织秘书处； 试点单位或区域相关人员承担了省级以上（含）标准化技术组织委员服务；每取得一方面业绩加2分		

第四节　基本公共服务标准化试点

为贯彻落实中共中央办公室、国务院办公厅印发的《关于建立健全基本公共服务标准体系的指导意见》（中办发〔2018〕55号）（以下简称《指导意见》），充分发挥标准化工作在促进基本公共服务均等化、普惠化、便捷化中的作用，推动国家基本公共服务标准化试点工作有序开展，鼓励有条件的地区在标准制定、实施、应用、宣传等方面先行先试，在标准水平城乡平衡、动态调整、监测评估等方面探索创新，总结提炼可复制可推广的成功经验。国家基本公共服务标准化试点是由国家市场监管总局、国家发展改革委和财政部会同有关行业主管部门共同组织，以市、县级人民政府为对象，以梳理基本公共服务事项、完善基本公共服务标准体系、探索基本公共服务标准实施机制、建立基本公共服务数据库等为重点，以优化资源配置、规范服务流程、提升服务质量、明确权责关系、创新治理方式为目标的标准化探索活动。

国家基本公共服务标准化试点工作是由国家市场监管总局、国家发展改革委、财政部会同有关部门统一部署，各省、自治区、直辖市及新疆生产建设兵团市场监管局（厅、委）、发展改革委、财政厅（局）（以下称省级市场监管、发展改革、财政部门）联合地方有关部门具体实施。

国家市场监管总局、国家发展改革委、财政部会同有关部门，负责下达试点通知、制定试点细则、确定试点单位、开展政策技术指导、监督试点验收、公布评估结果等工作。

各省级市场监管、发展改革、财政部门会同地方有关部门，负责试点申请的受理、试点单位的筛选、试点的日常管理和指导、试点评估等工作。

国家市场监管总局、国家发展改革委、财政部会同有关部门建立国家基本公共服务标准化试点联合会商协调机制。省级市场监管、发展改革、财政部门应会同地方有关部门建立相应机制。

一、基本原则

国家基本公共服务标准化试点工作应当按照"政府推动、部门联合、自愿申报、有序实施"的模式推进。

试点工作应当遵循以下几条原则。

（1）注重统筹兼顾。试点选择时，综合考虑我国东部、中部、西部的区域间差异，以及城乡区域差异，选择具有代表性的市、县推进标准化试点。

（2）注重标准适度。各试点市、县要认真落实国家基本公共服务项目和省级政府制定的具体实施标准，同时结合本地经济发展情况和财力状况，因地制宜在项目内容和质量标准方面适度调整。

（3）注重机制创新。逐步完善标准清单动态调整、标准的财政承受能力评估、标准实施监测等标准化管理机制，总结形成可推广的有效机制。

二、试点的类型、条件、申请与受理

国家基本公共服务标准化试点包括以下 3 种类型。

（一）综合试点

试点地区要结合实际，针对《指导意见》提出的以幼有所育、学有所教、劳有所得、病有所医、老有所养、住有所居、弱有所扶、优军服务保障、文体服务保障等9方面内容，明确设施建设、设备配置、人员配备、服务管理等标准规范，对标准水平城乡均衡、标准清单动态调整、标准信息公开共享、标准的财政承受能力评估、标准实施监测评估等重点标准化工作机制进行全方位、综合性的探索。

（二）专项试点

试点地区要结合实际，针对《指导意见》提出的 1 个或者多个领域，有重点地开展标准化探索，明确该领域的设施建设、设备配置、人员配备、服务管理等标准规范；或者选择 1 个或者多项重点标准化工作机制进行探索，在重点领域形成可复制可推广的成功经验。

（三）区域协调联动试点

优先选择京津冀、长三角、珠三角等地区，探索开展跨省（自治区、直辖市）基本公共服务标准协调联动，试点地区之间要围绕 1 个或多个领域的标准制定和实施开展统筹合作，促进试点地区之间基本公共服务设施配置、人员配备及服务质量水平有效衔接和大体一致，促进区域间基本公共服务均等化水平不断提升。

综合试点和专项试点由市、县级人民政府承担。区域协调联动试点由京津冀、长三角、珠三角等地区 2 个及以上市、县级人民政府联合承担。

申请承担试点的市、县级人民政府应具备以下几个条件。

（1）高度重视基本公共服务标准化工作，具有推进标准化试点工作的一定工作基础。

（2）能够为试点提供政策、资金及其他支持。

（3）近 3 年内在基本公共服务领域未发生重大事故。

试点申请按照自愿原则提出，申请参与试点的市、县应研究拟定实施方案，填写试点申请表，报送省级市场监督、发展改革、财政部门。

承担区域协调联动试点的，有关市、县人民政府在申报前应协商一致，各方申请表中的"试点名称""试点时间""试点类型"应完全一致，"试点预期实现工作目标""计划工作步骤、时间进度、阶段工作内容"等应基本一致。

各省级市场监管、发展改革、财政部门应会同地方有关部门，对受理的试点申请进行筛选。筛选的标准应包括：基本条件的符合性、预期实现工作目标和合理性、阶段工作内容的科学性等。

经筛选后确定的备选试点项目，由省级市场监管、发展改革、财政部门共同上报国家市场监管总局、国家发展改革委、财政部。跨省（自治区、直辖市）的区域协调联动试点项目，由各有关省级市场监管、发展改革、财政部门联合上报国家市场监管总局、国家发展改革委、财政部。

各省（自治区、直辖市）上报的备选试点项目一般不超过 3 个，应统筹考虑各试点类型的差异分类上报。

国家市场监管总局、国家发展改革委、财政部根据备选试点项目情况，会同有关部门共同确定国家基本公共服务标准化试点项目，联合下达试点任务。

三、试点工作的实施

（一）主要目标

（1）试点区域基本公共服务领域有标准可依、标准齐全。

（2）试点区域基本公共服务标准实施机制健全、有效。

（3）试点区域基本公共服务标准体系不断完善，基本公共服务均等化、普惠化、便捷化水平不断提高。

（二）主要任务

试点工作一般为 2 年，主要任务包括以下几方面。

（1）成立试点工作领导小组或建立协调机制。试点地区要成立领导小组或建立相应工作机制，对试点工作进行统一领导、统一组织。承担区域协调联动试点的 2 个及以上市、县级人民政府，要建立有效的协调机制，统一实施、有效推进。

（2）梳理基本公共服务事项。要对试点领域的基本公共服务事项，依据国家基本公共服务清单进行全面梳理，按条目方式逐项细化分类，确保基本公共服务事项分类科学、名称规范、指向明确。

（3）编制基本公共服务标准规范。研究确定基本公共服务事项所必需的标准规范，编制基本公共服务事项标准目录。重点制定一批设施建设、设备配置、人员配备、服务管理等标准，鼓励上升为地方标准、行业标准、国家标准。区域协调联动试点应制定一批跨区域适用的标准。

（4）完善基本公共服务标准实施机制。完善标准动态调整、标准的财政承受能力评估、标准实施监测等标准化管理机制，促进标准信息公开共享，开展标准实施监测预警等，建立高效、可持续的长效实施机制。

（5）建立基本公共服务数据库。各试点地区应进一步建立健全地区基本公共服务领域数据收集、统计机制，向国家市场监管总局、国家发展改革委、财政部定期报送数据，配合有关部门探索建立全国统一的基本公共服务数据指标体系和数据库。

四、试点的评估

试点期满后，试点单位填写试点评估申请表，及时向各省级市场监管、发展改革、财政部门提出评估申请。

各省级市场监管、发展改革、财政部门负责试点评估工作。

国家市场监管总局会同国家发展改革委、财政部制定国家基本公共服务标准化试点评估细则，并面向相关行业征集组建全国基本公共服务标准化专家委员会，为试点评估工作提供技术和专家支持。

开展试点评估时，各省级市场监管、发展改革、财政部门应组建评估专家组。专家组应不少于 5 人，其中应至少从全国基本公共服务标准化专家委员会中抽取 2 人。

评估专家组应参考国家基本公共服务标准化试点评估细则，制定具体的试点评估方案，通过听取汇报、现场检查、资料审核等方式开展评估工作。

各省级市场监管、发展改革委、财政部门完成本地区所有国家基本公共服务标准化试点评估后，应及时向国家市场监督总局、国家发展改革委、财政部提交总体试点评估报告。

国家市场监管总局、国家发展改革委、财政部将对各省级市场监管、发展改革、财政部门提交的评估报告进行审核，并适时向全社会公布评估结果。

五、试点的管理

各省级市场监管、发展改革、财政部门应联合地方相关部门，加强对试点工作的过程管理，指导试点单位按要求推动各项工作。可建立本地区的基本公共服务标准化专家委员会，为试点工作提供智力支持。

各省级市场监管、发展改革、财政部门应联合地方相关部门，及时总结试点工作取得的成果，加大宣传力度，推广标准体系建设及标准实施等方面的经验，并向国家市场监管总局、国家发展改革委、财政部提出工作建议和意见。

第五节　服务业组织标准化工作案例

作为一个具体服务业组织要开展服务标准化工作，其工作可以大体分为5个步骤。第一，要了解标准化相关知识，如是标准的含义、标准化的含义、标准化的作用等。第二，对服务业组织内部现有的规章制度、管理规定及岗位职责等规范性文件进行梳理，废除不适用的文件，修订在用的文件。依据《中华人民共和国标准化法》，结合组织工作现状，搭建标准体系，对中等以上规模的组织，应搭建较完备的标准体系；对于小规模组织，可视情况建立简单的标准体系，体系覆盖组织的核心工作。第三，对组织服务和管理等整体工作流程进行梳理，对照已搭建的标准体系，识别标准缺失领域，明确需要标准化的重要环节和关键服务要素，根据相关的标准开展标准制定工作，保证组织的各项工作有标可依。第四，运行标准体系，定期或不定期地对标准及标准实施进行评价，制定改进措施，以不断提高标准化工作成效。若服务业组织已开展质量管理标准体系、环境标准体系等的运行，可将标准实施和评价工作融入现有的管理体系框架下，进行统一管理。第五，要将标准化知识培训和标准的宣贯贯穿标准化工作的始终，有计划、分阶段，有重点、分层次地进行，提高全民标准化工作水平。

以某餐饮企业为例，构建其服务标准体系，供参考借鉴。

体系内容主要包括：标准体系编号、标准体系框架图、标准明细表、标准统计表和标准实例。

一、标准体系编号

（一）体系编号

标准的体系编号见表7-4。

表7-4 标准体系编号

类 目	分 项	体系编号
服务通用基础标准	标准化导则	JC 101
	术语与缩略语标准	JC 102
	符号与标志标准	JC 103
	数值与数据标准	JC 104
	量和单位标准	JC 105
	测量标准	JC 106
服务保障标准	环境标准	BZ 201
	能源标准	BZ 202
	安全与应急标准	BZ 203
	职业健康标准	BZ 204
	信息标准	BZ 205
	财务管理标准	BZ 206
	设施设备及用品标准	BZ 207
	人力资源标准	BZ 208
	合同管理标准	BZ 209
服务提供标准	服务规范	TG 301
	服务提供规范	TG 302
	服务质量控制规范	TG 303
	运行管理规范	TG 304
	服务评价与改进标准	TG 305

标准编号:

(1)纳入标准体系的上级标准(国家、行业和地方标准)直接采用原标准号。

(2)纳入标准体系的企业标准编号格式见图7-2。

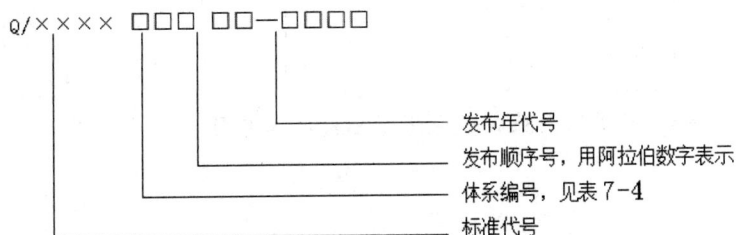

发布年代号

发布顺序号,用阿拉伯数字表示

体系编号,见表7-4

标准代号

图7-2 企业标准编号格式

Q/×××0001-2020，2020 年发布的顺序号为 1 的标准。

二、标准体系框架图

某餐饮企业服务标准体系基本框架图见图 7-3，服务通用基础标准体系层次结构图见图 7-4，服务保障标准体系层次结构图见图 7-5，服务提供标准体系层次结构图见图 7-6。

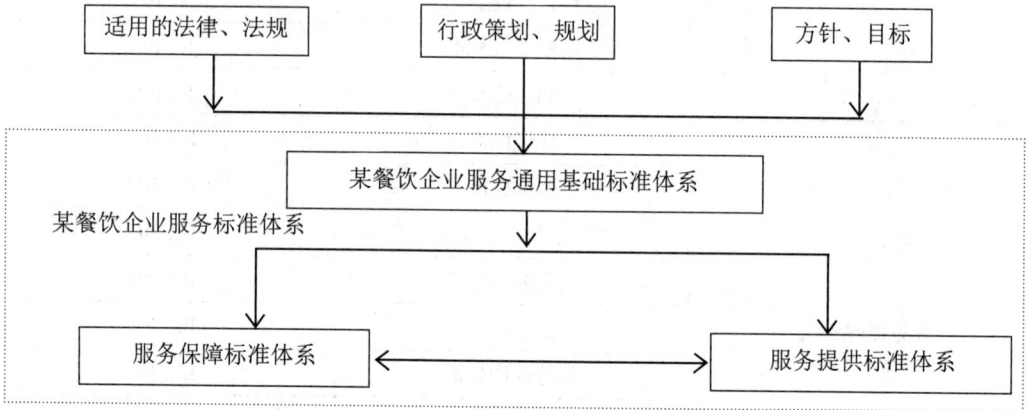

图 7-3　某餐饮企业服务标准体系基本框架

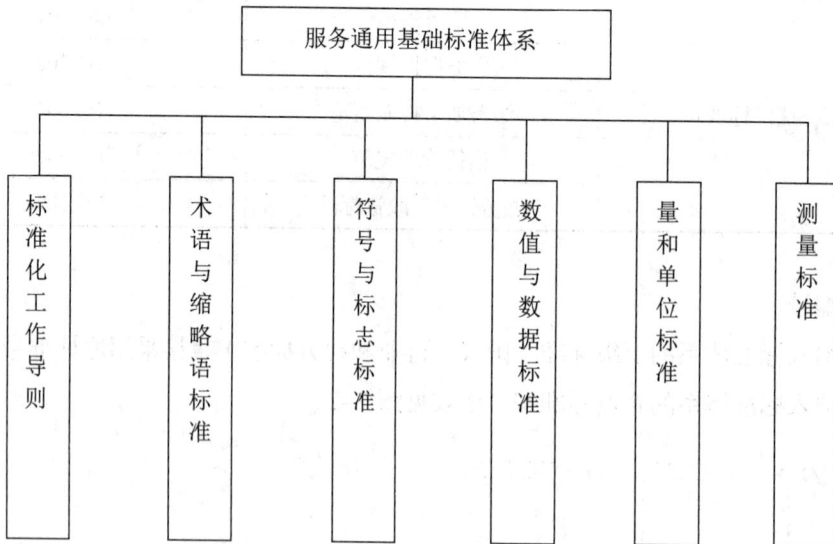

图 7-4　某餐饮企业服务通用基础标准体系层次结构

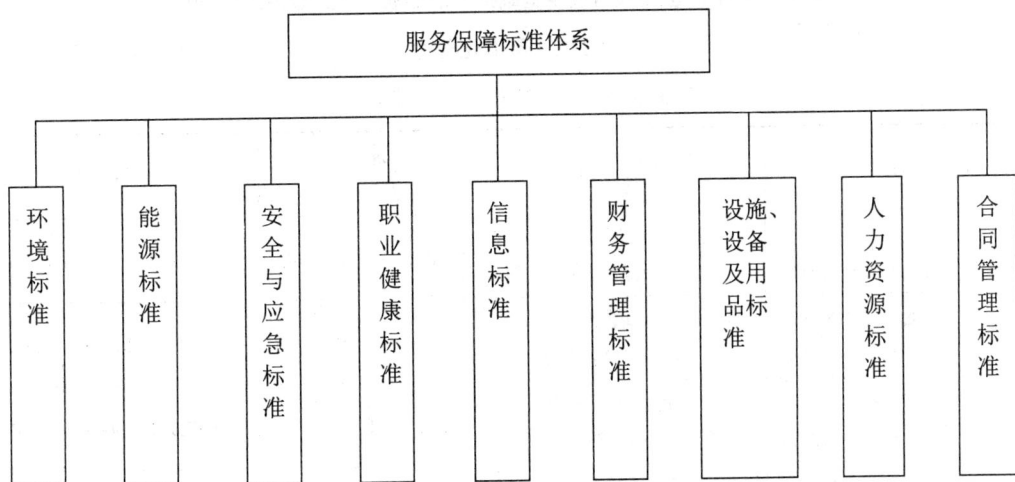

图 7-5　某餐饮企业服务保障标准体系层次结构

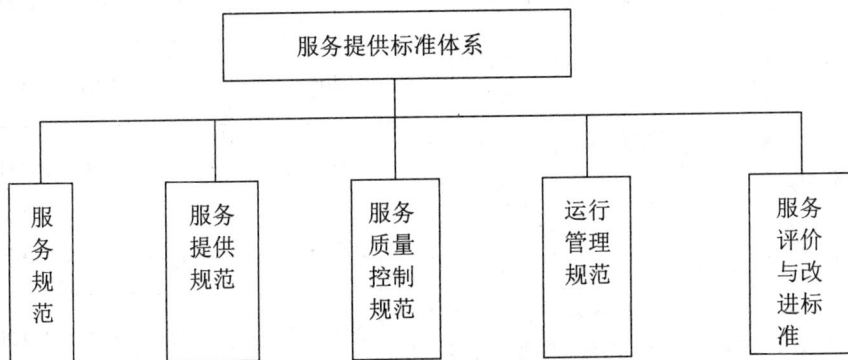

图 7-6　某餐饮企业服务提供标准体系层次结构

三、标准明细表

某餐饮企业服务通用基础标准明细表见表 7-5，服务保障标准体系明细表见表 7-6，服务提供标准体系明细表见表 7-7。

表 7-5　某餐饮企业服务通用基础标准明细表（JC 101~JC 106）

JC 101 标准化导则

Q/××××　JC101.1~101.21

序　号	体系内标准号	标准名称	实施日期	主管部门	标准号
1	Q/××××　JC 101.1—2020	标准化工作导则　第1部分：标准的结构和编写规则	2020-11-10	办公室	GB/T 1.1—2020
2	Q/××××　JC 101.2—2020	标准编写规则　第1部分：术语	2020-11-10	办公室	GB/T 20001.1—2014
3	Q/××××　JC 101.3—2020	标准编写规则　第2部分：符号标准	2020-11-10	办公室	GB/T 20001.2—2015
4	Q/××××　JC 101.4—2020	标准编写规则　第3部分：分类标准	2020-11-10	办公室	GB/T 20001.3—2015
5	Q/××××　JC 101.5—2020	服务标准化工作指南	2020-11-10	办公室	GB/T 15624—2011
6	Q/××××　JC 101.6—2020	服务标准化工作指南　第1部分：基本要求	2020-11-10	办公室	GB/T 24421.1—2009
7	Q/××××　JC 101.7—2020	服务标准化工作指南　第2部分：标准体系	2020-11-10	办公室	GB/T 24421.2—2009
8	Q/××××　JC 101.8—2020	服务标准化工作指南　第3部分：标准编写	2020-11-10	办公室	GB/T 24421.3—2009
9	Q/××××　JC 101.9—2020	服务标准化工作指南　第4部分：标准实施及评价	2020-11-10	办公室	GB/T 24421.4—2009
10	Q/××××JC 101.10—2020	标准体系表编制原则和要求	2020-11-10	办公室	GB/T 13016—2018
11	Q/××××JC 101.11—2020	企业标准体系表编制指南	2020-11-10	办公室	GB/T 13017—2018
12	Q/××××JC 101.12—2020	服务管理体系规范及实施指南	2020-11-10	办公室	SB/T 10382—2004
13	Q/××××JC 101.13—2020	标准化工作指南　第1部分：标准化和相关活动的通用词汇	2020-11-10	办公室	GB/T 20000.1—2014
14	Q/××××JC 101.14—2020	标准化工作指南　第2部分：采用国际标准	2020-11-10	办公室	GB/T 20000.2—2009
15	Q/××××JC 101.15—2020	标准化工作指南　第3部分：引用文件	2020-11-10	办公室	GB/T 20000.3—2014

续　表

序　号	体系内标准号	标准名称	实施日期	主管部门	标准号
16	Q/××××JC 101.16—2020	标准化工作指南　第4部分：标准中涉及安全的内容	2020-11-10	办公室	GB/T 20002.4—2015
17	Q/××××JC 101.17—2020	标准化工作指南　第5部分：产品标准中涉及环境的内容	2020-11-10	办公室	GB/T 20000.5—2004
18	Q/××××JC 101.18—2020	标准化工作指南　第6部分：标准化良好行为规范	2020-11-10	办公室	GB/T 20000.6—2006
19	Q/××××JC 101.19—2020	标准化工作指南　第7部分：管理体系标准的论证和制定	2020-11-10	办公室	GB/T 20000.7—2006
20	Q/××××JC 101.20—2020	餐厅餐饮服务认证要求	2020-11-10	办公室	RB/T 309—2017
21	Q/××××JC 101.21—2020	餐饮场所消防安全管理规范	2020-11-10	办公室	DB42/T 413—2009

JC 102 术语与缩略语标准

Q/××××　JC102.1~102.7

序　号	体系内标准号	标准名称	实施日期	主管部门	标准号
22	Q/××××JC 102.1—2020	术语工作　原则与方法	2020-11-10	办公室	GB/T 10112—2019
23	Q/××××JC 102.2—2020	质量管理体系　基础与术语	2020-11-10	办公室	GB/T 19000—2016
24	Q/××××JC 102.3—2020	图形符号　术语　第1部分：通用	2020-11-10	办公室	GB/T 15565.1—2008
25	Q/××××JC 102.4—2020	术语工作　词汇　第1部分：理论与应用	2020-11-10	办公室	GB/T 15237.1—2000
26	Q/××××JC 102.5—2020	与食品加工设备有关的标准术语	2020-11-10	办公室	ASTM F1827—2012
27	Q/××××JC 102.6—2020	食品服务设备相关标准术语	2020-11-10	办公室	ASTM F1827—2013
28	Q/××××JC 102.7—2020	条码术语	2020-11-10	办公室	GB/T 12905—2019

JC 103 符号与标志标准

Q/×××× JC103.1~103.6

序　号	体系内标准号	标准名称	实施日期	主管部门	标准号
29	Q/×××× JC 103.1—2020	公共信息图形符号	2020-11-10	办公室	GB/T 10001.1—2012
30	Q/×××× JC 103.2—2020	消防安全标志	2020-11-10	办公室	GB 13495.1—2015
31	Q/×××× JC 103.3—2020	冷藏、冷冻食品物流包装、标志、运输和储存	2020-11-10	办公室	GB/T 24616—2019
32	Q/×××× JC 103.4—2020	标志用图形符号表示规则 第1部分：公用信息图形符号的设计原则	2020-11-10	办公室	GB/T 16903.1—2008
33	Q/×××× JC 103.5—2020	标志用图形符号表示规则 第2部分：理解度测试方法	2020-11-10	办公室	GB/T 16903.2—2013
34	Q/×××× JC 103.6—2020	标志用图形符号表示规则 第3部分：感知性测试方法	2020-11-10	办公室	GB/T 16903.3—2013

JC 104 数值与数据标准

Q/×××× JC104.1~104.4

序　号	体系内标准号	标准名称	实施日期	主管部门	标准号
35	Q/×××× JC 104.1—2020	数值修约规则和极限数值的表示与判断	2020-11-10	办公室	GB/T 8170—2008
36	Q/×××× JC 104.2—2020	统计学词汇及符号　第1部分：一般统计术语与用于概率的术语	2020-11-10	办公室	GB/T 3358.1—2009
37	Q/×××× JC 104.3—2020	统计分布数值表　正态分布	2020-11-10	办公室	GB/T 4086.1—1983
38	Q/×××× JC 104.4—2020	信息技术词汇　第5部分：数据表示	2020-11-10	办公室	GB/T 5271.5—2008

JC 105 量与单位标准

Q/××××　JC105.1~105.3

序　号	体系内标准号	标准名称	实施日期	主管部门	标准号
39	Q/×××× JC 105.1—2020	国际单位制及其应用	2020-11-10	办公室	GB 3100—1993
40	Q/×××× JC 105.2—2020	有关量、单位和符号的一般原则	2020-11-10	办公室	GB 3101—1993
41	Q/×××× JC 105.3—2020	空间和时间的量和单位	2020-11-10	办公室	GB 3102.1—1993

JC 106 测量标准

Q/××××　JC106.1~106.4

序　号	体系内标准号	标准名称	实施日期	主管部门	标准号
42	Q/×××× JC 106.1—2020	公共场所卫生检验方法 第1部分：物理因素	2020-11-10	办公室	GB/T 18204.1—2013
43	Q/×××× JC 106.2—2020	公共场所卫生检验方法 第2部分：化学污染物	2020-11-10	办公室	GB/T 18204.2—2014
44	Q/×××× JC 106.3—2020	电子称重仪表	2020-11-10	办公室	GB/T 7724—2008
45	Q/×××× JC 106.4—2020	食品微生物定量检测的测量不确定度评估指南	2020-11-10	办公室	RB/T 151—2016

表 7-6 某餐饮企业服务保障标准体系明细表（BZ 201~BZ 209）

BZ 201 环境标准

Q/×××× BZ 201.1~201.4

序　号	体系内标准号	标准名称	实施日期	主管部门	标准号
46	Q/×××× BZ 201.1—2020	环境管理体系要求及使用指南	2020-11-10	办公室	GB/T 24001—2016
47	Q/×××× BZ 201.2—2020	环境空气质量标准	2020-11-10	办公室	GB 3095—2012
48	Q/×××× BZ 201.3—2020	室内空气质量标准	2020-11-10	办公室	GB/T 18883—2002
49	Q/×××× BZ 201.4—2020	公共场所卫生综合评价方法	2020-11-10	办公室	WS/T 199—2001

BZ 202 能源标准

Q/×××× BZ 202.1~202.3

序　号	体系内标准号	标准名称	实施日期	主管部门	标准号
50	Q/×××× BZ202.1—2020	用能单位能源计量器具配备和管理	2020-11-10	办公室	GB 17167—2006
51	Q/×××× BZ202.2—2020	综合能耗计算通则	2020-11-10	办公室	GB/T 2589—2008
52	Q/×××× BZ202.3—2020	能源、安全和标识系统管理办法	2020-11-10	办公室	

BZ 203 安全与应急标准

Q/×××× BZ 203.1~203.5

序　号	体系内标准号	标准名称	实施日期	主管部门	标准号
53	Q/×××× BZ203.1—2020	安全标志及其使用导则	2020-11-10	办公室	GB 2894—2008
54	Q/×××× BZ203.2—2020	图形符号安全色和安全标志　第 1 部分：安全标志和安全标记的设计	2020-11-10	办公室	GB/T 2893.1—2013
55	Q/×××× BZ203.3—2020	消防应急照明和疏散指示系统	2020-11-10	办公室	GB 17945—2010
56	Q/×××× BZ203.4—2020	安全保密制度	2020-11-10	办公室	

续　表

序　号	体系内标准号	标准名称	实施日期	主管部门	标准号
57	Q/×××× BZ203.5—2020	大众客户中心异常话务 应急管理办法	2020-11-10	办公室	

BZ 204 职业健康管理标准

Q/××××　BZ 204.1~204.2

序　号	体系内标准号	标准名称	实施日期	主管部门	标准号
58	Q/×××× BZ204.1—2020	职业健康安全管理体系　要求	2020-11-10	办公室	GB/T 28001—2011
59	Q/×××× BZ204.2—2020	职业健康安全管理体系　要求 及使用指南	2020-11-10	办公室	GB/T 45001—2020

BZ 205 信息标准

Q/××××　BZ 205.1~205.4

序　号	体系内标准号	标准名称	实施日期	主管部门	标准号
60	Q/×××× BZ205.1—2020	计算机软件可靠性和可维 护性管理	2020-11-10	办公室	GB/T 14394—2008
61	Q/×××× BZ205.2—2020	信息安全技术信息系统安 全管理要求	2020-11-10	办公室	GB/T 20269—2006
62	Q/×××× BZ205.3—2020	信息安全技术网络基础安 全技术要求	2020-11-10	办公室	GB/T 20270—2006
63	Q/×××× BZ205.4—2020	信息安全技术信息系统通 用安全要求	2020-11-10	办公室	GB/T 20271—2006

BZ 206 财务管理标准

Q/××××　BZ 206.1~206.1

序　号	体系内标准号	标准名称	实施日期	主管部门	标准号
64	Q/×××× BZ206.1—2020	企业财务标准	2020-06-13	办公室	

BZ 207 设施、设备及用品标准

Q/×××× BZ 207.1～207.4

序 号	体系内标准号	标准名称	实施日期	主管部门	标准号
65	Q/×××× BZ207.1—2020	餐桌使用管理制度方法	2020-11-10	办公室	
66	Q/×××× BZ207.2—2020	厨房使用管理制度方法	2020-11-10	办公室	
67	Q/×××× BZ207.3—2020	固定资产管理制度方法	2020-11-10	办公室	

BZ 208 人力资源标准

Q/×××× BZ 208.1～208.4

序 号	体系内标准号	标准名称	实施日期	主管部门	标准号
68	Q/×××× BZ208.1—2020	仓储从业人员职业资质	2020-11-10	办公室	GB/T 21070—2007
69	Q/×××× BZ208.2—2020	服务员培训考核规范	2020-11-10	办公室	
70	Q/×××× BZ208.3—2020	组织结构及岗位管理办法	2020-11-10	办公室	
71	Q/×××× BZ208.4—2020	考勤管理制度	2020-11-10	办公室	

BZ 209 合同管理标准

Q/×××× BZ 209.1～209.1

序 号	体系内标准号	标准名称	实施日期	主管部门	标准号
72	Q/××××BZ209.1—2020	合同管理制度	2020-11-10	办公室	

表 7-7 某餐饮企业服务提供标准体系明细表（TG301~TG 305）

TG 301 服务规范

Q/××××　TG 301.1~301.2

序　号	体系内标准号	标准名称	实施日期	主管部门	标准号
73	Q/××××TG301.1—2020	服务员工作礼貌用语规范	2020-11-10	办公室	
74	Q/××××TG301.2—2020	卓越服务质量要求	2020-11-10	办公室	

TG 302 服务提供规范

Q/××××　TG 302.1~302.4

序　号	体系内标准号	标准名称	实施日期	主管部门	标准号
75	Q/××××TG302.1—2020	评价服务提供工作和组织结构中人员评估规程和方法	2020-11-10	办公室	ISO 10667-1—2011
76	Q/××××TG302.2—2020	为消费者提供商品和服务的购买信息	2020-11-10	办公室	GB/T 21737—2008
77	Q/××××TG302.3—2020	客户服务中心服务提供要求	2020-11-10	办公室	
78	Q/××××TG302.4—2020	为消费者提供产品和服务的采购信息	2020-11-10	办公室	

TG 303 服务质量控制规范

Q/××××　TG 303.1~303.6

序　号	体系内标准号	标准名称	实施日期	主管部门	标准号
79	Q/××××TG303.1—2020	卓越绩效评价准则	2020-11-10	办公室	GB/T 19580—2012
80	Q/××××TG303.2—2020	投诉处理指南	2020-11-10	办公室	GB/T 17242—1998
81	Q/××××TG303.3—2020	商业服务业顾客满意度测评规范	2020-11-10	办公室	SB/T 10409—2007
82	Q/××××TG303.4—2020	信息反馈管理程序	2020-11-10	办公室	
83	Q/××××TG303.5—2020	顾客满意度调查管理办法	2020-11-10	办公室	
84	Q/××××TG303.6—2020	标准实施检查制度	2020-11-10	办公室	

TG 304 运行管理规范

Q/××××　TG 304.1~304.7

序　号	体系内标准号	标准名称	实施日期	主管部门	标准号
85	Q/××××TG304.1—2020	交接班制度	2020—11—10	办公室	
86	Q/××××TG304.2—2020	考勤制度	2020—11—10	办公室	
87	Q/××××TG304.3—2020	例会制度	2020—11—10	办公室	
88	Q/××××TG304.4—2020	排班制度	2020—11—10	办公室	
89	Q/××××TG304.5—2020	宣传管理制度	2020—11—10	办公室	
90	Q/××××TG304.6—2020	卫生运行管理制度	2020—11—10	办公室	
91	Q/××××TG304.7—2020	突发事件相关运行处理制度	2020—11—10	办公室	

TG 305 服务评价与改进标准

Q/××××　TG 305.1~305.4

序　号	体系内标准号	标准名称	实施日期	主管部门	标准号
92	Q/××××TG305.1—2020	服务评价体系	2020—11—10	办公室	
93	Q/××××TG305.2—2020	标准体系自我评价方法	2020—11—10	办公室	
94	Q/××××TG305.3—2020	标准实施检查制度	2020—11—10	办公室	
95	Q/××××TG305.4—2020	信息反馈管理程序	2020—11—10	办公室	

四、标准体系标准数量统计汇总表

服务标准体系数量汇总表见表7-8，服务通用基础标准数量汇总表见表7-9，服务保障标准数量汇总表见表7-10，服务提供标准数量汇总表见表7-11。

表7-8　服务标准体系数量汇总表

序号	类别	数量（个）								合计
		国际标准	国家标准		行业标准		地方标准		企业标准	
			强制	推荐	强制	推荐	强制	推荐		
1	服务通用基础标准	3	3	35	0	4	0	0	0	45
2	服务保障标准	0	4	10	0	1	0	0	12	27
3	服务提供标准	1	0	3	0	1	0	0	18	23
	合计	4	7	48	0	6	0	0	30	95

表 7-9　服务通用基础标准数量汇总表

序号	类别	数量（个）								合计
		国际标准	国家标准		行业标准		地方标准		企业标准	
			强制	推荐	强制	推荐	强制	推荐		
1	标准化导则	0	0	18	0	3	0	0	0	21
2	术语与缩略语标准	2	0	5	0	0	0	0	0	7
3	符号与标志标准	1	0	5	0	0	0	0	0	6
4	数值与数据标准	0	0	4	0	0	0	0	0	4
5	量与单位标准	0	3	0	0	0	0	0	0	3
6	测量标准	0	0	3	0	1	0	0	0	4
	合计	3	3	35	0	4	0	0	0	45

表 7-10　服务保障标准数量汇总表

序号	类别	数量（个）								合计
		国际标准	国家标准		行业标准		地方标准		企业标准	
			强制	推荐	强制	推荐	强制	推荐		
1	环境标准	0	1	2	0	1	0	0	0	4
2	能源标准	0	1	1	0	0	0	0	1	3
3	安全与应急标准	0	2	1	0	0	0	0	2	5
4	职业健康管理标准	0	0	2	0	0	0	0	0	2
5	信息标准	0	0	4	0	0	0	0	0	4
6	财务管理标准	0	0	0	0	0	0	0	1	1
7	设施、设备及用品标准	0	0	0	0	0	0	0	7	7
8	合同管理标准	0	0	0	0	0	0	0	1	1
	合计	0	4	10	0	1	0	0	12	27

表 7-11 服务提供标准数量汇总表

序号	类别	数量（个）							企业标准	合计
		国际标准	国家标准		行业标准		地方标准			
			强制	推荐	强制	推荐	强制	推荐		
1	服务规范	0	0	0	0	0	0	0	2	2
2	服务提供规范	1	0	1	0	0	0	0	2	4
3	服务质量控制规范	0	0	2	0	1	0	0	3	6
4	运行管理规范	0	0	0	0	0	0	0	7	7
5	服务评价与改进标准	0	0	0	0	0	0	0	4	4
	合计	1	0	3	0	1	0	0	18	23

五、标准实例

餐饮点餐服务规范

1 范围

本文件确立了餐饮业职业点菜师的术语和定义、基本要求、服务规范等方面的要求。

本文件适用于从事餐饮服务的各种经济类型的企业。

2 规范性引用文件

……

3 术语与定义

3.1

职业点菜师 professional dish-ordering guides

餐饮企业设置的主要为就餐客人提供餐饮产品组合、推介菜点、制定菜单等消费性服务的工作职位。

3 基本要求

3.1 上岗资质

职业点菜师员应经过相应培训，且考试合格取得证件后才能上岗。

3.2 形态礼仪

3.2.1 上岗前应保持面部与手部洁净，女性应化淡妆，发型、佩戴饰品应符合餐饮服务岗位要求。

3.2.2 站立时，头正肩平，身体挺直，端庄大方，面带笑容。

3.2.3 行走时，眼睛平视，肩部放松，步幅适度，步速均匀，步伐从容。

3.2.4 与客人交流时，正视对方，目光柔和，表情自然，笑容真挚。

3.2.5 使用手势时，舒展大方，自然得体，时机得当，幅度适宜。

3.3 服务知识

3.3.1 熟悉本企业菜点的使用原料、制作方法、口味等，了解与其相关的饮食风味特色。

3.3.2 具备食品安全、营养搭配、消费心理、酒水茶水、民风民俗、文化历史、宴会设计等相关知识。

3.3.3 具有礼节礼貌、服务礼仪的相关知识。

3.4 接待技能

3.4.1 能够根据时间、场所、情景、服务对象，正确运用服务语言。

3.4.2 鼓励掌握和运用外语、手语，为不同需求的群体更好地提供语言服务。

3.4.3 正确使用肢体语言和欢迎、道别敬语。

3.4.4 应根据客人的个性需求，提供针对性的服务。

3.4.5 具有良好的语言表达能力，一定的观察分析能力、沟通协调能力、灵活应变能力。

3.4.6 具有一定的外语基础，熟练掌握普通话，能用英语进行简单交流。

3.5 应变能力

3.5.1 为客人提供服务时，应按照客人要求的时间和内容，及时提供服务。因客观原因不能及时提供或完成的服务，应及时向客人做出解释和说明。

3.5.2 能及时解答客人提出的有关饮食、服务设施等方面的问题，对客人的意见及建议能耐心听取，并妥善处理。

3.5.3 接待客人投诉时，应诚恳友善，及时将投诉事项记录下来，把要采取的措施及解决问题的时限告诉客人并征得客人同意。事后及时回访，确认投诉得到妥善处理。

4 服务规范

4.1 推介菜点

4.1.1 在餐厅营业前，应及时了解餐厅菜单与当日菜点供应情况。

4.1.2 客人落座后应主动向客人介绍餐厅的风味特色、促销信息、服务收费等，并询问客人的消费需求情况。

4.1.3 如使用菜单点菜，应双手呈递酒水单、菜单，请客人选择。当客人示意点菜后，应上前热情服务。

4.1.4 如通过明档样品点菜，应跟随客人，适当介绍菜品的原料、风味、制作特点及营养价值等。

4.1.5 点菜时应专心倾听客人叙述，交谈时音量适中、语气亲切。

4.1.6 主动向客人介绍本餐厅时令菜、特色菜、畅销菜，根据客人年龄、口味偏好、用餐目的等情况，根据荤素、浓淡、营养、多种烹调方法相搭配的原则，为客人提供意见和建议。

4.1.7 应告知客人各种菜点的出品时间。

4.1.8 贯彻节约原则，如客人点菜过多，应及时提醒客人，避免浪费。

4.1.9 介绍酒水应把握菜点搭配原则，推介应适度。

4.2 记录要求

4.2.1 应根据客人对口味、生熟度等方面的要求做好记录。

4.2.2 应将日期、台号、桌面人数、客人所点的菜品、分量等详细记录。

4.2.3 了解现代电子点餐工具，并能熟练操作，点菜时采用手工记录的，应字迹清晰，便于准确传达信息。

4.2.4 点菜完毕，应向客人复述一遍所记录的菜点和酒水，请客人确认。

4.2.5 妥善保管订单，以便复核。

◆◆ **复习思考题**

1. 介绍服务标准化试点背景。

2. 简述服务业标准化试点的主要目标及任务。

3. 简述社会管理与公共服务标准化试点的主要目标及任务。

4. 试论国家基本公共服务标准化试点类型及条件。

5. 论述服务标准化试点三类项目的各自特点。

第八章　服务业标准化发展

◆◆◆ **本章学习要求**：

掌握：旅游业标准体系建设；物流标准体系建设。

熟悉：国际物流标准化现状；养老服务标准体系建设。

了解：旅游标准化现状；物流标准化发展现状；养老服务标准化现状。

服务业标准化
发展

第一节　生活性服务业——旅游标准化

一、旅游标准化现状

近年来随着我国经济水平的快速发展，我国经济的产业结构已经逐步转向"服务型经济"。在 2009 年 12 月国务院发布的《关于加快发展旅游业的意见》（国发〔2009〕41 号）中，旅游服务行业作为"战略性支柱产业"已经被政策明确定位。这一定位不仅显示了旅游业经济在国家经济发展战略中的重要地位，也对旅游服务行业的发展提出了更高的要求，同时，这一要求也进一步明确了旅游服务行业的发展方向。要提升旅游服务行业的服务质量，就必须构建标准化的服务模式，对旅游服务行业进行规范化管理。

我国旅游标准化工作以 1987 年首先制定并颁布的实行旅游饭店星级的划分与评定标准为发端，开创了在中国服务领域实施标准化管理的先河。经过 30 多年的发展，旅游业标准覆盖范围不断扩展，旅游标准化技术组织建设逐步完善，旅游标准化工作机制不断创新，旅游标准化工作成效日益显现。

（一）旅游标准化技术组织建设逐步完善

1995 年，国家旅游局率先在国际上成立了第一个国家级旅游标准化专业委员会——全国旅游标准化技术委员会（SAC/TC 210，简称"旅游标委会"），负责旅游业的标准化技术归口工作。随着旅游业发展对标准化工作的需求加大，我国部分省级旅游行政管理部门也成立了相应的旅游标准化技术组织和研究机构。

旅游标委会于 2007 年由国际标准化组织旅游技术标准化委员会（ISO/TC 228）的观察成员（O 成员），转为参加成员（P 成员），参加了有关国际会议，并通过网络开展潜水、SPA 服务标准草案的讨论和投票工作。

我国旅游标准化技术组织建设的逐步完善，奠定了旅游标准化工作的基础，为进一步推动旅游标准化工作提供了重要的组织保障。

为加强全国旅游标准化工作的管理，推进旅游标准化建设，提高旅游服务质量，增强旅游产业素质和国际竞争力，根据《中华人民共和国标准化法》《中华人民共和国标准化法实施条例》《国家旅游局主要职责内设机构和人员编制规定》《全国专业标准化技术委员会管理规定》等有关规定，2009 年，国家旅游局发布实施《全国旅游标准化工作管理办法》(旅办发〔2009〕149 号）。该办法共分 7 章 44 条，对旅游标准化工作的宗旨、范围、任务、管理和旅游标准的制定、审批、发布、实施、监督等做出了具体规定。该办法的颁布实施，对全面提高旅游服务质量和管理水平，实现旅游业科学管理，起到了积极的促进作用。

（二）旅游业标准覆盖范围不断扩展

截至 2020 年 6 月，我国发布的国家、行业旅游标准已经有 109 项，其中国家标准 44 项，行业标准 65 项，地方标准 600 多项，企业标准达 2 万多项，是世界上制定和颁布旅游标准最多的国家。这些标准基本涵盖了吃、住、行、游、购、娱等旅游诸要素，涉及旅游饭店、旅行社、旅游资源、旅游规划、旅游景区、旅游车船、旅游公共服务等旅游行业管理的各个领域（见表 8-1）。目前国家将优先立项研制旅游目的地、旅游紧急救援、绿色旅游景区、城市旅游集散中心等国家标准。

表 8-1　部分现行的国家、行业旅游标准

序　号	标准名称	标准号
1	标志用公共信息图形符号　第 1 部分：通用符号	GB/T 10001.1—2012
2	标志用公共信息图形符号　第 2 部分：旅游休闲符号	GB/T 10001.2—2006
3	旅游饭店星级的划分及评定	GB/T 14308—2010
4	公共信息导向系统　设置原则与要求　第 8 部分：宾馆和饭店	GB/T 15566.8—2007
5	公共信息导向系统　设置原则与要求　第 9 部分：旅游景区	GB/T 15566.9—2012
6	内河旅游船星级划分与评定	GB/T 15731—2015
7	导游服务规范	GB/T 15971—2010
8	旅游业基础术语	GB/T 16766—2010
9	游乐园（场）服务质量	GB/T 16767—2017
10	旅游区（点）质量等级的划分与评定	GB/T 17775—2003
11	旅游规划通则	GB/T 18971—2003
12	旅游资源分类、调查与评价	GB/T 18972—2017
13	旅游厕所质量等级的划分与评定	GB/T 18973—2003
14	自然保护区生态旅游规划技术规程	GB/T 20416—2006
15	非公路用旅游观光车通用技术条件	GB/T 21268—2014
16	星级旅游饭店用纺织品	GB/T 22800—2009
17	非公路旅游观光车安全使用规范	GB 24727—2009
18	非公路旅游观光车用铅酸蓄电池	GB/T 24914—2010

序　号	标准名称	标准号
19	旅游娱乐场所基础设施管理及服务规范	GB/T 26353—2010
20	旅游信息咨询中心设置与服务规范	GB/T 26354—2010
21	旅游景区服务指南	GB/T 26355—2010
22	旅游购物场所服务质量要求	GB/T 26356—2010
23	旅游饭店管理信息系统建设规范	GB/T 26357—2010
24	旅游度假区等级划分	GB/T 26358—2010
25	旅游客车设施与服务规范	GB/T 26359—2010
26	旅游电子商务网站建设技术规范	GB/T 26360—2010
27	旅游餐馆设施与服务等级划分	GB/T 26361—2010
28	国家生态旅游示范区建设与运营规范	GB/T 26362—2010
29	民族民俗文化旅游示范区认定	GB/T 26363—2010
30	宗教活动场所和旅游场所燃香安全规范	GB 26529—2011
31	旅游景区数字化应用规范	GB/T 30225—2013
32	品牌价值评价　旅游业	GB/T 31284—2014
33	城市旅游集散中心等级划分与评定	GB/T 31381—2015
34	城市旅游公共信息导向系统设置原则与要求	GB/T 31382—2015
35	旅游景区游客中心设置与服务规范	GB/T 31383—2015
36	旅游景区公共信息导向系统设置规范	GB/T 31384—2015
37	旅行社出境旅游服务规范	GB/T 31386—2015
38	山岳型旅游景区清洁服务规范	GB/T 31706—2015
39	海岛及滨海型城市旅游设施基本要求	GB/T 33538—2017
40	电子商务交易产品信息描述　旅游服务	GB/T 33989—2017
41	老年旅游服务规范　景区	GB/T 35560—2017
42	工业旅游景区服务指南	GB/T 36738—2018
43	非公路用旅游观光列车通用技术条件	GB/T 37694—2019
44	旅游度假租赁公寓　基本要求	GB/T 38547—2020
45	旅游饭店用公共信息图形符号	LB/T 001—1995
46	旅游汽车服务质量	LB/T 002—1995
47	星级饭店客房客用品质量与配备要求	LB/T 003—1996
48	旅行社国内旅游服务规范	LB/T 004—2013
49	旅行社出境旅游服务质量	LB/T 005—2011
50	星级饭店访查规范	LB/T 006—2006

续　表

序　号	标准名称	标准号
51	绿色旅游饭店	LB/T 007—2015
52	旅行社入境旅游服务规范	LB/T 009—2011
53	城市旅游集散中心等级划分与评定	LB/T 010—2011
54	旅游景区游客中心设置与服务规范	LB/T 011—2011
55	城市旅游公共信息向导系统设置原则与要求	LB/T 012—2011
56	旅游景区公共信息导向系统设置规范	LB/T 013—2011
57	旅游景区讲解服务规范	LB/T 014—2011
58	绿色旅游景区	LB/T 015—2011
59	温泉旅游企业星级划分与评定	LB/T 016—2017
60	国际邮轮口岸旅游服务规范	LB/T 017—2011
61	旅游饭店节能减排指引	LB/T 018—2011
62	旅游目的地信息分类与描述	LB/T 019—2013
63	旅游企业信息化服务指南	LB/T 021—2013
64	城市旅游公共服务基本要求	LB/T 022—2013
65	旅游企业标准体系指南	LB/T 023—2013
66	旅游特色街区服务质量要求	LB/T 024—2013
67	风景旅游道路及其游憩服务设施要求	LB/T 025—2013
68	旅游企业标准化工作指南	LB/T 026—2013
69	旅游企业标准实施评价指南	LB/T 027—2014
70	旅游类专业学生饭店实习规范	LB/T 031—2014
71	旅游类专业学生旅行社实习规范	LB/T 032—2014
72	旅游类专业学生景区实习规范	LB/T 033—2014
73	绿道旅游设施与服务规范	LB/T 035—2014
74	旅游滑雪场质量等级划分	LB/T 037—2014
75	国家商务旅游示范区建设与管理规范	LB/T 038—2014
76	导游领队引导文明旅游规范	LB/T 039—2015
77	旅游发展规划实施评估导则	LB/T 041—2015
78	国家温泉旅游名镇	LB/T 042—2015
79	旅游演艺服务与管理规范	LB/T 045—2015
80	温泉旅游服务质量规范	LB/T 046—2015
81	旅游休闲示范城市	LB/T 047—2015
82	国家绿色旅游示范基地	LB/T 048—2016

续　表

序　号	标准名称	标准号
83	国家蓝色旅游示范基地	LB/T 049—2016
84	国家人文旅游示范基地	LB/T 050—2016
85	国家康养旅游示范基地	LB/T 051—2016
86	旅行社老年旅游服务规范	LB/T 052—2016
87	红色旅游经典景区服务规范	LB/T 055—2016
88	旅游电子商务旅游产品和服务基本规范	LB/T 057—2016
89	旅游电子商务电子合同基本信息规范	LB/T 058—2016
90	城市旅游服务中心规范	LB/T 060—2017
91	旅游产品在线交易基本信息描述和要求	LB/T 062—2017
92	旅游经营者处理投诉规范	LB/T 063—2017
93	文化主题旅游饭店基本要求与评价	LB/T 064—2017
94	旅游民宿基本要求与评价	LB/T 065—2019
95	精品旅游饭店	LB/T 066—2019
96	国家工业旅游示范基地规范与评价	LB/T 067—2017
97	温泉旅游泉质等级划分	LB/T 070—2017
98	可持续无下水道旅游厕所基本要求	LB/T 071—2019
99	包价旅游产品说明书编制规范	LB/T 072—2019
100	旅行社旅游产品质量优化要求	LB/T 073—2019
101	文明旅游示范区要求与评价	LB/T 074—2019
102	文明旅游示范单位要求与评价	LB/T 075—2019
103	旅游规划设计单位等级划分与评定条件	LB/T 076—2019
104	旅游基础信息资源规范	LB/T 079—2020
105	旅游信息资源交换系统设计规范	LB/T 080—2020
106	温泉旅游水质卫生要求及管理规范	LB/T 081—2020
107	自然保护区生态旅游评价指标	LY/T 1863—2009
108	自然保护区生态旅游设施建设通则	LY/T 2010—2012
109	自然保护区生态旅游管理评价技术规范	LY/T 2089—2013

资料来源：全国标准信息公共服务平台。

二、旅游业标准体系建设

2016 年 4 月，国家旅游局制定颁布了《全国旅游标准化发展规划（2016—2020）》（以下简称《规划》），《规划》在分析我国旅游标准化现状与发展形势的基础上，提出了

2016—2020 年全国旅游标准化工作的指导思想、基本原则、规划目标、主要任务和保障措施。《规划》明确到 2020 年，旅游标准化工作改革有效深化，体制机制进一步完善；支撑产业发展的旅游标准体系更加健全，标准质量水平显著提升；旅游标准实施效果明显增强，整体质量效益及其对旅游业发展的贡献大幅提升；旅游标准化发展基础更加坚实，标准创新能力和参与国际旅游标准化活动能力明显增强，我国迈入世界旅游标准强国行列。

2016 年，旅游业标准体系进行了修订。

（一）修订依据

（1）《关于加快发展生活性服务业促进消费结构升级的指导意见》（国办发〔2015〕85 号）。

（2）《关于进一步促进旅游投资和消费的若干意见》（国办发〔2015〕62 号）。

（3）《中国旅游业发展"十三五"规划》（国家旅游局，2015）。

（4）《全国旅游标准化发展规划（2016—2020）》（国家旅游局，2016）。

（5）《国家标准化体系建设发展规划（2016—2020 年）》（国办发〔2015〕89 号）。

（6）《关于促进旅游业改革发展的若干意见》（国发〔2014〕31 号）。

（7）《国民旅游休闲纲要（2013—2020）》（国办发〔2013〕10 号）。

（二）修订原则

标准体系作为标准的系统集成，应该具有布局合理、领域完整、结构清晰、体系完善、功能协调的特征。本次修订主要考虑标准的系统性、协调性、完整性和开放性。

（1）系统性：旅游领域范围内的所有现行标准结构清晰、功能明确、布局合理、满足旅游领域对标准的总体配置需求。

（2）协调性：旅游领域范围内的所有现行标准各功能模块配合得当、各司其职，不存在交叉、重叠、矛盾、不协调不配套等现象。

（3）完整性：旅游领域范围内的所有现行标准当前需要的功能模块（或标准）都已齐备。

（4）开放性：旅游领域范围内的所有现行标准具有兼容性和扩容性，为未来留出发展空间和余地，不断吸收新业态、新技术，满足新需求。

（三）要点和内容

"十三五"旅游业标准体系详见图 8-1。

（1）区分自愿性标准与可能上升为技术法规的标准。

（2）区分基础性标准（如术语、图形符号等）与非基础性标准。

（3）不再以生产要素作为分类标准，而是以业态、产品（服务）供应商类型、功能类别作为分类依据。

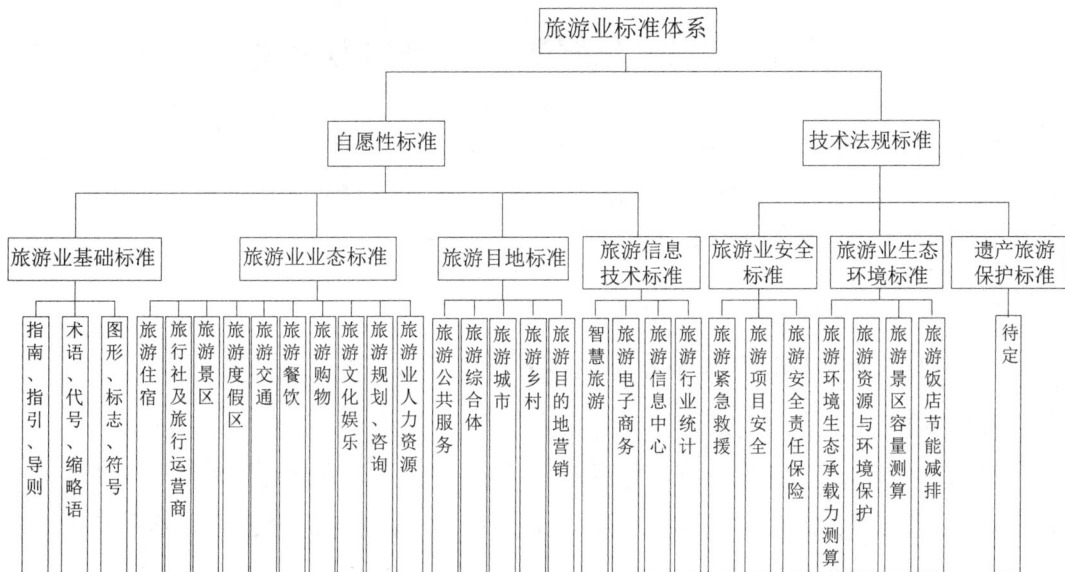

图 8-1　"十三五"旅游业标准体系

（4）对于信息通信技术（ICT）在旅游业的应用和融合，如智慧旅游、旅游电子商务等标准单独分成一类。

（5）新版标准体系表中对于各旅游产品不再单独做标准，而是出现在旅游业基础术语中，以及旅游业态的标准中，鼓励产品开发的市场主体创意创新。

（6）随着旅游业的发展带动了与此相关的旅游开发规划和咨询行业，成为一个新的旅游相关行业，由于旅游规划对于旅游发展的重要性，引导和规范旅游开发规划和咨询市场发展具有重要意义，因此新增旅游规划和咨询类别，主要面向各类旅游规划设计公司、旅游管理咨询公司的用户。

（7）新增旅游目的地这一类别是为了将不收门票的"景区（或旅游吸引物）"从收门票的"旅游景区"中独立出来，着眼于旅游公共服务和管理，主要用户和责任主体是当地旅游相关管理部门。

（8）考虑到信息通信技术的迅猛发展，以及与旅游业全方位的深度融合，单列"旅游信息技术标准"，在现行统计框架外，通过旅游信息技术得到行业和市场数据，旨在引导和规范利用信息技术进行旅游统计和数据采集的方法。

（9）技术法规标准是指可以通过《中华人民共和国旅游法》等相关的法律法规的赋权，成为强制执行的标准。

第二节　生产性服务业——物流标准化

物流业是融合运输、仓储、货代、信息等产业的复合型服务业，是支撑国民经济发展的基础性、战略性产业。物流标准化是保障物流运作安全便利、高效畅通的重要手段，对于提高物流服务水平、降低物流成本、促进我国物流业健康发展、增强国际竞争力具有重要作用。

一、我国物流标准化发展现状与面临的形势

（一）发展现状

"十二五"以来，我国物流标准体系逐步完善，物流标准制修订工作顺利推进，物流标准实施成效显著，物流标准化机制不断完善，为物流业健康发展发挥了重要作用。

1. 物流标准体系逐步完善

在《全国物流标准2005年—2010年发展规划》的基础上，根据《物流业调整和振兴规划》，国家标准委会同国家发改委等10部门联合印发了《全国物流标准专项规划》，确立了以物流基础通用类、公共类和专业类物流标准为主体结构的物流标准体系总体框架。交通运输、仓储配送、快递物流、商贸物流、设施设备等物流领域的标准化工作快速发展，物流标准体系进一步完善。

2. 物流标准制修订工作顺利推进

"十二五"以来，我国新发布物流国家标准152项，物流国家标准总数已达466项，其中基础通用类国家标准47项、公共类国家标准252项、专业类国家标准167项。行业和地方也积极推动物流标准制修订工作。截至2014年6月底，我国已发布各类物流标准达794项。冷链物流、医药物流、应急物流、汽车物流等专业类物流标准的制修订工作深入推进，专业类物流标准数量和水平大幅提升，有力地推动了专业物流的快速发展。物流全流程、各领域逐步实现"有标准可依"。

3. 物流标准实施取得成效

近年来，政府部门、行业组织、相关企业积极推进物流标准实施。国家标准委组织开展了"服务业标准化试点"工作，有效提高了物流企业参与和实施标准的能力和水平，促进了物流服务质量提升。各部门和行业组织的物流标准宣贯工作稳步推进，各领域物流服务的规范性和协同性逐步提高。物流企业分类与评估、快递服务等一批重点标准的实施工作取得了明显成效，在加强物流企业规范自律、诚信经营、健康发展等方面发挥了重要作用，得到了政府、市场和社会各界的广泛认可。

4. 物流标准化工作机制不断改善

物流标准制修订全过程管理机制进一步完善，标准化技术组织和人才队伍建设不断加强，标准制修订的前期研究逐步夯实，物流标准实施监督管理机制初步建立，企业参与物流标准化工作的积极性显著提高，有效推动了物流标准的实施应用。上海、北京、广东、重庆等地相继成立了地方物流标准化技术组织，形成了国家、地方、企业协同推进物流标准化工作的良好局面。

5. 物流领域国际标准化工作顺利开展

我们密切跟踪物流领域国际标准化发展动态，主动参与国际标准制修订，积极采用国际先进的物流标准。企业参与物流领域国际标准制修订的积极性明显增强，由我国企业参与制定的《集装箱 RFID 货运标签系统》（ISO 18186:2011）等国际标准，对引导物流业健康发展发挥了重要作用。总体上看，我国物流标准化工作取得了长足进展。但是，由于我国物流标准化工作起步较晚，尚存在标准与物流业发展不相适应、标准实施存在着"用"得不到位、使用效果差等突出问题，具体表现在：一是物流标准化工作协同推进机制有待进一步完善；二是部分领域间标准协调性有待提高；三是重点领域、新兴领域物流标准尚不能满足技术创新、产业转型和社会事业快速发展的需求；四是物流标准的实施缺乏相应的配套措施；五是实质性参与国际标准化工作的能力和水平有待提升。

（二）面临的形势

当前，经济全球化深入发展，新一轮供应链下的资源全球配置使得物流市场竞争日趋激烈，"互联网+"、高新技术的不断创新加速了产业融合步伐。伴随着改革全面深化、经济转型持续升级、产业结构不断调整、物流市场快速发展、企业对物流标准需求日益增加等变化，特别是《物流业发展中长期规划（2014—2020年）》进一步明确了物流在国民经济发展中的基础性、战略性产业地位，物流业发展对标准化工作提出了新的要求，我国物流标准化工作面临新的形势。

1. 全面深化改革为物流标准化提供新动力

中共十八届三中全会提出发挥市场在资源配置中的决定性作用、加快转变政府职能的要求；《深化标准化工作改革方案》也提出要健全统一协调、运行高效、政府与市场共治的标准化管理体制。上述要求均需要在物流各类标准中区分政府与市场的关系定位，充分发挥政府、社会组织、产业技术联盟、企业等各方在物流标准化工作中的作用。

2. 科技进步对物流标准化提出新要求

科技进步促进生产工艺不断变革，产品更新速度持续加快，催生了一系列新兴产业、物流新技术、新服务与新模式，亟须在相关领域制修订一批物流标准，以提高采购、生产、销售、回收等供应链各环节标准的协调性，保障物流服务优质、高效、稳定、便捷，推动产业融合发展。

3. 关注公共利益成为物流标准化新重点

经济社会的快速发展和人民生活水平的不断提高，促使公共利益维护意识不断增强，对资源节约、环境保护、市场秩序稳定、诚信建设、消费者权益保护等方面提出更高要求，亟须在相关领域开展物流标准制修订工作，并不断提高标准的执行力与监管力，保证公共利益不受侵害。

4. 统一开放市场需要物流标准化提供新支撑

在国家简政放权的大背景下，物流市场的统一开放、深入发展，要求打破行业间、地区间的技术封锁和交流障碍，需要依托标准构建统一市场秩序，营造公平竞争环境，为物流市场运行提质增效提供规范化支撑。

5. 经济全球化标示物流标准化新方向

随着国际产业转移进程加速和我国"走出去"战略的实施，与采购、生产、销售、回收全球化相适应的物流模式正在形成，我国物流企业参与国际竞争的程度不断加深，迫切需要从服务质量、设施设备、术语标识等方面与国际标准对接，支撑构建国际物流服务网络，打造具有国际竞争力的跨国物流企业。

二、国际物流标准化现状

随着贸易的国际化，标准也日趋国际化。经国际标准为基础制定本国标准，已经成为 WTO 对各成员的要求。目前，世界上约有 300 个国际和区域性组织制定标准和技术规则，其中较大的是国际标准化组织（ISO）、国际电工委员会（IEC）、国际电信联盟（ITU）、国际物品编码协会（EAN）与美国统一代码委员会（UCC）等。它们创立的 ISO、IEC、ITU、EAN、UCC 均为国际标准。

从世界范围看物流体系的标准化，各个国家都还处于初始阶段，标准化的重点在于通过制定标准规格尺寸来实现全物流系统的贯通，提高物流效率。

与物流密切相关的两大标准体系为 ISO 和 EAN。

（一）ISO

ISO 与联合国欧洲经济委员会（UN/ECE）共同承担电子数据交换（EDI）标准制定，ISO 负责语法规则和数据标准制定，UN/ECE 负责报文标准制定。在 ISO 现有的标准体系中，与物流相关的标准有 2000 多条。

（二）EAN、UCC

EAN 开发的对物流单元和物流节点的编码，可以用确定的报文格式通信，国际化的 EAN.UCC 标准是电子数据交换（EDI）的保证，是电子商务的前提，也是物流现代化的基础。

EAN 就是管理除北美以外的对货物、运输、服务和位置进行唯一有效编码并推动其应用的国际组织，是国际上从事物流信息标准化的重要国际组织。而 UCC 是北美地区与 EAN 对应的组织。近两年来，两个组织加强合作，达成了联盟，以共同管理和推广 EAN.UCC 系统，旨在全球范围内推广物理信息标准化。其中推广商品条码技术是其系统的核心，它为商品提供了用标准条码表示的有效的、标准的编码，而且商品编码的唯一性使得它们可以在世界范围内被跟踪。

三、发达国家物流标准化发展现状

随着信息技术和电子商务、电子数据、供应链的快速发展，国际物流业已经进入快速发展阶段。而物流系统的标准化和规范化，已经成为先进国家提高物流动作效率和效益，提高竞争力的必备手段。在国际集装箱和 EDI 技术发展的基础上，各国开始进一步在物流的交易条件、技术装备规格，特别是单证、法律环境、管理手段等方面推行国际统一标准，使国内物流与国际物流融为一体。

（一）美国

美国作为北大西洋公约组织成员之一，参加了北大西洋公约组织的物流标准制定工作，制定出了物流结构、基本词汇、定义、物流技术规范、海上多国部队物流、物流信息识别系统等标准。美国国防部建立了军用和民用物流的数据记录、信息管理等方面和标准规范。美国国家标准协会（ANSI）积极推进物流的运输、供应链、配送、仓储、EDI 和进出口等方面的标准化工作。

（二）日本

日本是对物流标准化比较重视的国家之一，标准化的速度也很快。日本在标准体系研究中注重与美国和欧洲进行合作，将重点放在标准的国际通用性上。日本政府工业技术院委托日本物流管理协会花 4 年的时间对物流机械、设备的标准化进行调查研究。目前已经提出日本工业标准（JIS）关于物流方面的若干草案，它们包括物流模数体系、集装的基本尺寸、物流用语、物流设施的设备基准、输送用包装的系列尺寸（包装模数）、包装用语、大型集装箱、塑料制通用箱、平托盘、卡车车厢内壁尺寸等。

（三）欧洲

欧洲标准化委员会（CEN）是 1961 年成立的标准化组织。该组织目前设立了第 320 技术委员会，负责运输、物流和服务（transport-logistics and service）的标准化工作，相关的还设立了第 278 技术委员会，负责道路交通和运输的信息化，分 14 个工作组进行与 ISO/TC 204 内容大致相同的标准制定工作。另外还有第 119 技术委员会和第 296 技术委员会。这些委员会共同推进物流标准化进程，在标准制定过程中，进行多方面的联系与合作。

四、物流标准体系建设

（一）物流体系表编制原则

1. 突出物流特点原则

物流关系到社会经济活动的各个方面，过去许多部门和行业的标准都涉及物流问题。随着经济发展和技术的进步，市场对物流提出了许多新的要求，物流自身的现代化水平也在大大提高，与传统方式相比，很多方面已经发生了本质的变化。现代物流的特征主要表现为具有不同功能的企业摒弃了传统的独立、分段、自成体系的运作方式，用供应链管理的理念构建物流系统并实施管理。这个系统强调协调、高效、通畅、可视，实施一体化运作、一站式服务。物流标准体系表应重点突出这些特点，最大限度反映出物流业的进步。原来各部门传统作业下制定的标准，仍然适应当前经济发展要求的可以以相关标准形式采用。

2. 市场导向原则

物流是社会分工专业化的产物，它与经济水平和市场发达程度密切相关，我国正在加快向市场经济体制过渡，物流标准化工作已从"行政需求"转向"市场需求"，有需求的标准才有价值。从物流服务的过程看，政府部门、企业、客户对物流标准的需求各不相同。政府从宏观管理出发，要求建立统一的企业运营绩效、管理等指标体系，以及企业共性管理的相关规范，所以要制订管理类标准；企业从技术角度出发，最关心的是相互之间的管理与技术接口问题，如多式联运的相关标准、信息传输与交换相关标准等，所以要制定技术类标准以促进企业间物流资源的协调与整合；客户从物流服务要求出发，需要制定标准来规范物流企业与客户之间的业务往来关系，如物流服务合同、物流服务质量标准等。根据上述原则，物流标准体系表所附明细表中主要列出的，一是已经出台的有使用价值，但标准之间衔接性差、标准规范不相一致，需要尽快修订的标准；二是市场当前急需的应尽快着手制定的标准。

3. 一致性与协调性原则

物流是个复合型产业，涉及众多的部门。由于传统管理体制的局限，现存的与物流相关的标准大量是行业和部门组织制定的，虽然在一定程度上反映了物流活动的特点，但是不成体系，描述的往往只是某一个部门或行业的规定性要求，反映不了现代物流相互联系的一体化、综合化运作的本质。所以在体系表的研究编制过程中，部门和行业色彩已被大大淡化，不强调标准编制和管理的主体，而把重点放在如何将物流活动中各相关行业、企业的标准协调、衔接起来，同时兼顾我国物流标准与国际标准接轨的需要。为了使物流标准在涉及众多行业时减少矛盾和遗漏，我们借鉴农业部的经验，在按照标准化对象与物流功能进行标准分类的同时，也考虑了产业类别的因素，以保障物流标准的一致性和相互配合性。物流标准体系分类的三维结构如图 8-2 所示。

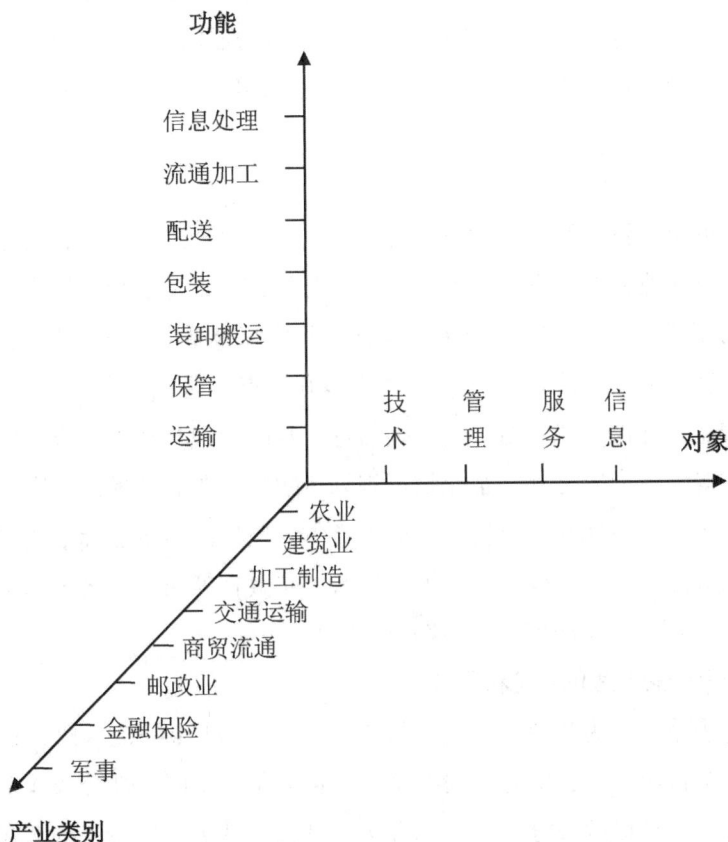

图 8-2 物流标准体系分类的三维结构

从操作层面上看，物流标准体系表强调的是协调性、一致性，而不是管理的统一性。这是因为物流标准涉及并渗透在许多行业与部门的标准体系中，要按照物流特征及其内在联系建立一套完整、科学、可操作性强的体系表，离不开各行业、各部门的相互配合与协调，也可以说，部门与行业高度一致的配合与协调，是我国物流标准科学体系能否最终形成的关键环节，在建立完善和实施物流标准体系表及发展规划过程中需要特别加强。

4.科学发展原则

物流标准体系表的建立是一项系统性很强的基础性工作，要做好这项工作，就必须坚持科学发展的原则，把基础打牢打实，用动态的、不断发展的观点指导物流标准体系表的制定。在这个过程中，要注意做好 3 个方面的工作：一是我国的物流研究还没有形成系统的理论，物流科学还在不断探索过程当中，物流标准体系表的制定与完善应不断注意吸收充实最新的物流理论研究成果；二是相对于理论研究，我国从事现代物流实践的起步时间更短，因此，在制定物流标准体系表时，还应积极借鉴与吸收其他行业标准体系建立过程中的经验和创新；三是目前物流标准体系表的形成只能建立在现有研究成果的基础上，为保证其科学性，体系表的划分宜粗不宜细，以留出充分的修改、补充和完善的余地。

5. 推进企业创新原则

制定标准的目的不是为了限制或制约企业正常的生产经营活动，而是要通过标准的实施，积极促进企业在规范发展中不断进行提升和创新。建设物流标准科学体系，从根本上说，是为了推进物流企业在经济全球化、我国积极融入国际市场经济的大背景下，在一个基础准则平台上，充分发挥自己的优势和特点，通过公平竞争不断成长和壮大。因此除涉及安全、环保、产业衔接、基础信息、基础管理与技术、服务质量与规定、消费者权益保护等方面内容之外，企业物流规划、物流企业服务模式、服务功能等方面的标准，以及物流作业规程及物流设备标准等应主要通过制定企业标准进行规范，并鼓励企业在这方面大胆尝试，积极探索，勇于创新，向微软等国际著名公司学习，通过推进本企业的标准，不断提高企业的市场核心竞争力。

（二）物流标准体系表的结构和层次

标准体系表第一层为物流通用基础标准层，主要包括：物流术语、物流企业分类标准、物流标志标识等。第二层是根据物流标准化对象的不同特性分成4个专业类别。其中物流技术标准又分成两部分，即技术方法、设施与设备。除物流技术部分以外，物流信息标准和物流服务标准分为 3 ~ 4 个部分。物流管理标准部分专业较细，可分为6个部分。物流标准体系表层次结构图如图 8-3 所示。

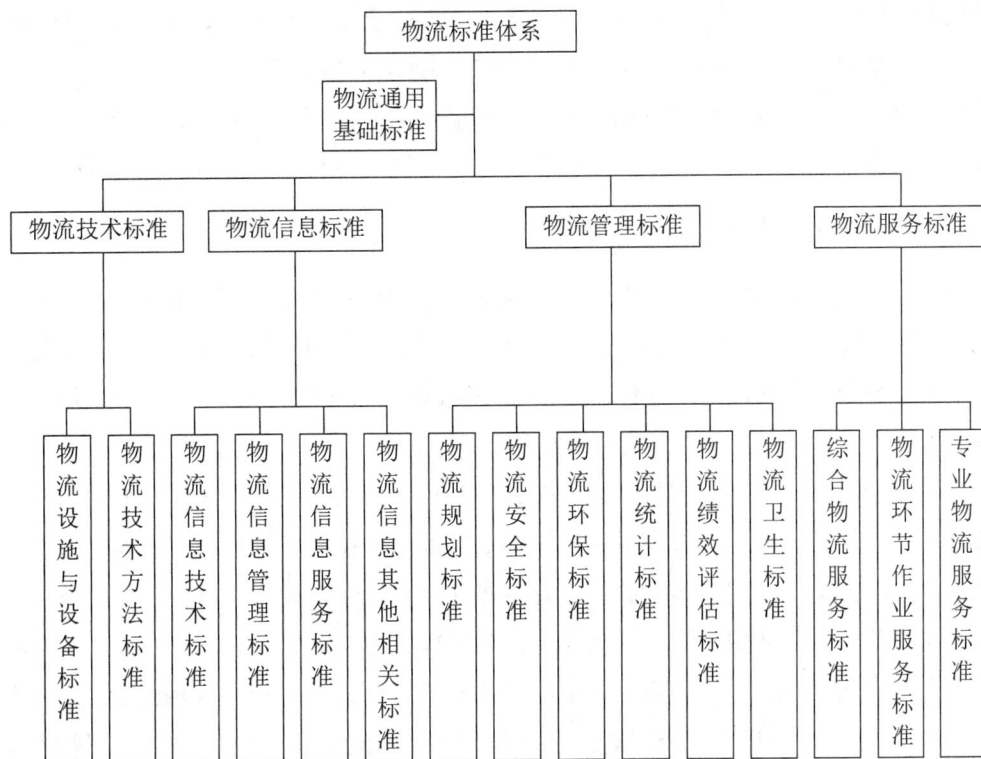

图 8-3　物流标准体系表层次结构

第三节　社会管理与公共服务——养老服务标准化

党的十九大报告中提出，构建养老、孝老、敬老政策体系和社会环境，推进医养结合，加快老龄事业和产业发展。这为新时代中国特色养老事业指明了方向。

2019 年 3 月 5 日，国务院总理李克强在第十三届全国人民代表大会第二次会议上所做的政府工作报告中指出，我国 60 岁以上人口已达 2.5 亿。要大力发展养老特别是社区养老服务业，对在社区提供日间照料、康复护理、助餐助行等服务的机构给予税费减免、资金支持、水电气热价格优惠等扶持，新建居住区应配套建设社区养老服务措施，改革完善医养结合政策，扩大长期护理保险制度试点，让老年人拥有幸福的晚年。

我国是世界上唯一的老年人口已经超过 2 亿人的国家，并且老年人口数正在以每年 3% 以上的速度快速增长。2019 年，我国 60 岁以上老年人口 25388 万人，占总人口的 18.1%。2019 年，我国老龄化形势更加严峻，我国老年抚养比为 19.6%，较上一年度的 16.8%，增幅为 11 年来最大。而 2009 年，我国的老年抚养比仅为 11.6%，11 年来，我国老年抚养比增加了 8%，并呈老年抚养比加速增长的趋势，可以预见，我国未来养老的形势将会非常严峻，需要齐全国之力，以应对正在加速的人口老龄化趋势。

养老服务业是由老年消费市场需求增长而形成的一个新兴产业，它以老年人口为服务对象，涵盖老年人的生活照料、医疗护理、文化娱乐、精神慰藉等多个生产服务门类。

一、养老服务标准化现状

"十一五"时期，我国社会管理和公共服务领域标准化基础研究开始起步并取得了初步成效。《国务院关于加快发展养老服务业的若干意见》（国发〔2013〕35 号）成为促进养老服务业健康有序发展的指导性纲领，《养老服务业标准化建设规划》让养老服务标准化建设逐步步入正轨，但总体上我国的养老服务标准化建设仍处于起步阶段。

我国养老服务的社会需求量大，但作为一个较为新兴的产业，已发布的相关服务标准却并不多，养老服务业尚未建成完整科学的服务标准体系。从目前对于养老服务业标准化建设的研究情况来看，养老服务具有多样性和差异性，无论是机构养老还是居家养老，不同的养老方式适用于不同的老年人，其标准也各有差异。总体看来，我国在养老服务标准化方面，侧重于研究机构养老的相关标准。例如，《养老机构服务质量》《老年人居住建筑设计标准》等国家级养老服务标准，《老年人建筑设计规范》《养老机构安全管理》等行业养老服务标准，大多都是针对机构养老服务领域设立的规范和标准。

目前，还没有建立国家层面的养老服务标准化技术委员会。继 2012 年天津市成立居家养老服务标准化技术委员会之后，浙江、安徽也于 2016 年成立了省级层面的养老服务标准化技术委员会，进一步促进了养老服务工作开展的有序化和标准化。

二、养老服务标准体系建设

（一）基本原则

1. 全面系统、协调统一

科学梳理养老服务各领域、各要素，构建内容全面、结构完整、层次清晰的标准体系。

2. 开放兼容、动态优化

保持体系的开放性和可扩充性，结合养老服务发展变化，适时调整完善。

3. 突出重点、适度超前

优先制定基础通用、行业急需、支撑保障类标准，标准体系建构和标准制定要结合行业发展需要并适度超前，不断提高标准体系的引导性与适用性。

（二）建设思路

结合我国养老服务发展现状与趋势，从老年人自理能力、养老服务形式、服务、管理等四个维度，确定养老服务标准体系因素。

第一个维度：老年人自理能力。养老服务以需求为导向，不同自理能力的老年人需要不同的养老服务，将老年人按照自理程度分为自理老年人、部分自理老年人、完全不能自理老年人三大类。

第二个维度：养老服务形式。按照我国养老服务体系构成，养老服务形式分为居家养老、社区养老、机构养老三类。

第三个维度：服务。养老服务中涉及的各类服务项目、领域、类型。

第四个维度：管理。养老服务中涉及的人员、场所、设施、安全等各类管理要素。

（三）养老服务标准体系框架

按照 GB/T 24421.2—2009《服务业组织标准化工作指南　第 2 部分：标准体系》关于标准体系总体结构的规定，养老服务标准体系包括通用基础、服务提供、支撑保障 3 个子体系。结合养老服务标准体系构成因素，搭建养老服务标准体系框架（见图 8-4）。

子体系一：通用基础标准，是指养老服务范围内，被普遍使用、具有广泛指导意义的标准，包括标准化导则、术语与缩略语、符号与标志、分类、评估、数据、质量管理等。

子体系二：服务提供标准，是指涉及养老服务的具体内容及事项。根据老年人的不同服务需求，服务提供标准包括生活照料服务标准、精神慰藉服务标准、健康管理服务标准、医疗护理服务标准、安宁疗护服务标准、社会工作服务标准、休闲娱乐服务标准、文化教育服务标准、权益保障标准等。

子体系三：支撑保障标准，是指养老服务业组织为支撑养老服务有效提供而制定的规范性文件，包括服务提供者标准，管理标准，信息化标准，建筑、设施设备与用品标准，环境、安全与卫生标准等。

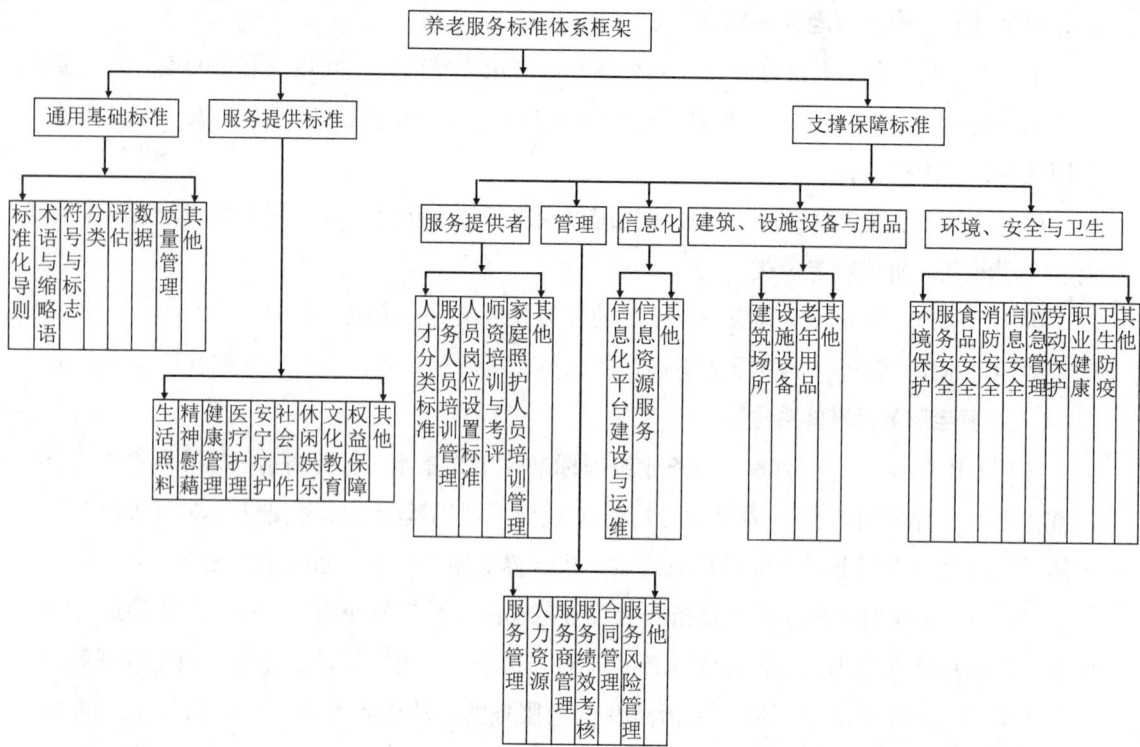

图 8-4 养老服务标准体系框架

◆◆◆ **复习思考题**

1. 简述旅游标准化国内外现状。

2. 举例说明旅游标准体系构建思路。

3. 简述物流标准体系分类的三维结构。

4. 讨论物流标准体系表的结构和层次。

5. 简述养老服务标准体系框架。

6. 说明养老服务标准框架建设思路。

参考文献

白殿一，刘慎斋，等 . 标准化文件的起草 [M]. 北京：中国标准出版社，2020.

国家标准化管理委员会服务业标准部，全国服务标准化技术委员会 . 服务业组织标准化工
　　作指南 [M]. 北京：中国标准出版社，2010.

国家标准化管理委员会服务业标准部，全国服务标准化技术委员会 . 服务业标准化 [M]. 北
　　京：中国标准出版社，2013.

国家标准化管理委员会，国家发展和改革委员会，工业和信息化部，等 . 物流标准化中长
　　期发展规划（2015—2020 年）[EB/OL].（2016-04-21）[2021-05-21]. https:// max. book
　　118.com/html/2016/0416/40568837.shtm.

李春田 . 标准化概论 [M]. 6 版 . 北京：中国标准出版社，2014.

李鹏，等 . 旅游标准化理论研究与实践 [M]. 北京：中国旅游出版社，2013.

刘北林 . 现代服务学概论 [M]. 北京：中国物资出版社，2008.

柳成洋，等 . 服务标准化导论 [M]. 北京：中国标准出版社，2009.

柳成洋，等 . 服务标准的编写 [M]. 北京：中国标准出版社，2014.

全国标准化原理与方法标准化技术委员会 . 标准化工作导则　第 1 部分：标准化文件的结
　　构和起草规则：GB/T 1.1—2020[S]. 北京：中国标准出版社，2020: 3.

全国服务标准化技术委员会 . 服务业组织标准化工作指南　第 2 部分：标准体系：GB/T
　　24421.2—2009[S]. 北京：中国标准出版社，2009: 9.

全国服务标准化技术委员会 . 服务业组织标准化工作指南　第 4 部分：标准实施及评价：
　　GB/T 24421.4—2009[S]. 北京：中国标准出版社，2009: 9.

全国服务标准化技术委员会 . 服务标准制定导则　考虑消费者需求：GB/T 24620—2009[S].
　　北京：中国标准出版社，2009: 11.

全国旅游标准化技术委员会 . 游乐园 (场) 服务质量：GB/T 16767—2010[S]. 北京：中国标
　　准出版社，2011: 1.

全国服务标准化技术委员会 . 快递服务　第 2 部分：组织要求：GB/T 27917.2—2011[S]. 北
　　京：中国标准出版社，2011: 12.

全国服务标准化技术委员会 . 快递服务　第 3 部分：服务环节：GB/T 27917.3—2011[S]. 北
　　京：中国标准出版社，2011: 12.

全国服务标准化技术委员会. 服务业标准体系编写指南: GB/T 30226—2013[S]. 北京: 中国标准出版社, 2013: 12.

全国服务标准化技术委员会. 影视拍摄基地服务规范: GB/T 32944—2016[S]. 北京: 中国标准出版社, 2016: 8.

全国服务标准化技术委员会. 温泉服务基本规范: GB/T 35555—2017[S]. 北京: 中国标准出版社, 2017: 12.

全国服务标准化技术委员会. 老年旅游服务规范 景区: GB/T 35560—2017[S]. 北京: 中国标准出版社, 2017: 12.

全国服务标准化技术委员会. 高技术服务业服务质量评价指南: GB/T 35966—2018[S]. 北京: 中国标准出版社, 2018: 2.

全国服务标准化技术委员会. 服务质量评价通则: GB/T 36733—2018[S]. 北京: 中国标准出版社, 2018: 9.

全国服务标准化技术委员会. 主题公园演艺服务规范: GB/T 36734—2018[S]. 北京: 中国标准出版社, 2018: 9.

全国服务标准化技术委员会. 社区便民服务中西服务规范: GB/T 36735—2018[S]. 北京: 中国标准出版社, 2018: 9.

全国服务标准化技术委员会. 生态休闲养生(养老)基地建设和运营服务规范: GB/T 36732—2018[S]. 北京: 中国标准出版社, 2018:9.

全国服务标准化技术委员会. 就业年龄段智力、精神及重度肢体残疾人托养服务规范: GB/T 37516—2019[S]. 北京: 中国标准出版社, 2019: 6.

全国服务标准化技术委员会. 招标代理服务规范: GB/T 38357—2019[S]. 北京: 中国标准出版社, 2019: 12.

全国服务标准化技术委员会. 餐饮分餐制设计实施指南: GB/T 39002—2020[S]. 北京: 中国标准出版社, 2020: 6.

中华人民共和国国家旅游局. 全国旅游标准化发展规划（2016—2020）[EB/OL]. (2017-05-12) [2021-05-21]. https://max.book118.com/html/2017/0512/106116679.shtm.

中国标准化研究院. 服务业国民经济行业分类: GB/T 4754—2017[S]. 北京: 中国标准出版社, 2017: 6.

中国标准化研究院. 标准体系构建原则和要求: GB/T 13016—2018[S]. 北京: 中国标准出版社, 2018 : 2.

中国标准化研究院. 企业标准体系表编制指南: GB/T 13017—2018[S]. 北京: 中国标准出版社, 2018: 2.

附　录

附录 1

国务院关于加快发展服务业的若干意见

国发〔2007〕7号

各省、自治区、直辖市人民政府，国务院各部委、各直属机构：

根据"十一五"规划纲要确定的服务业发展总体方向和基本思路，为加快发展服务业，现提出以下意见：

一、充分认识加快发展服务业的重大意义

服务业是国民经济的重要组成部分，服务业的发展水平是衡量现代社会经济发达程度的重要标志。我国正处于全面建设小康社会和工业化、城镇化、市场化、国际化加速发展时期，已初步具备支撑经济又好又快发展的诸多条件。加快发展服务业，提高服务业在三次产业结构中的比重，尽快使服务业成为国民经济的主导产业，是推进经济结构调整、加快转变经济增长方式的必由之路，是有效缓解能源资源短缺的瓶颈制约、提高资源利用效率的迫切需要，是适应对外开放新形势、实现综合国力整体跃升的有效途径。加快发展服务业，形成较为完备的服务业体系，提供满足人民群众物质文化生活需要的丰富产品，并成为吸纳城乡新增就业的主要渠道，也是解决民生问题、促进社会和谐、全面建设小康社会的内在要求。为此，必须从贯彻落实科学发展观和构建社会主义和谐社会战略思想的高度，把加快发展服务业作为一项重大而长期的战略任务抓紧抓好。

党中央、国务院历来重视服务业发展，制定了一系列鼓励和支持发展的政策措施，取得了明显成效。特别是党的十六大以来，服务业规模继续扩大，结构和质量得到改善，服务领域改革开放不断深化，在促进经济平稳较快发展、扩大就业等方面发挥了重要作用。但是，当前在服务业发展中还存在不容忽视的问题，特别是一些地方过于看重发展工业尤其是重工业，对发展服务业重视不够。我国服务业总体上供给不足，结构不合理，服务水平低，竞争力不强，对国民经济发展的贡献率不高，与经济社会加快发展、产业结构调整升级不相适应，与全面建设小康社会和构建社会主义和谐社会的要求不相适应，

与经济全球化和全面对外开放的新形势不相适应。各地区、各部门要进一步提高认识，切实把思想统一到中央的决策和部署上来，转变发展观念，拓宽发展思路，着力解决存在的问题，加快把服务业提高到一个新的水平，推动经济社会走上科学发展的轨道，促进国民经济又好又快发展。

二、加快发展服务业的总体要求和主要目标

当前和今后一个时期，发展服务业的总体要求是：以邓小平理论和"三个代表"重要思想为指导，全面贯彻落实科学发展观和构建社会主义和谐社会的重要战略思想，将发展服务业作为加快推进产业结构调整、转变经济增长方式、提高国民经济整体素质、实现全面协调可持续发展的重要途径，坚持以人为本、普惠公平，进一步完善覆盖城乡、功能合理的公共服务体系和机制，不断提高公共服务的供给能力和水平；坚持市场化、产业化、社会化的方向，促进服务业拓宽领域、增强功能、优化结构；坚持统筹协调、分类指导，发挥比较优势，合理规划布局，构建充满活力、特色明显、优势互补的服务业发展格局；坚持创新发展，扩大对外开放，吸收发达国家的先进经验、技术和管理方式，提高服务业国际竞争力，实现服务业又好又快发展。

根据"十一五"规划纲要，"十一五"时期服务业发展的主要目标是：到 2010 年，服务业增加值占国内生产总值的比重比 2005 年提高 3 个百分点，服务业从业人员占全社会从业人员的比重比 2005 年提高 4 个百分点，服务贸易总额达到 4000 亿美元；有条件的大中城市形成以服务经济为主的产业结构，服务业增加值增长速度超过国内生产总值和第二产业增长速度。到 2020 年，基本实现经济结构向以服务经济为主的转变，服务业增加值占国内生产总值的比重超过 50%，服务业结构显著优化，就业容量显著增加，公共服务均等化程度显著提高，市场竞争力显著增强，总体发展水平基本与全面建设小康社会的要求相适应。

三、大力优化服务业发展结构

适应新型工业化和居民消费结构升级的新形势，重点发展现代服务业，规范提升传统服务业，充分发挥服务业吸纳就业的作用，优化行业结构，提升技术结构，改善组织结构，全面提高服务业发展水平。

大力发展面向生产的服务业，促进现代制造业与服务业有机融合、互动发展。细化深化专业分工，鼓励生产制造企业改造现有业务流程，推进业务外包，加强核心竞争力，同时加快从生产加工环节向自主研发、品牌营销等服务环节延伸，降低资源消耗，提高产品的附加值。优先发展运输业，提升物流的专业化、社会化服务水平，大力发展第三方物流；积极发展信息服务业，加快发展软件业，坚持以信息化带动工业化，完善信息基

础设施，积极推进"三网"融合，发展增值和互联网业务，推进电子商务和电子政务；有序发展金融服务业，健全金融市场体系，加快产品、服务和管理创新；大力发展科技服务业，充分发挥科技对服务业发展的支撑和引领作用，鼓励发展专业化的科技研发、技术推广、工业设计和节能服务业；规范发展法律咨询、会计审计、工程咨询、认证认可、信用评估、广告会展等商务服务业；提升改造商贸流通业，推广连锁经营、特许经营等现代经营方式和新型业态。通过发展服务业实现物尽其用、货畅其流、人尽其才，降低社会交易成本，提高资源配置效率，加快走上新型工业化发展道路。

大力发展面向民生的服务业，积极拓展新型服务领域，不断培育形成服务业新的增长点。围绕城镇化和人口老龄化的要求，大力发展市政公用事业、房地产和物业服务、社区服务、家政服务和社会化养老等服务业。围绕构建和谐社会的要求，大力发展教育、医疗卫生、新闻出版、邮政、电信、广播影视等服务事业，以农村和欠发达地区为重点，加强公共服务体系建设，优化城乡区域服务业结构，逐步实现公共服务的均等化。围绕小康社会建设目标和消费结构转型升级的要求，大力发展旅游、文化、体育和休闲娱乐等服务业，优化服务消费结构，丰富人民群众精神文化生活。服务业是今后我国扩大就业的主要渠道，要着重发展就业容量大的服务业，鼓励其他服务业更多吸纳就业，充分挖掘服务业安置就业的巨大潜力。

大力培育服务业市场主体，优化服务业组织结构。鼓励服务业企业增强自主创新能力，通过技术进步提高整体素质和竞争力，不断进行管理创新、服务创新、产品创新。依托有竞争力的企业，通过兼并、联合、重组、上市等方式，促进规模化、品牌化、网络化经营，形成一批拥有自主知识产权和知名品牌、具有较强竞争力的大型服务企业或企业集团。鼓励和引导非公有制经济发展服务业，积极扶持中小服务企业发展，发挥其在自主创业、吸纳就业等方面的优势。

四、科学调整服务业发展布局

在实现普遍服务和满足基本需求的前提下，依托比较优势和区域经济发展的实际，科学合理规划，形成充满活力、适应市场、各具特色、优势互补的服务业发展格局。

城市要充分发挥人才、物流、信息、资金等相对集中的优势，加快结构调整步伐，提高服务业的质量和水平。直辖市、计划单列市、省会城市和其他有条件的大中城市要加快形成以服务经济为主的产业结构。发达地区特别是珠江三角洲、长江三角洲、环渤海地区要依托工业化进程较快、居民收入和消费水平较高的优势，大力发展现代服务业，促进服务业升级换代，提高服务业质量，推动经济增长主要由服务业增长带动。中西部地区要改变只有工业发展后才能发展服务业的观念，积极发展具有比较优势的服务业和传统服务业，承接东部地区转移产业，使服务业发展尽快上一个新台阶，不断提高服务业对经济增长的贡献率。

各地区要按照国家规划、城镇化发展趋势和工业布局，引导交通、信息、研发、设计、商务服务等辐射集聚效应较强的服务行业，依托城市群、中心城市，培育形成主体功能突出的国家和区域服务业中心。进一步完善铁路、公路、民航、水运等交通基础设施，优先发展城市公共交通，形成便捷、通畅、高效、安全的综合运输体系，加快建设上海、天津、大连等国际航运中心和主要港口。加强交通运输枢纽建设和集疏运的衔接配套，在经济发达地区和交通枢纽城市强化物流基础设施整合，形成区域性物流中心。选择辐射功能强、服务范围广的特大城市和大城市建立国家或区域性金融中心。依托产业集聚规模大、装备水平高、科研实力强的地区，加快培育建成功能互补、支撑作用大的研发设计、财务管理、信息咨询等公共服务平台，充分发挥国家软件产业基地的作用，建设一批工业设计、研发服务中心，不断形成带动能力强、辐射范围广的新增长极。

立足于用好现有服务资源，打破行政分割和地区封锁，充分发挥市场机制的作用，鼓励部门之间、地区之间、区域之间开展多种形式的合作，促进服务业资源整合，发挥组合优势，深化分工合作，在更大范围、更广领域、更高层次上实现资源优化配置。防止不切实际攀比，避免盲目投资和重复建设。

五、积极发展农村服务业

贯彻统筹城乡发展的基本方略，大力发展面向农村的服务业，不断繁荣农村经济，增加农民收入，提高农民生活水平，为发展现代农业、扎实推进社会主义新农村建设服务。

围绕农业生产的产前、产中、产后服务，加快构建和完善以生产销售服务、科技服务、信息服务和金融服务为主体的农村社会化服务体系。加大对农业产业化的扶持力度，积极开展种子统供、重大病虫害统防统治等生产性服务。完善农副产品流通体系，发展各类流通中介组织，培育一批大型涉农商贸企业集团，切实解决农副产品销售难的问题。加快实施"万村千乡"市场工程。加强农业科技体系建设，健全农业技术推广、农产品检测与认证、动物防疫和植物保护等农业技术支持体系，推进农业科技创新，加快实施科技入户工程。加快农业信息服务体系建设，逐步形成连接国内外市场、覆盖生产和消费的信息网络。加强农村金融体系建设，充分发挥农村商业金融、合作金融、政策性金融和其他金融组织的作用，发展多渠道、多形式的农业保险，增强对"三农"的金融服务。加快农机社会化服务体系建设，推进农机服务市场化、专业化、产业化。大力发展各类农民专业合作组织，支持其开展市场营销、信息服务、技术培训、农产品加工储藏和农资采购经营。

改善农村基础条件，加快发展农村生活服务业，提高农民生活质量。推进农村水利、交通、渔港、邮政、电信、电力、广播影视、医疗卫生、计划生育和教育等基础设施建设，加快实施农村饮水安全工程，大力发展农村沼气，推进生物质能、太阳能和风能等可再生能源开发利用，改善农民生产生活条件。大力发展园艺业、特种养殖业、乡村旅游业等特色产业，鼓励发展劳务经济，增加农民收入。积极推进农村社区建设，加快发展农村文化、医疗卫生、社会保障、计划生育等事业，实施农民体育健身工程，扩大出版物、广播影视在农村的覆盖面，提高公共服务均等化水平，丰富农民物质文化生活。加强农村基础教育、职业教育和继续教育，搞好农民和农民工培训，提高农民素质，结合城镇化建设，积极推进农村富余劳动力实现转移就业。

六、着力提高服务业对外开放水平

坚定不移地推进服务领域对外开放，着力提高利用外资的质量和水平。按照加入世贸组织服务贸易领域开放的各项承诺，鼓励外商投资服务业。正确处理好服务业开放与培育壮大国内产业的关系，完善服务业吸收外资法律法规，通过引入国外先进经验和完善企业治理结构，培育一批具有国际竞争力的服务企业。加强金融市场基础性制度建设，增强银行、证券、保险等行业的抗风险能力，维护国家金融安全。

把大力发展服务贸易作为转变外贸增长方式、提升对外开放水平的重要内容。把承接国际服务外包作为扩大服务贸易的重点，发挥我国人力资源丰富的优势，积极承接信息管理、数据处理、财会核算、技术研发、工业设计等国际服务外包业务。具备条件的沿海地区和城市要根据自身优势，研究制定鼓励承接服务外包的扶持政策，加快培育一批具备国际资质的服务外包企业，形成一批外包产业基地。建立支持国内企业"走出去"的服务平台，提供市场调研、法律咨询、信息、金融和管理等服务。扶持出口导向型服务企业发展，发展壮大国际运输，继续大力发展旅游、对外承包工程和劳务输出等具有比较优势的服务贸易，积极参与国际竞争，扩大互利合作和共同发展。

七、加快推进服务领域改革

进一步推进服务领域各项改革。按照国有经济布局战略性调整的要求，将服务业国有资本集中在重要公共产品和服务领域。深化电信、铁路、民航等服务行业改革，放宽市场准入，引入竞争机制，推进国有资产重组，实现投资主体多元化。积极推进国有服务企业改革，对竞争性领域的国有服务企业实行股份制改造，建立现代企业制度，促使其成为真正的市场竞争主体。明确教育、文化、广播电视、社会保障、医疗卫生、体育等社会事业的公共服务职能和公益性质，对能够实行市场经营的服务，要动员社会力量增加市场供给。按照政企分开、政事分开、事业企业分开、营利性机构与非营利性机构分开的原则，加快事业单位改革，将营利性事业单位改制为企业，并尽快建立现代企业制度。继续推进政府机关和企事业单位的后勤服务、配套服务改革，推动由内部自我服务为主向主要由社会提供服务转变。

建立公开、平等、规范的服务业准入制度。鼓励社会资金投入服务业，大力发展非公有制服务企业，提高非公有制经济在服务业中的比重。凡是法律法规没有明令禁入的服务领域，都要向社会资本开放；凡是向外资开放的领域，都要向内资开放。进一步打破市场分割和地区封锁，推进全国统一开放、竞争有序的市场体系建设，各地区凡是对本地企业开放的服务业领域，应全部向外地企业开放。

八、加大投入和政策扶持力度

加大政策扶持力度，推动服务业加快发展。依据国家产业政策完善和细化服务业发展指导目录，从财税、信贷、土地和价格等方面进一步完善促进服务业发展政策体系。对农村流通基础设施建设和物流企业，以及被认定为高新技术企业的软件研发、产品技术研发及工业设计、信息技术研发、信息技术外包和技术性业务流程外包的服务企业，实行财税优惠。进一步推进服务价格体制改革，完善价格政策，对列入国家鼓励类的服务业逐步实现与工业用电、用水、用气、用热基本同价。调整城市用地结构，合理确定服务业用地的比例，对列入国家鼓励类的服务业在供地安排上给予倾斜。要根据实际情况，对一般性服务行业在注册资本、工商登记等方面降低门槛，对采用连锁经营的服务企业实行企业总部统一办理工商注册登记和经营审批手续。

拓宽投融资渠道，加大对服务业的投入力度。国家财政预算安排资金，重点支持服务业关键领域、薄弱环节发展和提高自主创新能力。积极调整政府投资结构，国家继续安排服务业发展引导资金，逐步扩大规模，引导社会资金加大对服务业的投入。地方政府也要相应安排资金，支持服务业发展。引导和鼓励金融机构对符合国家产业政策的服务企业予以信贷支持，在控制风险的前提下，加快开发适应服务企业需要的金融产品。积极支持符合条件的服务企业进入境内外资本市场融资，通过股票上市、发行企业债券等多渠道筹措资金。鼓励各类创业风险投资机构和信用担保机构对发展前景好、吸纳就业多以及运用新技术、新业态的中小服务企业开展业务。

九、不断优化服务业发展环境

加快推进服务业标准化，建立健全服务业标准体系，扩大服务标准覆盖范围。抓紧制订和修订物流、金融、邮政、电信、运输、旅游、体育、商贸、餐饮等行业服务标准。对新兴服务行业，鼓励龙头企业、地方和行业协会先行制订服务标准。对暂不能实行标准化的服务行业，广泛推行服务承诺、服务公约、服务规范等制度。

积极营造有利于扩大服务消费的社会氛围。规范服务市场秩序，建立公开、平等、规范的行业监管制度，坚决查处侵犯知识产权行为，保护自主创新，维护消费者合法权益。加强行政事业性收费管理和监督检查，取消各种不合理的收费项目，对合理合法的收费项目及标准按照规定公示并接受社会监督。落实职工年休假制度，倡导职工利用休假进行健康有益的服务消费。加快信用体系建设，引导城乡居民对信息、旅游、教育、文化等采取灵活多样的信用消费方式，规范发展租赁服务，拓宽消费领域。鼓励有条件的城镇加快户籍管理制度改革，逐步放宽进入城镇就业和定居的条件，增加有效需求。

发展人才服务业，完善人才资源配置体系，为加快发展服务业提供人才保障。充分发挥高等院校、科研院所、职业学校及有关社会机构的作用，推进国际交流合作，抓紧培训一批适应市场需求的技能型人才，培养一批熟悉国际规则的开放型人才，造就一批具有创新能力的科研型人才，扶持一批具有国际竞争力的人才服务机构。鼓励各类就业服务机构发展，完善就业服务网络，加强农村剩余劳动力转移、城市下岗职工再就业、高校毕业生就业等服务体系建设，为加快服务业发展提供高素质的劳动力队伍。

十、加强对服务业发展工作的组织领导

加快发展服务业是一项紧迫、艰巨、长期的重要任务，既要坚持发挥市场在资源配置中的基础性作用，又要加强政府宏观调控和政策引导。国务院成立全国服务业发展领导小组，指导和协调服务业发展和改革中的重大问题，提出促进加快服务业发展的方针政策，部署涉及全局的重大任务。全国服务业发展领导小组办公室设在发展改革委，负责日常工作。国务院有关部门和单位要按照全国服务业发展领导小组的统一部署，加强协调配合，积极开展工作。各省级人民政府也应建立相应领导机制，加强对服务业工作的领导，推动本地服务业加快发展。

加强公共服务既是加快发展服务业的重要组成部分，又是推动各项服务业加快发展的重要保障，同时也是转变政府职能、建设和谐社会的内在要求。要进一步明确中央、地方在提供公共服务、发展社会事业方面的责权范围，强化各级人民政府在教育、文化、医疗卫生、人口和计划生育、社会保障等方面的公共服务职能，不断加大财政投入，扩大服务供给，提高公共服务的覆盖面和社会满意水平，同时为各类服务业的发展提供强有力的支撑。

尽快建立科学、统一、全面、协调的服务业统计调查制度和信息管理制度，完善服务业统计调查方法和指标体系，充实服务业统计力量，增加经费投入。充分发挥各部门和行业协会的作用，促进服务行业统计信息交流，建立健全共享机制，提高统计数据的

准确性和及时性，为国家宏观调控和制定规划、政策提供依据。各地区要逐步将服务业重要指标纳入本地经济社会发展的考核体系，针对不同地区、不同类别服务业的具体要求，实行分类考核，确保责任到位，任务落实，抓出实绩，取得成效。

各地区、各部门要根据本意见要求，按照各自的职责范围，抓紧制定加快发展服务业的配套实施方案和具体政策措施。发展改革委要会同有关部门和单位对落实本意见的情况进行监督检查，及时向国务院报告。

国务院

二〇〇七年三月十九日

附录2

国务院办公厅关于加快发展服务业
若干政策措施的实施意见

国办发〔2008〕11号

各省、自治区、直辖市人民政府，国务院各部委、各直属机构：

为贯彻党中央、国务院关于加快服务业发展的要求和部署，落实《国务院关于加快发展服务业的若干意见》（国发〔2007〕7号）提出的政策措施，促进"十一五"时期服务业发展主要目标的实现和任务的完成，经国务院同意，现提出以下意见：

一、加强规划和产业政策引导

（一）抓紧制订或修订服务业发展规划。各地区要根据国家服务业发展主要目标，积极并实事求是地制订本地区服务业发展规划，提出发展目标、发展重点和保障措施。经济较发达的地区可以适当提高发展目标，有条件的大中城市要加快形成以服务经济为主的产业结构。各有关部门要抓紧制订或修订相关行业规划和专项规划，完善服务业发展规划体系。各地区、各有关部门都要把服务业发展任务分解落实到年度工作计划中。发展改革委要会同有关部门抓紧研究制订服务业发展考核体系，在条件具备时，定期公布全国和分地区服务业发展水平、结构等主要指标。

（二）尽快研究完善产业政策。发展改革委要会同有关部门依据国家产业结构调整的有关规定，抓紧细化、完善服务业发展指导目录，明确行业发展重点及支持方向；要根据服务业跨度大、领域广的实际，分门别类地调整和完善相关产业政策，认真清理限制产业分工、业务外包等影响服务业发展的不合理规定，逐步形成有利于服务业发展的产业政策体系。各地区要立足现有基础和比较优势，制订并细化本地区服务业发展指导目录，突出本地特色，并制定相应政策措施。

二、深化服务领域改革

（三）进一步放宽服务领域市场准入。工商行政管理部门对一般性服务业企业降低注册资本最低限额，除法律、行政法规和依法设立的行政许可另有规定的外，一律降低到3万元人民币，并研究在营业场所、投资人资格、业务范围等方面适当放宽条件。对法律、行政法规和国务院决定未做规定的服务企业登记前置许可项目，各级工商行政管理机关一律停止执行。加大铁路、电信等垄断行业改革力度，进一步推进投资主体多元化，引入竞争机制。继续稳妥推进市政公用事业市场化改革，城市供水供热供气、公共交通、污水处理、垃圾处理等可以通过特许经营等方式委托企业经营。认真做好在全国范围内调整和放宽农村地区银行业金融机构市场准入政策的落实工作。教育、文化、广播电视、社会保障、医疗卫生、体育、建设等部门对本领域能够实行市场化经营的服务，抓紧研究提出放宽市场准入、鼓励社会力量增加供给的具体措施。

（四）加快推进国有服务企业改革。国资委要会同有关部门积极推动国有服务企业股份制改革和战略性重组，将服务业国有资本集中在重要公共产品和服务领域，鼓励中央服务企业和地方国有服务企业通过股权并购、股权置换、相互参股等方式进行重组，鼓励非公有制企业参与国有服务企业的改革、改组、改造。继续深化银行业改革，重点推进中国农业银行股份制改革和国家开发银行改革，强化中国农业银行、中国农业发展银行和中国邮政储蓄银行为"三农"服务的功能。

（五）推进生产经营性事业单位转企改制和政府机关、事业单位后勤服务社会化改革。主要从事生产经营活动的事业单位要转制为企业，条件成熟的尽快建立现代企业制度。中央编办会同财政部、人事部等部门抓紧制定和完善促进生产经营性事业单位转企改制的配套政策措施。各有关部门和单位要继续深化后勤体制改革，加快推进后勤管理职能和服务职能分开，实现后勤管理科学化、保障法制化、服务社会化。创新后勤服务社会化形式，引进竞争机制，逐步形成统一、开放、有序的后勤服务市场体系。对后勤服务机构改革后新进入的工作人员，应实行聘用制等新的用人机制。

三、提高服务领域对外开放水平

（六）稳步推进服务领域对外开放。发展改革委要会同有关部门认真落实新修订的《外商投资产业指导目录》，在优化结构、提高质量基础上扩大服务业利用外资规模。商务部要会同有关部门抓紧制订服务贸易中长期发展规划，推动有条件的地区和城市加快形成若干服务业外包中心；在中央外贸发展基金中安排专项资金，重点支持服务外包基地城市公共平台建设及企业发展。各类金融机构对符合条件的服务贸易给予货物贸易同等便利，改进服务贸易企业外汇管理，保证合理用汇。交通部要会同有关部门抓紧研究解决中资船舶悬挂方便旗经营问题，发展壮大国际航运船队。加快建设上海、天津、大连等国际航运中心，鼓励在其保税港区进行服务业对外开放创新试点。

（七）积极支持服务企业"走出去"。各有关部门要研究采取具体措施，为服务企业"走出去"和服务出口创造良好环境。对软件和服务外包等出口开辟进出境通关"绿色通道"，对中医药、中餐、汉语教育、文化、体育、对外承包工程等领域企业和专业人才"走出去"提供帮助，简化出入境手续，并纳入国家有关专项资金扶持范围。在严格控制风险的基础上，积极支持国内有条件的金融企业开展跨国经营，为我企业参与国际市场竞争提供金融服务。同时，要鼓励贸易、咨询、法律服务、知识产权服务、人力资源等企业积极为服务业"走出去"提供服务。

四、大力培育服务领域领军企业和知名品牌

（八）积极创新服务业组织结构。各地区、各有关部门要鼓励服务业规模化、网络化、品牌化经营，促进形成一批拥有自主知识产权和知名品牌、具有较强竞争力的服务业龙头企业。发展改革委等部门要支持设立专业化产业投资基金，主要从事服务业领域企业兼并重组，优化服务业企业结构。商务部等有关部门要加强商业网点规划调控，鼓励发展连锁经营、特许经营、电子商务、物流配送、专卖店、专业店等现代流通组织形式。除有特殊规定外，服务企业设立连锁经营门店可持总部出具的连锁经营相关文件和登记材料，直接到门店所在地工商行政管理机关申请办理登记和核准经营范围手续。鼓励软件和信息服务等现代服务业专业协会发展。

（九）加快实施品牌战略。大力支持企业开展自主品牌建设，鼓励企业注册和使用自主商标。鼓励流通企业与生产企业合作，实现服务品牌带动产品品牌推广、产品品牌带动服务品牌提升的良性互动发展。培育发展知名品牌，符合国家有关规定的，商务部等部门应将其纳入中央外贸发展基金等国家有关专项资金扶持范围。扶持中华老字号企业发展，在城市改造中，涉及中华老字号店铺原址动迁的，应在原地妥善安置或在适宜其发展的商圈内安置，并严格按国家有关规定给予补偿。

（十）鼓励服务领域技术创新。科技部要会同有关部门认真落实国家中长期科学和技术发展规划纲要，抓好现代服务业共性技术研究开发与应用示范重大项目。充分发挥国家相关产业化基地的作用，建立一批研发设计、信息咨询、产品测试等公共服务平台，建设一批技术研发中心和中介服务机构。财政部、发展改革委要研究提出具体意见，对服务领域重大技术引进项目及相关的技术改造提供贷款贴息支持，对引进项目的消化吸收再创新活动提供研发资助，在政府采购中优先支持采用国内自主开发的软件等信息服务，进一步扩大创业风险投资试点范围。探索开展知识产权质押融资，引导和鼓励社会资本投入知识产权交易活动，符合规定的可以享受创业投资机构的有关优惠政策。

五、加大服务领域资金投入力度

（十一）加大公共服务投入力度。进一步明确政府公共服务责任，健全公共财政体制，把更多财政资金投向公共服务领域，提高公共服务的覆盖面和社会满意水平。中央财政要继续增加社会保障、医疗卫生、教育、节能减排、住房保障等方面的支出，重点提高对农村、欠发达地区和城市中低收入居民的公共服务水平，支持医药卫生体制等重大改革。国家财政新增教育、卫生、文化等事业经费和固定资产投资主要用于农村，中央财政转移支付资金重点用于中西部地区，尽快使中西部地区基础设施和教育、卫生、文化等公共服务设施得到改善。调动地方发展服务业的积极性，中央和省级财政要通过转移支付等对服务经济发展较快但财政困难的地方给予支持。

（十二）加大财政对服务业发展的支持力度。中央财政和中央预算内投资继续安排服务业发展专项资金和服务业发展引导资金，并根据财政状况及服务业发展需要逐步增加，重点支持服务业关键领域、薄弱环节和提高自主创新能力，建立和完善农村服务体系。整合服务领域的财政扶持资金，综合运用贷款贴息、经费补助和奖励等多种方式支持服务业发展。中央预算内投资要加大对规划内重点服务业项目的投入，同等情况下优先支持服务业项目。地方政府也要根据需要安排服务业发展专项资金和引导资金，有条件的地方要扩大资金规模，支持服务业发展。

（十三）加大金融对服务业发展的支持力度。人民银行、金融监管机构等要引导和鼓励各类金融机构开发适应服务企业需要的金融产品，积极支持符合条件的服务业企业通过银行贷款、发行股票债券等多渠道筹措资金。逐步将收费权质押贷款范围扩大到供水、供热、环保等城市基础设施项目。修订和完善有关股票、债券发行的基本规则以及信息披露制度要充分考虑服务企业的特点。符合条件的服务企业集团设立财务公司等非银行金融机构可以优先得到批准。有关部门要进一步推动中小企业信用担保体系建设，积极搭建中小企业融资平台，国家中小企业发展专项资金和地方扶持中小企业发展资金要给予重点资助或贷款贴息补助。

六、优化服务业发展的政策环境

（十四）进一步扩大税收优惠政策。认真落实新的企业所得税法及其实施条例有关规定。支持服务企业产品研发，企业实际发生的研究开发费用可按有关政策规定享受所得税抵扣优惠。加快推进在苏州工业园区开展鼓励技术先进型服务企业发展所得税、营业税政策试点，积极扩大软件开发、信息技术、知识产权服务、工程咨询、技术推广、服务外包、现代物流等鼓励类生产性服务业发展的税收优惠政策试点。对企业从事农林牧渔服务业项目的所得免征、减征企业所得税；对科研单位和大专院校开展农业生产技术服务取得的收入，以及提供农业产前、产中、产后相关服务的企业，实行税收优惠政策；对农产品连锁经营试点实行企业所得税、增值税优惠政策。加大对自主创新、节能减排、资源节约利用等方面服务业的税收优惠力度。在服务业领域开展实行综合与分类相结合的个人所得税制度试点。对吸收就业多、资源消耗和污染排放低等服务类企业，按照其吸收就业人员数量给予补贴或所得税优惠。研究制订社区服务、家政服务、实物租赁、维修服务、便利连锁经营、废旧物资回收利用、中华老字号经营等服务业和出口文化教育产品等领域的税收优惠政策。财政部、税务总局要会同有关部门抓紧研究制订具体办法并组织实施。

（十五）实行有利于服务业发展的土地管理政策。各地区制订城市总体规划要充分考虑服务业发展的需要，中心城市要逐步迁出或关闭市区污染大、占地多等不适应城市功能定位的工业企业，退出的土地优先用于发展服务业。城市建设新居住区内，规划确定的商业、服务设施用地，不得改作他用。国土资源管理部门要加强和改进土地规划计划调控，年度土地供应要适当增加服务业发展用地。加强对服务业用地出让合同或划拨决定书的履约管理，保证政府供应的土地能够及时转化为服务业项目供地。积极支持以划拨方式取得土地的单位利用工业厂房、仓储用房、传统商业街等存量房产、土地资源兴办信息服务、研发设计、创意产业等现代服务业，土地用途和使用权人可暂不变更。

（十六）完善服务业价格、收费等政策。价格管理部门要进一步减少服务价格政府定价和指导价，完善价格形成机制，建立公开、透明的定价制度。除国家另有规定外，各地区要结合销售电价调整，于2008年底前基本实现商业用电价格与一般工业用电价格并轨，对列入国家鼓励类的服务业用水价格基本实现与工业用水价格同价。清理各类收费，取消和制止不合理收费项目。加强行政事业性收费、政府性基金的管理，各地区、各有关部门对有关收费项目及标准要按照规定公示并接受社会监督。除法律、行政法规或者国务院另有明确规定外，履行或代行政府职能，安装和维护与政府部门联网办理业务的计算机软件，不得收取任何费用。规范行业协会、商会收费行为。各地区要对从事农村客运服务以及岛屿、库区、湖区等乡镇渡口和客运经营等方便农民出行的运输行业，比照城市公交客运政策，给予政策支持。

（十七）加强服务业从业人员社会保障工作。劳动保障等部门要加快将服务业个体工商户、灵活就业人员、农民工纳入社会保险覆盖范围。尽快修订《失业保险条例》，完善失业保险制度，扩大参保范围。针对服务行业就业形式多样、流动性较强、农民工居多等特点，加快推进服务业企业参加医疗、工伤保险工作，切实维护服务业企业从业人员的社会保障权益。鼓励和引导企业为职工建立企业年金和补充医疗保险计划。规范企业年金管理方式，2008年底前，将原行业或企业自行管理的企业年金业务，逐步移交给有资质的运营机构受托管理。

七、加强服务业基础工作

（十八）大力培养服务业人才。教育、科技、人事和劳动保障等部门要积极引导高等院校完善并加强与现代服务业发展相适应的学科专业建设，支持高等院校、职业院校、科研院所与有条件的服务业企业建立实习实训基地，鼓励建立服务人才培养基地，对国内外相关外包服务培训机构以独资或与高校、企业合作的形式成立培训机构给予审批便利。人事和劳动保障等部门要按照服务业发展需要，不断调整完善和规范职业资格和职称制度，尽快设置相应的服务业职业资格和职称。人事和劳动保障部门要鼓励各类就业服务机构发展，加快建设覆盖城乡的公共就业服务体系。

（十九）健全服务业标准体系和社会信用体系。质检总局要会同有关部门抓紧制订和修订物流、电信、邮政、快递、运输、旅游、体育、商贸、餐饮、社区服务等服务标准，继续推进国家级服务业标准化试点，鼓励和支持行业协会、服务企业积极参与标准化工作。人民银行、工商总局等有关部门要加快社会信用体系建设，推动政府部门依法共享公开的政府信息，并在就业、社会保障、市场监管、政府采购等公共服务中使用信用信息。

（二十）加强服务业统计工作。完善服务业统计联席会议制度，加强和协调各部门及行业协会的服务业统计工作。统计局要会同有关部门加快建立科学、统一、全面、协调的服务业统计调查制度和信息管理制度，完善服务业统计调查方法和指标体系，建立政府统计和行业统计互为补充的服务业统计调查体系，健全服务业信息发布制度。结合开展第二次全国经济普查，重点摸清我国服务业发展状况，为国家制定规划和政策提供依据。中央财政安排专项经费支持服务业统计，地方财政也要增加投入。

（二十一）加强服务业法制建设。法制办要会同有关部门积极推动制定和修订促进服务业发展法律、行政法规的相关工作，为服务业发展提供法制保障。

八、狠抓工作落实和督促检查

（二十二）抓紧制定具体配套政策措施。国务院各有关部门要按照国发〔2007〕7号文件和本意见要求，对已经明确的政策抓好落实，对需要制定具体配套政策措施的要抓紧研究制定，成熟一项，出台一项。要加强协调配合，及时研究解决服务业发展中出现的突出问题和矛盾，不断调整完善相关政策，推进服务业改革和发展。各地区也要抓紧制定出台相关配套政策措施。

（二十三）加强工作落实和督促检查。各地区、各部门要把发展服务业作为贯彻落实科学发展观、促进经济又好又快发展的重要工作任务，切实把中央确定的各项方针政策落到实处。全国服务业发展领导小组办公室要充分发挥总体协调作用，做好服务业发展目标落实与考核、政策措施制定等督促检查工作，及时向国务院报告工作进展情况。

国务院办公厅

二〇〇八年三月十三日

附录3

关于推进服务标准化试点工作的意见

（国标委农联〔2007〕7号）

各省、自治区、直辖市质量技术监督局，发展和改革委员会，民政厅（局），商务厅，体育局，旅游局：

近年来，各地积极开展服务标准化试点工作，取得了一定的成效。实践证明，服务标准是规范服务行为和服务市场、增强服务企业自律和调整服务企业与消费者关系的重要技术支撑；推进服务标准化工作是构建和谐社会、建立诚信服务的具体措施，也是优化服务产业结构、促进服务业可持续发展的重要手段。为加快服务标准化工作的深入开展，提高我国服务业的整体水平，促进我国和谐社会的建设。经研究，决定在全国范围内进一步推进服务标准化试点工作。现提出如下意见：

一、指导思想

以邓小平理论和"三个代表"重要思想为指导，全面贯彻科学发展观，围绕我国服务业的发展方向，以提升我国服务业的整体水平、满足人民群众日益增长的物质和文化生活的需要为目标，进一步加快服务标准的制定、实施和推广，规范服务业管理，保障服务安全，提高服务质量，为我国服务业的有序、健康、协调发展提供支撑，为构建社会主义和谐社会做出贡献。

二、基本原则

（一）政府推动与中介服务相结合。既要依靠政府的力量，推动服务标准化在全社会得到广泛认同和普遍实施，又要发挥中介服务组织的作用，运用市场机制激发市场主体的积极性和创造性，加快服务标准化进程。

（二）标准的制定与行业发展要求相结合。服务标准的制定过程和实际内容要体现行业特点，满足行业发展需求，内容及时更新。

（三）标准的实施与规范行业行为相结合。服务标准的实施过程要立足于规范服务业行为，提高服务业管理水平和市场竞争力，维护服务提供者和消费者的合法权益。

（四）标准的实施方法与评价相结合。推广实施服务标准要讲究方法，要通过对实施效果的评估，不断摸索和总结经验，将实施过程、实施方法与实施效果的评价有机结合起来。

（五）试点效果与创建服务品牌相结合。将创建服务品牌作为衡量实施效果的重要指标，引导服务企业向标准化、品牌化的方向发展。

三、试点内容

按照国民经济行业分类，服务业共包括 16 个门类、55 个大类、198 个中类、355 个小类，涉及现代物流、旅游、社区服务、物业管理、商贸、餐饮、科技、信息、金融、保险、商务等领域。近期，将选择以下几方面作为试点工作重点：

（一）现代物流标准化。以发展第三方物流为重点，选择建立物流服务标准化试点；围绕现代物流业的发展，建立满足试点单位需求的现代物流标准体系；重点抓好物流标准的宣贯，推动试点单位实施物流标准，使物流技术、装备、信息、管理、服务和安全等环节都有标准可依、按标准实施，为工业及先进制造业的发展提供支撑。

（二）商贸和餐饮住宿业服务标准化。发挥标准化在改造、提升传统商贸、餐饮住宿等服务水平中的引领作用，实施服务标准，推广现代服务技术、经营方式，以标准化手段促使便利店、仓储超市等零售业态采用连锁经营的组织方式，加快餐饮、住宿等服务业的规范化发展和老品牌企业的创新。

（三）旅游标准化。大力实施推广旅游业国家标准、行业标准，规范各类旅游景区景点、度假区及旅游住宿、旅行社、旅游车船和特种旅游项目的经营和服务行为，不断提高旅游服务质量；鼓励各地根据当地旅游业特色，制定和实施旅游地方标准；引导旅游企业在执行国家标准、行业标准、地方标准的基础上，制定实施个性化的企业标准，增强服务提供能力和市场竞争力。

（四）社区、村镇服务标准化。根据各地经济发展水平，围绕社区服务中的物业管理、家政、沐浴、洗染、理发及美容、家电维修、养老、医疗、文体、商业、生活资料再生资源回收、治安等内容，制定、实施社区服务标准，兼顾协调社区内各方的利益，满足不同类型社区、不同层次人群的需求，促进社区服务功能的发展，提高居民群众生活水平，为建设和谐社区服务。

按照村民自治、生产发展、管理有序、服务完善、治安良好、环境优美、文明祥和的要求，根据所在地区农村经济社会发展状况，研究制定村镇服务标准，积极探索建设社会主义新农村和构建和谐村镇的标准化工作，满足不同类型村镇的发展需要。

（五）商务和专业服务标准化。总结、推广承办国际国内会议的实践经验，制定实施会展服务标准；研究制定会展中介服务标准，引导中介机构规范服务行为，促进中介服务市场健康有序发展；结合各地产业特点和行业发展需要，推广实施服务标准，积极培育一批企业化经营、标准化管理、社会化服务的商务服务品牌，提高各类专业技术服务业的服务能力和水平。

（六）体育服务标准化。以健身休闲、竞技表演和运动训练等体育活动为主要内容，制定实施体育场所开放条件、体育场馆等级划分和体育活动组织等服务标准，保证体育服务安全，提升体育服务质量水平，创造体育服务市场健康有序的竞争环境，推动群众体育和竞技体育协调发展。

（七）其他服务标准化。根据实际情况，开展现代农业服务、工业产品售后服务、社会保障和社会福利服务、殡仪服务、婚姻介绍及庆典、教育、卫生等方面的标准化工作，不断拓宽服务标准化领域，兼顾生产服务和生活服务。

四、实施方法

（一）试点选择与申报。服务标准化试点对象主要包括服务性企事业单位、一定行政区域内的服务行业、服务企业较为集中的园区以及区域性综合服务试点。

试点可自愿申报，由省级标准化主管部门受理，并会同省级有关行政主管部门确定后，分别报国家标准化管理委员会和行业主管部门备案。

（二）试点单位应具备的条件。所选择的试点应诚信守法，三年内未发生重大产品（含服务）质量、安全健康、环境保护等事故，未受到通报、处分、媒体曝光；具有一定的规模和实施服务标准的基本条件，承诺并明示执行现行有效的国家标准、行业标准、地方标准或企业标准。

（三）试点目标和任务。试点工作一般为 2 年，试点工作的主要目标和任务是：

1、根据服务业发展要求，建立健全适合本单位需要的服务业标准体系，标准覆盖率达到 80% 以上，确保服务提供有据可依；

2、贯彻执行服务国家标准、行业标准、地方标准，从服务设施、标志、环境到服务质量、管理等全过程标准贯彻实施率达到 90% 以上；

3、探索服务标准实施的新机制，为服务业国家标准、行业标准、地方标准的制定提供技术支撑，为全社会推动服务标准化发展提供经验。

（四）试点评估。试点期满，试点单位按照相关评估计分标准（附件 1）自查合格后，可向省级标准化行政主管部门提出评估申请。评估工作应当成立专家和有关行政主管部门人员组成的评估小组，按照《服务标准化试点评估准则》（附件 2）的规定进行评估。省级标准化行政主管部门和行业主管部门可对通过评估的试点单位颁发证书，进行必要的表彰或奖励。

五、措施

（一）提高认识。《国民经济和社会发展第十一个五年规划纲要》把加快服务业发展摆在了十分重要的战略位置上，为服务标准化提供了难得的发展机遇，也对服务标准化工作提出了更新更高的要求。各地一定要认真分析研究服务标准化所面临的形势和任务，积极学习和借鉴国内外开展服务标准化工作的先进经验，加快服务业与国际接轨，为服务业的发展提供技术支撑。

（二）加强组织领导。各地标准化主管部门要在当地政府的领导下，会同有关部门积极开展试点工作，建立有效的工作机制，加强对试点工作的领导。引导试点单位成立相应的组织机构，制定切实可行的工作方案，建立符合实际需要的服务标准体系；充分调动中介组织、行业协会的积极性，协调解决试点过程中遇到的问题；建立激励机制，表彰和鼓励工作中有突出成绩的单位和个人，确保工作取得实效。

（三）争取多方支持。各地要广泛争取政府和社会各方的支持，尤其是试点所在地政府的支持，抓住当前各地发展服务业的契机，将试点工作作为新时期贴近政府、贴近社会、贴近经济的一项重要工作内容，认真抓紧抓好，抓出成效。

（四）加快专家队伍建设。各地要大力开展服务标准化的教育培训工作，分层次培养行业组织、骨干企业中的积极分子，使其成为服务标准化试点工作的重要力量；重点培养基层标准化管理人员，形成既有标准化专业知识、又了解行业情况的服务标准化工作的核心力量，为服务标准化工作的开展提供人力资源保障。

（五）加强试点管理。各级标准化主管部门要会同有关部门做好对试点单位的指导，建立跟踪制度，发现有不符合评估计分标准或发生重大责任事故的，限期整改或撤销其证书。加强调查研究，及时发现和解决试点工作中出现的问题，完善相关措施，总结和推广试点的典型经验，确保试点工作的健康有序发展。要通过试点，推动我国服务业建立完善的标准体系，逐步形成以人为本、诚实守信、管理规范的服务业市场秩序，提升我国服务业的规模和效益，实现我国服务业快速协调健康发展。

附件：1. 服务标准化试点评估计分表

2. 服务标准化试点评估准则

3. 顾客满意度调查方法

国家标准化管理委员会　国家发展和改革委员会

民政部　　　　　　　　　商务部

国家体育总局　　　　　　国家旅游局

二〇〇七年一月十九日

附录4

中华人民共和国标准化法

1988 年 12 月 29 日第七届全国人民代表大会常务委员会第五次会议通过
2017 年 11 月 4 日第十二届全国人民代表大会常务委员会第三十次会议修订

第一章 总 则

第一条

为了加强标准化工作，提升产品和服务质量，促进科学技术进步，保障人身健康和生命财产安全，维护国家安全、生态环境安全，提高经济社会发展水平，制定本法。

第二条

本法所称标准（含标准样品），是指农业、工业、服务业以及社会事业等领域需要统一的技术要求。 标准包括国家标准、行业标准、地方标准和团体标准、企业标准。国家标准分为强制性标准、推荐性标准，行业标准、地方标准是推荐性标准。 强制性标准必须执行。国家鼓励采用推荐性标准。

第三条

标准化工作的任务是制定标准、组织实施标准以及对标准的制定、实施进行监督。县级以上人民政府应当将标准化工作纳入本级国民经济和社会发展规划，将标准化工作经费纳入本级预算。

第四条

制定标准应当在科学技术研究成果和社会实践经验的基础上，深入调查论证，广泛征求意见，保证标准的科学性、规范性、时效性，提高标准质量。

第五条

国务院标准化行政主管部门统一管理全国标准化工作。国务院有关行政主管部门分工管理本部门、本行业的标准化工作。

县级以上地方人民政府标准化行政主管部门统一管理本行政区域内的标准化工作。县级以上地方人民政府有关行政主管部门分工管理本行政区域内本部门、本行业的标准化工作。

第六条

国务院建立标准化协调机制，统筹推进标准化重大改革，研究标准化重大政策，对跨部门跨领域、存在重大争议标准的制定和实施进行协调。

设区的市级以上地方人民政府可以根据工作需要建立标准化协调机制，统筹协调本行政区域内标准化工作重大事项。

第七条

国家鼓励企业、社会团体和教育、科研机构等开展或者参与标准化工作。

第八条

国家积极推动参与国际标准化活动，开展标准化对外合作与交流，参与制定国际标准，结合国情采用国际标准，推进中国标准与国外标准之间的转化运用。

国家鼓励企业、社会团体和教育、科研机构等参与国际标准化活动。

第九条

对在标准化工作中做出显著成绩的单位和个人，按照国家有关规定给予表彰和奖励。

第二章　标准的制定

第十条

对保障人身健康和生命财产安全、国家安全、生态环境安全以及满足经济社会管理基本需要的技术要求，应当制定强制性国家标准。

国务院有关行政主管部门依据职责负责强制性国家标准的项目提出、组织起草、征求意见和技术审查。国务院标准化行政主管部门负责强制性国家标准的立项、编号和对外通报。国务院标准化行政主管部门应当对拟制定的强制性国家标准是否符合前款规定进行立项审查，对符合前款规定的予以立项。

省、自治区、直辖市人民政府标准化行政主管部门可以向国务院标准化行政主管部门提出强制性国家标准的立项建议，由国务院标准化行政主管部门会同国务院有关行政主管部门决定。社会团体、企业事业组织以及公民可以向国务院标准化行政主管部门提出强制性国家标准的立项建议，国务院标准化行政主管部门认为需要立项的，会同国务院有关行政主管部门决定。

强制性国家标准由国务院批准发布或者授权批准发布。

法律、行政法规和国务院决定对强制性标准的制定另有规定的，从其规定。

第十一条

对满足基础通用、与强制性国家标准配套、对各有关行业起引领作用等需要的技术要求，可以制定推荐性国家标准。

推荐性国家标准由国务院标准化行政主管部门制定。

第十二条

对没有推荐性国家标准、需要在全国某个行业范围内统一的技术要求，可以制定行业标准。

行业标准由国务院有关行政主管部门制定，报国务院标准化行政主管部门备案。

第十三条

为满足地方自然条件、风俗习惯等特殊技术要求，可以制定地方标准。

地方标准由省、自治区、直辖市人民政府标准化行政主管部门制定；设区的市级人民政府标准化行政主管部门根据本行政区域的特殊需要，经所在地省、自治区、直辖市人民政府标准化行政主管部门批准，可以制定本行政区域的地方标准。地方标准由省、自治区、直辖市人民政府标准化行政主管部门报国务院标准化行政主管部门备案，由国务院标准化行政主管部门通报国务院有关行政主管部门。

第十四条

对保障人身健康和生命财产安全、国家安全、生态环境安全以及经济社会发展所急需的标准项目，制定标准的行政主管部门应当优先立项并及时完成。

第十五条

制定强制性标准、推荐性标准，应当在立项时对有关行政主管部门、企业、社会团体、消费者和教育、科研机构等方面的实际需求进行调查，对制定标准的必要性、可行性进行论证评估；在制定过程中，应当按照便捷有效的原则采取多种方式征求意见，组织对标准相关事项进行调查分析、实验、论证，并做到有关标准之间的协调配套。

第十六条

制定推荐性标准，应当组织由相关方组成的标准化技术委员会，承担标准的起草、技术审查工作。制定强制性标准，可以委托相关标准化技术委员会承担标准的起草、技术审查工作。未组成标准化技术委员会的，应当成立专家组承担相关标准的起草、技术审查工作。标准化技术委员会和专家组的组成应当具有广泛代表性。

第十七条

强制性标准文本应当免费向社会公开。国家推动免费向社会公开推荐性标准文本。

第十八条

国家鼓励学会、协会、商会、联合会、产业技术联盟等社会团体协调相关市场主体共同制定满足市场和创新需要的团体标准，由本团体成员约定采用或者按照本团体的规定供社会自愿采用。

制定团体标准，应当遵循开放、透明、公平的原则，保证各参与主体获取相关信息，反映各参与主体的共同需求，并应当组织对标准相关事项进行调查分析、实验、论证。国务院标准化行政主管部门会同国务院有关行政主管部门对团体标准的制定进行规范、引导和监督。

第十九条

企业可以根据需要自行制定企业标准，或者与其他企业联合制定企业标准。

第二十条

国家支持在重要行业、战略性新兴产业、关键共性技术等领域利用自主创新技术制定团体标准、企业标准。

第二十一条

推荐性国家标准、行业标准、地方标准、团体标准、企业标准的技术要求不得低于强制性国家标准的相关技术要求。

国家鼓励社会团体、企业制定高于推荐性标准相关技术要求的团体标准、企业标准。

第二十二条

制定标准应当有利于科学合理利用资源，推广科学技术成果，增强产品的安全性、通用性、可替换性，提高经济效益、社会效益、生态效益，做到技术上先进、经济上合理。

禁止利用标准实施妨碍商品、服务自由流通等排除、限制市场竞争的行为。

第二十三条

国家推进标准化军民融合和资源共享，提升军民标准通用化水平，积极推动在国防和军队建设中采用先进适用的民用标准，并将先进适用的军用标准转化为民用标准。

第二十四条

标准应当按照编号规则进行编号。标准的编号规则由国务院标准化行政主管部门制定并公布。

第三章　标准的实施

第二十五条

不符合强制性标准的产品、服务，不得生产、销售、进口或者提供。

第二十六条

出口产品、服务的技术要求，按照合同的约定执行。

第二十七条

国家实行团体标准、企业标准自我声明公开和监督制度。企业应当公开其执行的强制性标准、推荐性标准、团体标准或者企业标准的编号和名称；企业执行自行制定的企业标准的，还应当公开产品、服务的功能指标和产品的性能指标。国家鼓励团体标准、企业标准通过标准信息公共服务平台向社会公开。

企业应当按照标准组织生产经营活动，其生产的产品、提供的服务应当符合企业公开标准的技术要求。

第二十八条

企业研制新产品、改进产品，进行技术改造，应当符合本法规定的标准化要求。

第二十九条

国家建立强制性标准实施情况统计分析报告制度。国务院标准化行政主管部门和国务院有关行政主管部门、设区的市级以上地方人民政府标准化行政主管部门应当建立标准实施信息反馈和评估机制，根据反馈和评估情况对其制定的标准进行复审。标准的复审周期一般不超过五年。经过复审，对不适应经济社会发展需要和技术进步的应当及时修订或者废止。

第三十条

国务院标准化行政主管部门根据标准实施信息反馈、评估、复审情况，对有关标准之间重复交叉或者不衔接配套的，应当会同国务院有关行政主管部门做出处理或者通过国务院标准化协调机制处理。

第三十一条

县级以上人民政府应当支持开展标准化试点示范和宣传工作，传播标准化理念，推广标准化经验，推动全社会运用标准化方式组织生产、经营、管理和服务，发挥标准对促进转型升级、引领创新驱动的支撑作用。

第四章　监督管理

第三十二条

县级以上人民政府标准化行政主管部门、有关行政主管部门依据法定职责，对标准的制定进行指导和监督，对标准的实施进行监督检查。

第三十三条

国务院有关行政主管部门在标准制定、实施过程中出现争议的，由国务院标准化行政主管部门组织协商；协商不成的，由国务院标准化协调机制解决。

第三十四条

国务院有关行政主管部门、设区的市级以上地方人民政府标准化行政主管部门未依照本法规定对标准进行编号、复审或者备案的，国务院标准化行政主管部门应当要求其说明情况，并限期改正。

第三十五条

任何单位或者个人有权向标准化行政主管部门、有关行政主管部门举报、投诉违反本法规定的行为。标准化行政主管部门、有关行政主管部门应当向社会公开受理举报、投诉的电话、信箱或者电子邮件地址，并安排人员受理举报、投诉。对实名举报人或者投诉人，受理举报、投诉的行政主管部门应当告知处理结果，为举报人保密，并按照国家有关规定对举报人给予奖励。

第五章　法律责任

第三十六条

生产、销售、进口产品或者提供服务不符合强制性标准，或者企业生产的产品、提供的服务不符合其公开标准的技术要求的，依法承担民事责任。

第三十七条

生产、销售、进口产品或者提供服务不符合强制性标准的，依照《中华人民共和国产品质量法》、《中华人民共和国进出口商品检验法》、《中华人民共和国消费者权益保护法》等法律、行政法规的规定查处，记入信用记录，并依照有关法律、行政法规的规定予以公示；构成犯罪的，依法追究刑事责任。

第三十八条

企业未依照本法规定公开其执行的标准的，由标准化行政主管部门责令限期改正；逾期不改正的，在标准信息公共服务平台上公示。

第三十九条

国务院有关行政主管部门、设区的市级以上地方人民政府标准化行政主管部门制定的标准不符合本法第二十一条第一款、第二十二条第一款规定的，应当及时改正；拒不改正的，由国务院标准化行政主管部门公告废止相关标准；对负有责任的领导人员和直接责任人员依法给予处分。

社会团体、企业制定的标准不符合本法第二十一条第一款、第二十二条第一款规定的，由标准化行政主管部门责令限期改正；逾期不改正的，由省级以上人民政府标准化行政主管部门废止相关标准，并在标准信息公共服务平台上公示。

违反本法第二十二条第二款规定，利用标准实施排除、限制市场竞争行为的，依照《中华人民共和国反垄断法》等法律、行政法规的规定处理。

第四十条

国务院有关行政主管部门、设区的市级以上地方人民政府标准化行政主管部门未依照本法规定对标准进行编号或者备案，又未依照本法第三十四条的规定改正的，由国务院标准化行政主管部门撤销相关标准编号或者公告废止未备案标准；对负有责任的领导人员和直接责任人员依法给予处分。

国务院有关行政主管部门、设区的市级以上地方人民政府标准化行政主管部门未依照本法规定对其制定的标准进行复审，又未依照本法第三十四条的规定改正的，对负有责任的领导人员和直接责任人员依法给予处分。

第四十一条

国务院标准化行政主管部门未依照本法第十条第二款规定对制定强制性国家标准的项目予以立项，制定的标准不符合本法第二十一条第一款、第二十二条第一款规定，或者未依照本法规定对标准进行编号、复审或者予以备案的，应当及时改正；对负有责任的领导人员和直接责任人员可以依法给予处分。

第四十二条

社会团体、企业未依照本法规定对团体标准或者企业标准进行编号的，由标准化行政主管部门责令限期改正；逾期不改正的，由省级以上人民政府标准化行政主管部门撤销相关标准编号，并在标准信息公共服务平台上公示。

第四十三条

标准化工作的监督、管理人员滥用职权、玩忽职守、徇私舞弊的，依法给予处分；构成犯罪的，依法追究刑事责任。

第六章　附　　则

第四十四条

军用标准的制定、实施和监督办法，由国务院、中央军事委员会另行制定。

第四十五条

本法自 2018 年 1 月 1 日起施行。

附录5

GB/T 4754—2017《国民经济行业分类》(服务业部分节选)

代　码				类别名称	说　明
门类	大类	中类	小类		
F				批发和零售业	本门类包括 51 和 52 大类,指商品在流通环节中的批发活动和零售活动
	51			批发业	指向其他批发或零售单位(含个体经营者)及其他企事业单位、机关团体等批量销售生活用品、生产资料的活动,以及从事进出口贸易和贸易经纪与代理的活动,包括拥有货物所有权,并以本单位(公司)的名义进行交易活动,也包括不拥有货物的所有权,收取佣金的商品代理、商品代售活动;本类还包括各类商品批发市场中固定摊位的批发活动,以及以销售为目的的收购活动
		511		农、林、牧、渔产品批发	指未经过加工的农作物、林产品及牲畜、畜产品、鱼苗的批发和进出口活动,但不包括蔬菜、水果、肉、禽、蛋、奶及水产品的批发和进出口活动,包括以批发为目的的农副产品收购活动
			5111	谷物、豆及薯类批发	
			5112	种子批发	
			5113	畜牧渔业饲料批发	不包括宠物
			5114	棉、麻批发	
			5115	林业产品批发	指林木种苗、采伐产品及采集产品等批发和进出口活动
			5116	牲畜批发	
			5117	渔业产品批发	

续 表

代码				类别名称	说　明
门类	大类	中类	小类		
			5119	其他农牧产品批发	
		512		食品、饮料及烟草制品批发	指经过加工和制造的食品、饮料及烟草制品的批发和进出口活动，以及蔬菜、水果、肉、禽、蛋、奶及水产品的批发和进出口活动
			5121	米、面制品及食用油批发	
			5122	糕点、糖果及糖批发	
			5123	果品、蔬菜批发	
			5124	肉、禽、蛋、奶及水产品批发	
			5125	盐及调味品批发	
			5126	营养和保健品批发	
			5127	酒、饮料及茶叶批发	指可直接饮用或稀释、冲泡后饮用的饮料、酒及茶叶的批发和进出口活动
			5128	烟草制品批发	指经过加工、生产的烟草制品的批发和进出口活动
			5129	其他食品批发	
		513		纺织、服装及家庭用品批发	指纺织面料、纺织品、服装、鞋、帽及日杂品、家用电器、家具等生活日用品的批发和进出口活动
			5131	纺织品、针织品及原料批发	
			5132	服装批发	
			5133	鞋帽批发	
			5134	化妆品及卫生用品批发	
			5135	厨具卫具及日用杂品批发	指灶具、炊具、厨具、餐具及各种容器、器皿等批发和进出口活动；卫生间的用品用具和生活用清洁、清扫用品、用具等批发和进出口活动
			5136	灯具、装饰物品批发	
			5137	家用视听设备批发	
			5138	日用家电批发	
			5139	其他家庭用品批发	指上述未列明的其他生活日用品的批发和进出口活动

代　码				类别名称	说　明
门类	大类	中类	小类		
		514		文化、体育用品及器材批发	指各类文具用品、体育用品、图书、报刊、音像制品、电子出版物、数字出版物、首饰、工艺美术品、收藏品及其他文化用品、器材的批发和进出口活动
			5141	文具用品批发	
			5142	体育用品及器材批发	
			5143	图书批发	
			5144	报刊批发	
			5145	音像制品、电子和数字出版物批发	
			5146	首饰、工艺品及收藏品批发	
			5147	乐器批发	
			5142	其他文化用品批发	
		515		医药及医疗器材批发	指各种化学药品、生物药品、中药及医疗器材的批发和进出口活动；包括兽用药的批发和进出口活动
			5151	西药批发	指人用化学药品和生物药品的批发与进出口活动
			5152	中药批发	指人用中成药、中药材中药饮片（含中药配方颗粒）的批发和进出口活动
			5153	动物用药品批发	
			5154	医疗用品及器材批发	
		516		矿产品、建材及化工产品批发	指煤及煤制品、石油制品、矿产品及矿物制品、金属材料、建筑和装饰装修材料以及化工产品的批发和进出口活动
			5161	煤炭及制品批发	
			5162	石油及制品批发	
			5163	非金属矿及制品批发	
			5164	金属及金属矿批发	

续 表

门类	大类	中类	小类	类别名称	说　明
			5165	建材批发	指建筑用材料和装饰装修材料的批发和进出口活动
			5166	化肥批发	
			5167	农药批发	
			5168	农用薄膜批发	
			5169	其他化工产品批发	
		517		机械设备、五金产品及电子产品批发	指提供通用机械、专用设备、交通运输设备、电气机械、五金、交通器材、电料、计算机设备、通信设备、电子产品、仪器仪表及办公用机械的批发和进出口活动
			5171	农业机械批发	
			5172	汽车及零配件批发	
			5173	摩托车及零配件批发	
			5174	五金产品批发	指小五金、工具、水暖部件及材料的批发和进出口活动，不包括自行车及零配件的批发和进出口
			5175	电气设备批发	
			5176	计算机、软件及辅助设备批发	
			5177	通信设备批发	指电信设备的批发和进出口活动
			5178	广播影视设备批发	指广播影视设备的批发和进出口活动
			5179	其他机械设备及电子产品批发	
		518		贸易经纪与代理	指代办商、商品经纪人、拍卖商的活动；专门为某一生产企业做销售代理的活动；为买卖双方提供贸易机会或代表委托人进行商品交易代理活动
			5181	贸易代理	指不拥有货物的所有权，为实现供求双方达成交易，按协议收取佣金的贸易代理
			5182	一般物品拍卖	
			5183	艺术品、收藏品拍卖	

代　码				类别名称	说　明
门类	大类	中类	小类		
			5184	艺术品代理	指艺术品、收藏品销售代理，以及画廊艺术经纪代理
			5189	其他贸易经纪与代理	
		519		其他批发业	指上述未包括的批发和进出口活动
			5191	再生物资回收与批发	指将可再生的废旧物资回收，并批发给制造企业作初级原料的活动
			5192	宠物食品用品批发	
			5193	互联网批发	指通过互联网电子商务平台开展的商品批发活动
			5199	其他未列明批发业	
	52			**零售业**	指百货商店、超级市场、专门零售商店、品牌专卖店、售货摊等主要面向最终消费者（如居民等）的销售活动，以互联网、邮政、电话、售货机等方式的销售活动，还包括在同一地点，后面加工生产，前面销售的店铺（如面包房）；谷物、种子、饲料、牲畜、矿产品、生产用原料、化工原料、农用化工产品、机械设备（乘用车、计算机及通信设备除外）等生产资料的销售不作为零售活动；多数零售商对其销售的货物拥有所有权，但有些则是充当委托人的代理人，进行委托销售或以收取佣金的方式进行销售；零售业按销售渠道分为有店铺零售和无店铺零售，其中有店铺零售分为综合零售和专门零售
		521		综合零售	
			5211	百货零售	指经营的商品品种较齐全，经营规模较大的综合零售活动
			5212	超级市场零售	指经营生鲜、食品、日用品等大众化实用品的超级市场的综合零售活动

续 表

门类	大类	中类	小类	类别名称	说　明
				代　码	
			5213	便利店零售	指以满足顾客便利性需求为主要目的,以小型超市形式的零售活动
			5219	其他综合零售	指日用杂品综合零售活动;在街道、社区、乡镇、农村、工矿区、校区、交通要道口等人口稠密地区开办的小型综合零售店的活动;农村供销社的零售活动;不包括便利店零售
		522		食品、饮料及烟草制品专门零售	指专门经营粮油、食品、饮料及烟草制品的店铺零售活动
			5221	粮油零售	
			5222	糕点、面包零售	
			5223	果品、蔬菜零售	
			5224	肉、禽、蛋、奶及水产品零售	
			5225	营养和保健品零售	
			5226	酒、饮料及茶叶零售	指专门经营酒、茶叶及各种饮料的店铺零售活动
			5227	烟草制品零售	
			5229	其他食品零售	指上述未列明的店铺食品零售活动
		523		纺织、服装及日用品专门零售	指专门经营纺织面料、纺织品、服装、鞋、帽及各种生活日用品的店铺零售活动
			5231	纺织品及针织品零售	
			5232	服装零售	
			5233	鞋帽零售	
			5234	化妆品及卫生用品零售	
			5235	厨具卫具及日用杂品零售	指专门经营炊具、厨具、餐具、日用陶瓷、日用玻璃器皿、塑料器皿、清洁用具和用品的店铺零售活动,以及各种材质其他日用杂品的零售活动
			5236	钟表、眼镜零售	

代　码				类别名称	说　明
门类	大类	中类	小类		
			5237	箱包零售	
			5238	自行车等代步设备零售	包括自行车、助动自行车（包括电力助动自行车和燃油助动自行车），以及平衡车、老年代步车、三轮车等汽车、摩托车以外的代步车及零配件零售
			5239	其他日用品零售	指专门经营小饰物、礼品花卉及其他未列明日用品的店铺零售活动
		524		文化、体育用品及器材专门零售	指专门经营文具、体育用品、图书、报刊、音像制品、电子出版物、数字出版物、首饰、工艺美术品、收藏品、照相器材及其他文化用品的店铺零售活动
			5241	文具用品零售	
			5242	体育用品及器材零售	
			5243	图书、报刊零售	
			5244	音像制品、电子和数字出版物零售	
			5245	珠宝首饰零售	
			5246	工艺美术品及收藏品零售	指专门经营具有收藏价值和艺术价值的工艺品、艺术品、古玩、字画、邮品等店铺零售活动
			5247	乐器零售	
			5248	照相器材零售	
			5249	其他文化用品零售	指专门经营游艺用品及其他未列明文化用品的店铺零售活动
		525		医药及医疗器材专门零售	指专门经营各种化学药品、生物药品、中药、医疗用品及器材的店铺零售活动
			5251	西药零售	指人用化学药品和生物药品的零售活动
			5252	中药零售	指人用中成药、中药材中药饮片的零售活动

续　表

代码				类别名称	说　明
门类	大类	中类	小类		
			5253	动物用药品零售	指畜牧业、渔业及禽类等动物用药品的零售
			5254	医疗用品及器材零售	
			5255	保健辅助治疗器材零售	
		526		汽车、摩托车、零配件和燃料及其他动力销售	指专门经营汽车、摩托车、汽车部件、汽车零配件及燃料、燃气的零售活动及汽车充电桩服务
			5261	汽车新车零售	
			5262	汽车旧车零售	
			5263	汽车零配件零售	
			5264	摩托车及零配件零售	
			5265	机动车燃油零售	指专门经营机动车燃油及相关产品（润滑油）的店铺零售活动
			5266	机动车燃气零售	
			5267	机动车充电销售	
		527		家用电器及电子产品专门零售	指专门经营家用电器和计算机、软件及辅助设备、电子通信设备、电子元器件及办公设备的店铺零售活动
			5271	家用视听设备零售	指专门经营电视、音响设备、摄录像设备等店铺零售活动
			5272	日用家电零售	指专门经营冰箱、洗衣机、空调、吸尘器及其他家用电器设备的店铺零售活动
			5273	计算机、软件及辅助设备零售	
			5274	通信设备零售	不包括专业通信设备的销售
			5279	其他电子产品零售	
		528		五金、家具及室内装饰材料专门零售	指专门经营五金用品、家具和装修材料的店铺零售活动，以及在家具、家居装饰、建材城（中心）及展销会上设摊位的销售活动
			5281	五金零售	
			5282	灯具零售	
			5283	家具零售	

代 码				类别名称	说 明
门类	大类	中类	小类		
			5284	涂料零售	
			5285	卫生洁具零售	
			5286	木质装饰材料零售	指专门经营木质地板、门、窗等店铺零售活动，不包括板材销售活动
			5287	陶瓷、石材装饰材料零售	指专门经营陶瓷、石材制地板砖、壁砖等店铺零售活动
			5289	其他室内装饰材料零售	
		529		货摊、无店铺及其他零售业	
			5291	流动货摊零售	
			5292	互联网零售	指零售商通过电子商务平台开展销售的活动，不包括仅提供网络支付的活动，以及仅建立或提供网络交易平台和接入的活动
			5293	邮购及电视、电话零售	指通过寄递及电视、电话等方式进行销售，并送货上门的零售活动
			5294	自动售货机零售	
			5295	旧货零售	
			5296	生活用燃料零售	指从事生活用煤、煤油、酒精、薪柴、木炭及罐装液化石油气等专门零售活动
			5297	宠物食品用品零售	
			5299	其他未列明零售业	
G				**交通运输、仓储和邮政业**	本门类包括53~60大类
	53			铁路	指铁路的安全管理、调度指挥、行车组织、客运组织、货运组织，以及机车车辆、线桥隧涵、牵引供电、通信信号、信息系统的运用及维修养护；不包括铁路机车车辆、线桥隧涵、牵引供电、通信信号、信息系统设备的制造厂（公司）、建筑工程公司、商店、学校、科研所、医院等活动

续 表

代 码				类别名称	说 明
门类	大类	中类	小类		
		531		铁路旅客运输	
			5311	高速铁路旅客运输	
			5312	城际铁路旅客运输	
			5313	普通铁路旅客运输	
		532	5320	铁路货物运输	
		533		铁路运输辅助活动	
			5331	客运火车站	
			5332	货运火车站（场）	
			5333	铁路运输维护活动	指车辆运用及维护、线桥隧涵运用及维护、牵引供电运用及维护、通信信号运用及维护、铁路专用线运用及维护等
			5339	其他铁路运输辅助活动	指除铁路旅客和货物公共运输、专用铁路运输和为其服务的铁路场站、机车车辆、线桥隧涵、牵引供电、通信信号的运用及维修养护，以及铁路专用线外的运输辅助活动
	54			道路运输业	
		541		城市公共交通运输	指城市旅客运输活动
			5411	公共电汽车客运	
			5412	城市轨道交通	指城市地铁、轻轨、有轨电车等活动
			5413	出租车客运	指出租车公司及与出租车公司签协议的出租车驾驶员的服务，还包括网络约车公司及承揽网络预约客运的驾驶员的服务
			5414	公共自行车服务	指政府或社会机构以低价格为居民提供的自行车出行服务
			5419	其他城市公共交通运输	指其他未列明的城市旅客运输活动
		542		公路旅客运输	指城市以外道路的旅客运输活动
			5421	长途客运	指由始发站至终点站定线、定站、定班运行和停靠的旅客运输

代　码				类别名称	说　明
门类	大类	中类	小类		
			5422	旅游客运	指专门为观光消遣为目的的团体或个人提供的，或者在特定旅游线路上提供的客运服务
			5429	其他公路客运	指其他未列明的公路旅客运输活动
		543		道路货物运输	指所有道路的货物运输活动
			5431	普通货物道路运输	指对运输、装卸、保管没有特殊要求的道路货物运输活动
			5432	冷藏车道路运输	指农产品、食品、植物等货物始终处于适宜温度环境下，保证产品质量的配有专门运输设备的道路货物运输活动
			5433	集装箱道路运输	指以集装箱为承载货物容器的道路运输活动
			5434	大型货物道路运输	指具备长度超过 6m，高度超过 2.7m，宽度超过 2.5m，质量超过 4t 中一个及以上条件货物的道路运输活动
			5435	危险货物道路运输	指具有燃烧、爆炸、腐蚀、有毒、放射性等物质，在运输、装卸、保管过程中可能引起人身伤亡和财产毁损而需要特别防护的货物道路运输活动
			5436	邮件包裹道路运输	指服务于城区及市近郊的货物配送活动的货物临时存放地，在经济合理区域内，根据客户的要求对物品进行加工、包装、分割、组配等作业，并按时送达指定地点的物流活动
			5437	城市配送	
			5438	搬家运输	指其他未列明的道路货物运输活动
			5439	其他道路货物运输	指与道路运输相关的运输辅助活动
		544		道路运输辅助活动	指长途旅客运输汽车站的服务
			5441	客运汽车站	

续 表

门类	大类	中类	小类	类别名称	说　明
			5442	货运枢纽（站）	
			5443	公路管理与养护	
			5449	其他道路运输辅助活动	
	55			**水上运输业**	
		551		水上旅客运输	
			5511	海上旅客运输	指沿海、远洋客轮的运输活动和以客运为主的沿海、远洋运输活动
			5512	内河旅客运输	指江、河、湖泊、水库的水上旅客运输活动
			5513	客运轮渡运输	指城市及其他水域旅客轮渡运输活动
		552		水上货物运输	
			5521	远洋货物运输	
			5522	沿海货物运输	
			5523	内河货物运输	指江、河、湖泊、水库的水上货物运输活动
		553		水上运输辅助活动	
			5531	客运港口	含水上运动码头
			5532	货运港口	
			5539	其他水上运输辅助活动	指其他未列明的水上运输辅助活动
	56			**航空运输业**	
		561		航空客货运输	
			5611	航空旅客运输	指以旅客运输为主的航空运输活动
			5612	航空货物运输	指以货物或邮件为主的航空运输活动
		562		通用航空服务	指使用民用航空器从事除公共航空运输以外的民用航空活动
			5621	通用航空生产服务	指通用航空为农业、测绘、航拍、抢险、救援等活动的服务

代　码				类别名称	说　明
门类	大类	中类	小类		
			5622	观光游览航空服务	包括直升机、热气球的游览服务
			5623	体育航空运动服务	指通过各种航空器进行运动活动的服务，包括航空俱乐部服务
			5629	其他通用航空服务	
		563		航空运输辅助活动	
			5631	机场	
			5632	空中交通管理	
			5639	其他航空运输辅助活动	指其他未列明的航空运输辅助活动
	57			管道运输业	
		571	5710	海底管道运输	指通过海底管道对气体、液体等运输活动
		572	5720	陆地管道运输	指通过陆地管道对气体、液体等运输活动
	58			多式联运和运输代理业	指由两种及其以上的交通工具相互衔接、转运而共同完成的货物复合运输活动
		581	5810	多式联运	
		582		运输代理业	指与运输有关的代理及服务活动
			5821	货物运输代理	
			5822	旅客票务代理	
			5829	其他运输代理业	指装卸搬运活动和专门从事货物仓储、货物运输中转仓储，以及以仓储为主的货物送配活动，还包括以仓储为目的的收购活动
	59			装卸搬运和仓储业	
		591	5910	装卸搬运	
		592	5920	通用仓储	指除冷藏冷冻物品、危险物品、谷物、棉花、中药材等具有特殊要求以外的物品的仓储活动
		593	5930	低温仓储	指对冷藏冷冻物品等低温货物的仓储活动

续 表

代 码				类别名称	说 明
门类	大类	中类	小类		
		594		危险品仓储	指对具有易燃易爆物品、危险化学品、放射性物品等能够危及人身安全和财产安全的物品的仓储活动
			5941	油气仓储	
			5942	危险化学品仓储	
			5949	其他危险品仓储	
		595		谷物、棉花等农产品仓储	
			5951	谷物仓储	指国家储备及其他谷物仓储活动
			5952	棉花仓储	指棉花加工厂仓储、中转仓储、棉花专业仓储、棉花物流配送活动，还包括在棉花仓储、物流配送过程中的棉花信息化管理活动
			5959	其他农产品仓储	指未列明的其他农产品仓储活动，包括林产品的仓储
		596	5960	中药材仓储	
		599	5990	其他仓储业	
	60			**邮政业**	
		601	6010	邮政基本服务	指邮政企业或者受邮政企业委托的企业提供的信件、印刷品、包裹、汇兑、报刊发行等邮政服务，以及国家规定的其他邮政服务；不包括邮政企业提供的快递服务
		602	6020	快递服务	指快递服务组织在承诺的时限内快速完成的寄递服务
		609	6090	其他寄递服务	指邮政企业和快递企业之外的企业提供的多种类型的寄递服务

代　码				类别名称	说　明
门类	大类	中类	小类		
H				**住宿和餐饮业**	本门类包括 61 和 62 大类
	61			**住宿业**	指为旅行者提供短期留宿场所的活动，有些单位只提供住宿，也有些单位提供住宿、饮食、商务、娱乐一体的服务，本类不包括主要按月或按年长期出租房屋住所的活动
		611	6110	旅游饭店	指按照国家有关规定评定的旅游饭店和具有同等质量、水平的饭店活动
		612		一般旅馆	指不具备评定旅游饭店和同等水平饭店的一般旅馆的活动
			6121	经济型连锁酒店	指以客房为唯一或核心产品，以连锁为经营模式，统一装修风格，统一服务标准，面向大众、价格经济、满足消费者在外出住宿时对安全、卫生、便捷等方面基本要求的并具有国际接待水准的有限服务型住宿企业
			6129	其他一般旅馆	
		613	6130	民宿服务	指城乡居民及社会机构利用闲置房屋开展的住宿活动和短期出租公寓服务
		614	6140	露营地服务	指在游览景区或其他地区，为自驾游、自行车游客及其他游客外出旅行提供使用自备露营设施（如帐篷、房车）或租借小木屋、移动别墅、房车等住宿和生活场所
		619	6190	其他住宿业	指上述未列明的住宿服务
	62			**餐饮业**	指通过即时制作加工、商业销售和服务性劳动等，向消费者提供食品和消费场所及设施的服务
		621	6210	正餐服务	指在一定场所内提供以中餐、晚餐为主的各种中西式炒菜和主食，并由服务员送餐上桌的餐饮活动

续　表

代　码				类别名称	说　明
门类	大类	中类	小类		
		622	6220	快餐服务	指在一定场所内或通过特定设备提供快捷、便利的餐饮服务
		623		饮料及冷饮服务	指在一定场所内以提供饮料和冷饮为主的服务
			6231	茶馆服务	
			6232	咖啡馆服务	
			6233	酒吧服务	
			6239	其他饮料及冷饮服务	
		624		餐饮配送及外卖送餐服务	
			6241	餐饮配送服务	指根据协议或合同，为民航、铁路、学校、公司、机关等机构提供餐饮配送服务
			6242	外卖送餐服务	指根据消费者的订单和食品安全的要求，选择适当的交通工具、设备，按时、按质、按量送达消费者，并提供相应单据的服务
		629		其他餐饮业	
			6291	小吃服务	指提供全天就餐的简便餐饮服务，包括路边小饭馆、农家饭馆、流动餐饮和单一小吃等餐饮服务
			6299	其他未列明餐饮业	
Ｉ	63			**信息传输、软件和信息技术服务业** **电信、广播电视和卫星传输服务**	本门类包括 63~65 大类
		631		电信	指利用有线、无线的电磁系统或者光电系统，传送、发射或者接收语音、文字、数据、图像及其他任何形式信息的活动
			6311	固定电信服务	指从事固定通信业务活动
			6312	移动电信服务	指从事移动通信业务活动
			6319	其他电信服务	指除固定电信服务、移动电信服务外，利用固定、移动通信网从事的信息服务

代　码				类别名称	说　明
门类	大类	中类	小类		
		632		广播电视传输服务	
			6321	有线广播电视传输服务	指有线广播电视网络及其信息传输分发交换接入服务和信号的传输服务
			6322	无线广播电视传输服务	指无线广播电视传输覆盖网及其信息传输分发交换服务信号的传输服务
		633		卫星传输服务	指利用卫星提供通讯传输和广播电视传输服务，以及导航、定位、测绘、气象、地质勘查、空间信息等应用服务
			6331	广播电视卫星传输服务	
			6339	其他卫星传输服务	
	64			**互联网和相关服务**	
		641	6410	互联网接入及相关服务	指除基础电信运营商外，基于基础传输网络为存储数据、数据处理及相关活动，提供接入互联网的有关应用设施的服务
		642		互联网信息服务	指除基础电信运营商外，通过互联网提供在线信息、电子邮箱、数据检索、网络游戏、网上新闻、网上音乐等信息服务；不包括互联网支付、互联网基金销售、互联网保险、互联网信托和互联网消费金融，有关内容列入相应的金融行业中
			6421	互联网搜索服务	
			6422	互联网游戏服务	含互联网电子竞技服务
			6429	互联网其他信息服务	
		643		互联网平台	
			6431	互联网生产服务平台	指专门为生产服务提供第三方服务平台的互联网活动，包括互联网大宗商品交易平台、互联网货物运输平台等

续 表

门类	大类	中类	小类	类别名称	说　明
			6432	互联网生活服务平台	指专门为居民生活服务提供第三方服务平台的互联网活动，包括互联网销售平台、互联网约车服务平台、互联网旅游出行服务平台、互联网体育平台等
			6433	互联网科技创新平台	指专门为科技创新、创业等提供第三方服务平台的互联网活动，包括网络众创平台、网络众包平台、网络众扶平台、技术创新网络平台、技术交易网络平台、科技成果网络推广平台、知识产权交易平台、开源社区平台等
			6434	互联网公共服务平台	指专门为公共服务提供第三方服务平台的互联网活动
			6439	其他互联网平台	
		644	6440	互联网安全服务	包括网络安全监控，以及网络服务质量、可信度和安全等评估测评活动
		645	6450	互联网数据服务	指以互联网技术为基础的大数据处理、云存储、云计算、云加工等服务
		649	6490	其他互联网服务	指除基础电信运营商服务、互联网接入及相关服务、互联网信息服务以外的其他未列明互联网服务
	65			**软件和信息技术服务业**	指对信息传输、信息制作、信息提供和信息接收过程中产生的技术问题或技术需求所提供的服务
		651		软件开发	
			6511	基础软件开发	指能够对硬件资源进行调度和管理、为应用软件提供运行支撑的软件，包括操作系统、数据库、中间件、各类固件等
			6512	支撑软件开发	指软件开发过程中使用到的支撑软件开发的工具和集成环境、测试工具软件等

代　码				类别名称	说　明
门类	大类	中类	小类		
			6513	应用软件开发	指独立销售的面向应用需求的软件和解决方案软件等，包括通用软件、工业软件、行业软件、嵌入式应用软件等
			6519	其他软件开发	指未列明的软件开发，如平台软件、信息安全软件等
		652	6520	集成电路设计	指 IC 设计服务，即企业开展的集成电路功能研发、设计等服务
		653		信息系统集成和物联网技术服务	
			6531	信息系统集成服务	指基于需方业务需求进行的信息系统需求分析和系统设计，并通过结构化的综合布缆系统、计算机网络技术和软件技术，将各个分离的设备、功能和信息等集成到相互关联的、统一和协调的系统之中，以及为信息系统的正常运行提供支持的服务；包括信息系统设计、集成实施、运行维护等服务
			6532	物联网技术服务	指提供各种物联网技术支持服务
		654	6540	运行维护服务	指基础环境运行维护、网络运行维护、软件运行维护、硬件运行维护、其他运行维护服务
		655	6550	信息处理和存储支持服务	指供方向需方提供的信息和数据的分析、整理、计算、编辑、存储等加工处理服务，以及应用软件、信息系统基础设施等租用服务；包括在线企业资源规划（ERP）、在线杀毒、服务器托管、虚拟主机等
		656	6560	信息技术咨询服务	指在信息资源开发利用、工程建设、人员培训、管理体系建设、技术支撑等方面向需方提供的管理或技术咨询评估服务；包括信息化规划、信息技术管理咨询、信息系统工程监理、测试评估、信息技术培训等

续 表

代 码				类别名称	说 明
门类	大类	中类	小类		
		657		数字内容服务	指数字内容的加工处理，即将图片、文字、视频、音频等信息内容运用数字化技术进行加工处理并整合应用的服务
			6571	地理遥感信息服务	指互联网地图服务软件、地理信息系统软件、测绘软件、遥感软件、导航与位置服务软件、地图制图软件等，以及地理信息加工处理（包括导航电子地图制作、遥感影像处理等）、地理信息系统工程服务、导航及位置服务等
			6572	动漫、游戏数字内容服务	
			6579	其他数字内容服务	含数字文化和数字体育内容服务
		659		其他信息技术服务业	
			6591	呼叫中心	指受企事业单位委托，利用与公用电话网或因特网连接的呼叫中心系统和数据库技术，经过信息采集、加工、存储等建立信息库，通过固定网、移动网或因特网等公众通信网络向用户提供有关该企事业单位的业务咨询、信息咨询和数据查询等服务
			6599	其他未列明信息技术服务业	
J				金融业	本门类包括 66~69 大类
	66			货币金融服务	
		661	6610	中央银行服务	指代表政府管理金融活动，并制定和执行货币政策，维护金融稳定，管理金融市场的特殊金融机构的活动
		662		货币银行服务	指除中央银行以外的各类银行所从事存款、贷款和信用卡等货币媒介活动，还包括在中国开展货币业务的外资银行及分支机构的活动
			6621	商业银行服务	
			6622	政策性银行服务	

代　码				类别名称	说　明
门类	大类	中类	小类		
			6623	信用合作社服务	
			6624	农村资金互助社服务	指经银行业监督管理机构批准，由自愿入股组成的社区互助性银行业金融业务
			6629	其他货币银行服务	
		663		非货币银行服务	指主要与非货币媒介机构以各种方式发放贷款有关的金融服务
			6631	融资租赁服务	指经银行业监督管理部门或商务部批准，以经营融资租赁业务为主的活动
			6632	财务公司服务	指经银行业监督管理部门批准，为企业融资提供的金融活动
			6633	典当	指以动产、不动产或其他财产权利质押或抵押的融资活动
			6634	汽车金融公司服务	指经中国银监会批准设立的专门为中国境内的汽车购买者及销售者提供金融服务的非银行金融机构的活动
			6635	小额贷款公司服务	包括中国银监会和地方政府批准设立的贷款公司，即由境内商业银行或农村合作银行在农村地区设立的专门为县域农民、农业、农村经济发展提供贷款服务的金融机构
			6636	消费金融公司服务	指经中国银监会批准设立的为中国境内居民个人提供以消费（不包括购买房屋和汽车）为目的的贷款的非银行金融机构的活动
			6637	网络借贷服务	指依法成立，专门从事网络借贷信息中介业务活动的金融信息中介公司，以及个体和个体之间通过互联网平台实现的直接借贷，个体包含自然人、法人及其他组织
			6639	其他非货币银行服务	指上述未包括的从事融资、抵押等非货币银行的服务，包括各种消费信贷抵押顾问和经纪人的活动；还包括金融保理活动

续 表

代 码				类别名称	说 明
门类	大类	中类	小类		
		664	6640	银行理财服务	指银行提供的非保本理财产品服务
		665	6650	银行监管服务	指代表政府管理银行业活动，制定并发布对银行业金融机构及其业务活动监督管理的规章、规则
	67			**资本市场服务**	
		671		证券市场服务	
			6711	证券市场管理服务	指非政府机关进行的证券市场经营和监管，包括证券交易所、登记结算机构的活动
			6712	证券经纪交易服务	指在金融市场上代他人进行交易、代理发行证券和其他有关活动，包括证券经纪、证券承销与保荐、融资融券业务、客户资产管理业务等活动
		672	6720	公开募集证券投资基金	指向不特定投资者公开发行受益凭证的证券投资基金，由专业基金管理人管理，在法律的严格监管下进行投资，依照《公开募集证券投资基金运作管理办法》进行运作（包括基金投资类理财服务）
		673		非公开募集证券投资基金	指以投资活动为目的设立，非公开募集，由基金管理人或者普通合伙人管理的基金，依照《私募投资基金监督管理暂行办法》进行运作
			6731	创业投资基金	指向处于创业各阶段的成长性企业进行股权投资，以期所投资的企业成熟或相对成熟后主要通过股权转让获得增值收益的基金
			6732	天使投资	指除被投资企业职员及其家庭成员和直系亲属以外的个人以其自有资金开展的创业投资的活动
			6739	其他非公开募集证券投资基金	包括基金投资类理财服务

续　表

代　码				类别名称	说　明
门类	大类	中类	小类		
		674		期货市场服务	
			6741	期货市场管理服务	指非政府机关进行的期货市场经营和监管，包括商品期货交易所、金融期货交易所、期货保证金监控中心的活动
			6749	其他期货市场服务	指商品合约经纪及其他未列明的期货市场的服务
		675	6750	证券期货监管服务	指由政府或行业自律组织进行的对证券期货市场的监管活动
		676	6760	资本投资服务	指经批准的证券投资机构的自营投资、直接投资活动和其他投资活动
		679	6790	其他资本市场服务	指投资咨询服务、财务咨询服务、资信评级服务，以及其他未列明的资本市场的服务
	68			保险业	
		681		人身保险	指以人的寿命和身体为保险标的的保险活动，包括人寿保险、年金保险、健康保险和意外伤害保险
			6811	人寿保险	指以人的寿命为保险标的的人身保险，包括定期寿险、终身寿险和两全保险
			6812	年金保险	指以被保险人生存为给付保险金条件，并按约定的时间间隔分期给付生存保险金的人身保险
			6813	健康保险	指以因健康原因导致损失为给付保险金条件的人身保险，包括疾病保险、医疗保险、失能收入损失保险和护理保险
			6814	意外伤害保险	指以被保险人因意外事故而导致身故、残疾或者发生保险合同约定的其他事故为给付保险金条件的人身保险

续 表

代 码				类别名称	说 明
门类	大类	中类	小类		
		682	6820	财产保险	指以财产及其有关利益为保险标的的保险,包括财产损失保险、责任保险、信用保险、保证保险等
		683	6830	再保险	指承担与其他保险公司承保的现有保单相关的所有或部分风险的活动
		684	6840	商业养老金	指专为个人和单位雇员或成员提供退休金补贴而设立的法定实体的活动(如基金、计划、项目等),包括养老金定额补贴计划及完全根据成员贡献确定补贴数额的个人养老金计划等
		685		保险中介服务	指保险代理人、保险经纪人开展的保险销售、谈判、促合,以及防灾、防损或风险评估、风险管理咨询、协助查勘理赔等活动,以及保险公估人开展的对保险标的或保险事故的评估、鉴定、勘验、估损、理算等活动
			6851	保险经纪服务	指基于投保人的利益,为投保人与保险人订立保险合同提供中介服务并依法收取佣金的活动
			6852	保险代理服务	指根据保险人的委托,向保险人收取佣金,并在保险人授权的范围内代为办理保险业务的活动
			6853	保险公估服务	指接受委托,专门从事保险标的或者保险事故评估、勘验、鉴定、估损理算等业务,并按约定收取报酬的活动
		686	6860	保险资产管理	指保险资产管理公司接受委托,开展的保险资金、商业养老金等资金的投资管理活动
		687	6870	保险监管服务	指根据国务院授权及相关法律、法规规定所履行的对保险市场的监督、管理活动

代　码				类别名称	说　明
门类	大类	中类	小类		
		689	6890	其他保险活动	指其他未列明的与保险和商业养老金相关或密切相关的活动，包括救助管理、保险精算等
	69			**其他金融业**	
		691		金融信托与管理服务	指根据委托书、遗嘱或代理协议代表受益人管理的信托基金、房地产账户或代理账户等活动，包括单位投资信托管理，还包括信托公司通过互联网销售信托产品及开展其他信托业务的互联网信托活动
			6911	信托公司	指经中国银监会批准设立的，主要经营信托业务的金融机构；信托业务是指信托公司以营业和收取报酬为目的，以受托人身份承诺信托和处理信托事务的经营行为
			6919	其他金融信托与管理服务	
		692	6920	控股公司服务	指通过一定比例股份，控制某个公司或多个公司的集团，控股公司仅控制股权，不直接参与经营管理，以及其他类似的活动
		693	6930	非金融机构支付服务	指非金融机构在收付款人之间作为中介机构提供下列部分或全部货币资金转移服务，包括第三方支付机构从事的互联网支付、预付卡的发行与受理、银行卡收单及中国人民银行确定的其他支付等服务
		694	6940	金融信息服务	指向从事金融分析、金融交易、金融决策或者其他金融活动的用户提供可能影响金融市场的信息（或者金融数据）的服务，包括征信机构服务
		695	6950	金融资产管理公司	指经批准成立的，以从事收购、管理和处置不良资产业务为主，同时通过全资或控股金融类子公司提供银行、信托、证券、租赁、保险等综合化金融服务的金融企业

续　表

代码				类别名称	说　明
门类	大类	中类	小类		
		699		其他未列明金融业	
			6991	货币经纪公司服务	指经中国银监会批准设立的专门从事促进金融机构间资金融通和外汇交易等经纪服务的非银行金融机构的活动
			6999	其他未包括金融业	指主要与除提供贷款以外的资金分配有关的其他金融媒介活动，包括保理活动、掉期、期权和其他套期保值安排、保单贴现公司的活动、金融交易处理与结算，以及借款担保服务、发行债券担保服务等融资担保活动，还包括信用卡交易的处理与结算、外币兑换等活动
K				**房地产业**	本门类包括70大类
	70			**房地产业**	
		701	7010	房地产开发经营	指房地产开发企业进行的房屋、基础设施建设等开发，以及转让房地产开发项目或者销售房屋等活动
		702	7020	物业管理	指物业服务企业按照合同约定，对房屋及配套的设施设备和相关场地进行维修、养护、管理，维护环境卫生和相关秩序的活动
		703	7030	房地产中介服务	指房地产咨询、房地产价格评估、房地产经纪等活动
		704	7040	房地产租赁经营	指各类单位和居民住户的营利性房地产租赁活动，以及房地产管理部门和企事业单位、机关提供的非营利性租赁服务，包括体育场地租赁服务
		709	7090	其他房地产业	本门类包括71和72大类
L				**租赁和商务服务**	
	71			**租赁业**	
		711		机械设备经营租赁	指不配备操作人员的机械设租赁服务

续　表

代　码				类别名称	说　明
门类	大类	中类	小类		
			7111	汽车租赁	
			7112	农业机械经营租赁	
			7113	建筑工程机械与设备经营租赁	
			7114	计算机及通信设备经营租赁	
			7115	医疗设备经营租赁	
			7119	其他机械与设备经营租赁	
		712		文体设备和用品出租	
			7121	休闲娱乐用品设备出租	
			7122	体育用品设备出租	
			7123	文化用品设备出租	不包括图书、音像制品出租
			7124	图书出租	
			7125	音像制品出租	
			7129	其他文体设备和用品出租	
		713	7130	日用品出租	
	72			**商务服务业**	
		721		组织管理服务	指市场化组织管理和经营性组织管理
			7211	企业总部管理	指不具体从事对外经营业务，只负责企业的重大决策、资产管理，协调管理下属各机构和内部日常工作的企业总部的活动，其对外经营业务由下属的独立核算单位或单独核算单位承担，还包括派出机构的活动（如办事处等）
			7212	投资与资产管理	指政府主管部门转变职能后，成立的国有资产管理机构和行业管理机构的活动；投资活动，不包括资本活动的投资
			7213	资源与产权交易服务	指除货物、资本市场、黄金、外汇、房地产、土地、知识产权交易以外的所有资源与产权交易活动
			7214	单位后勤管理服务	指为企事业、机关提供综合后勤服务的活动

续 表

代码				类别名称	说 明
门类	大类	中类	小类		
			7215	农村集体经济组织管理	指以土地等生产资料劳动群众集体所有制为基础,承担管理集体资产、开发集体资源、发展集体经济、服务集体成员的基层经济组织
			7219	其他组织管理服务	指其他各类企业、行业管理机构和未列明的综合跨界管理的活动
		722		综合管理服务	
			7221	园区管理服务	指非政府部门的各类园区管理服务
			7222	商业综合体管理服务	指以购物中心为主导,融合了商业零售、餐饮、休闲健身、娱乐、文化等多项活动的大型建筑综合体
			7223	市场管理服务	指各种交易市场的管理活动
			7224	供应链管理服务	指基于现代信息技术对供应链中的物流、商流、信息流和资金流进行设计、规划、控制和优化,将单一、分散的订单管理、采购执行、报关退税、物流管理、资金融通、数据管理、贸易商务、结算等进行一体化整合的服务
			7229	其他综合管理服务	指其他未列明的综合跨界管理的活动
		723		法律服务	指律师、公证、仲裁、调解等活动
			7231	律师及相关法律服务	指在民事案件、刑事案件和其他案件中,为原被告双方提供法律代理服务,以及为一般民事行为提供的法律咨询服务
			7232	公证服务	
			7239	其他法律服务	
		724		咨询与调查	
			7241	会计、审计及税务服务	
			7242	市场调查	包含广播电视收听、收视调查
			7243	社会经济咨询	
			7244	健康咨询	

代　码				类别名称	说　明
门类	大类	中类	小类		
			7245	环保咨询	
			7246	体育咨询	含体育策划
			7249	其他专业咨询与调查	指上述咨询以外的其他专业咨询和其他调查活动
		725		广告业	指在报纸、期刊、路牌、灯箱、橱窗、互联网、通信设备及广播电影电视等媒介上为客户策划、制作的有偿宣传活动
			7251	互联网广告服务	指提供互联网推送及其他互联网广告服务
			7259	其他广告服务	指除互联网广告以外的广告服务
		726		人力资源服务	指为劳动者就业和职业发展，为用人单位管理和开发人力资源提供的相关服务，主要包括人力资源招聘、职业指导、人力资源和社会保障事务代理、人力资源外包、人力资源管理咨询、人力资源信息软件服务等
			7261	公共就业服务	指向劳动者提供公益性的就业服务
			7262	职业中介服务	指为求职者寻找、选择、介绍工作，为用人单位提供劳动力的服务
			7263	劳务派遣服务	指劳务派遣单位招用劳动力后，将其派到用工单位从事劳动的行为
			7264	创业指导服务	指除众创空间、孵化器等创业服务载体外的其他机构为初创企业或创业者提供的创业辅导、创业培训、技术转移、人才引进、金融投资、市场开拓、国际合作等一系列服务
			7269	其他人力资源服务	指其他未列明的人力资源服务
		727		安全保护服务	指为社会提供的专业化、有偿安全防范服务

续　表

代　码				类别名称	说　明
门类	大类	中类	小类		
			7271	安全服务	
			7272	安全系统监控服务	
			7279	其他安全保护服务	
		728		会议、展览及相关服务	指以会议、展览为主，也可附带其他相关的活动形式，包括项目策划组织、场馆租赁、安全保障等相关服务
			7281	科技会展服务	
			7282	旅游会展服务	
			7283	体育会展服务	
			7284	文化会展服务	
			7289	其他会议、会展及相关服务	
		729		其他商务服务业	
			7291	旅行社及相关服务	指为社会各界提供商务、组团和散客旅游的服务，包括向顾客提供咨询、旅游计划和建议、日程安排、导游、食宿和交通等服务
			7292	包装服务	指有偿或按协议为客户提供包装服务
			7293	办公服务	指为商务、公务及个人提供的各种办公服务
			7294	翻译服务	指专业提供口译和笔译的服务
			7295	信用服务	指专门从事信用信息采集、整理和加工，并提供相关信用产品和信用服务的活动，包括信用评级、商账管理等活动
			7296	非融资担保服务	指保证人和债权人约定，当债务人不履行债务时，保证人按照约定履行债务或者承担责任的专业担保机构的活动；不包括贷款担保服务和信誉担保服务，相关内容列入相应的金融行业中
			7297	商务代理代办服务	指为机构单位提供的各种代理、代办服务

代 码				类别名称	说 明
门类	大类	中类	小类		
			7298	票务代理服务	指除旅客交通票务代理外的各种票务代理服务（旅客交通票务代理是指除交通运输外的票务代理，包含体育文化等）
			7299	其他未列明商务服务业	指上述未列明的商务、代理等活动，包括商业保理活动
M				科学研究和技术服务业	本门类包括73~75大类
	73			研究和试验发展	指为了增加知识（包括有关自然、工程、人类、文化和社会的知识），以及运用这些知识创造新的应用，所进行的系统的、创造性的活动；该活动仅限于对新发现、新理论的研究，新技术、新产品、新工艺的研制研究与试验发展，包括基础研究、应用研究和试验发展
		731	7310	自然科学研究和试验发展	
		732	7320	工程和技术研究和试验发展	
		733	7330	农业科学研究和试验发展	
		734	7340	医学研究和试验发展	
		735	7350	社会人文科学研究	
	74			专业技术服务业	
		741	7410	气象服务	指从事气象探测、预报、服务和气象灾害防御、气候资源利用等活动
		742	7420	地震服务	指地震监测预报、震灾预防和紧急救援等防震减灾活动
		743		海洋服务	
			7431	海洋气象服务	
			7432	海洋环境服务	
			7439	其他海洋服务	
		744		测绘地理信息服务	
			7441	遥感测绘服务	
			7449	其他测绘地理信息服务	

续 表

代 码				类别名称	说 明
门类	大类	中类	小类		
		745		质检技术服务	指通过专业技术手段对动植物、工业产品、商品、专项技术、成果及其他需要鉴定的物品、服务、管理体系、人员能力等所进行的检测、检验、检疫、测试、鉴定等活动，还包括产品质量、标准、计量、认证认可等活动
			7451	检验检疫服务	指审查产品设计、产品、过程或安装并确定其与特定要求的符合性，或根据专业判断确定其与通用要求的符合性的活动；对出入境的货物、人员、交通工具、集装箱、行李邮包携带物等进行检验检疫，以保障人员、动植物安全卫生和商品质量的活动
			7452	检测服务	指依据相关标准或者技术规范，利用仪器设备、环境设施等技术条件，对产品或者特定对象进行的技术判断
			7453	计量服务	指为了保障国家计量单位的统一和量值的准确可靠，维护国家、公民，法人和其他社会组织的利益，计量技术机构或相关单位开展的检定、校准、检验、检测、测试、鉴定、仲裁、技术咨询和技术培训等计量活动
			7454	标准化服务	指利用标准化的理念、原理和方法，为各类主体提供标准化解决方案的产业，包括标准技术指标实验验证、标准信息服务、标准研制过程指导、标准实施宣贯等服务，基于标准化的组织战略咨询、管理流程再造、科技成果转移转化等服务，标准与相关产业融合发展而衍生的各类"标准化+"服务

代　码				类别名称	说　明
门类	大类	中类	小类		
			7455	认证认可服务	指由认证机构证明产品、服务、管理体系符合相关技术规范、相关技术规范的强制性要求或者标准的合格评定活动；由认可机构对认证机构、检查机构、实验室，以及从事评审、审核等认证活动人员的能力和执业资格，予以承认的合格评定活动
			7459	其他质检技术服务	指质量相关的代理、咨询、评价、保险等活动，还包括质量品牌保护等活动
		746		环境与生态监测检测服务	
			7461	环境保护监测	指对环境各要素，对生产与生活等各类污染源排放的液体、气体、固体、辐射等污染物或污染因子指标进行的测试、监测和评估活动
			7462	生态资源监测	指对海洋资源、森林资源、湿地资源、荒漠化、珍稀濒危野生动植物资源及外来物种的调查与监测活动，以及对生态工程的监测活动
			7463	野生动物疫源疫病防控监测	
		747		地质勘查	指对矿产资源、工程地质、科学研究进行的地质勘查、测试、监测、评估等活动
			7471	能源矿产地质勘查	
			7472	固体矿产地质勘查	
			7473	水、二氧化碳等矿产地质勘查	
			7474	基础地质勘查	指区域、海洋、环境和水文地质勘查活动
			7475	地质勘查技术服务	指除矿产地质勘查、基础地质勘查以外的其他勘查和相关的技术服务
		748		工程技术与设计服务	
			7481	工程管理服务	指工程项目建设中的项目策划、投资与造价咨询、招标代理、项目管理等服务

续　表

代码				类别名称	说　明
门类	大类	中类	小类		
			7482	工程监理服务	
			7483	工程勘查活动	指建筑工程施工前的工程测量、工程地质勘查和咨询等活动
			7484	工程设计活动	
			7485	规划设计管理	指对区域和城镇、乡村的规划，以及其他规划
			7486	土地规划服务	指开展土地利用总体规划、专项规划、详细规划的调查评价、编制设计、论证评估、修改、咨询活动
		749		工业与专业设计及其他专业技术服务	
			7491	工业设计服务	
			7492	专业设计服务	指除工程设计、软件设计、集成电路设计、工业设计以外的各种专业设计服务
			7493	兽医服务	指除宠物医院以外的各类兽医服务
			7499	其他未列明专业技术服务业	
	75			科技推广和应用服务业	
		751		技术推广服务	指将新技术、新产品、新工艺直接推向市场而进行的相关技术活动，以及技术推广和转让活动
			7511	农林牧渔技术推广服务	
			7512	生物技术推广服务	
			7513	新材料技术推广服务	
			7514	节能技术推广服务	指仅包括节能技术和产品的开发、交流、转让、推广服务，以及一站式合同能源管理综合服务；节能技术咨询、节能评估、能源审计、节能量审核服务
			7515	新能源技术推广服务	
			7516	环保技术推广服务	
			7517	三维（3D)打印技术推广服务	

续　表

代　码				类别名称	说　明
门类	大类	中类	小类		
			7519	其他技术推广服务	
		752	7520	知识产权服务	指专利、商标、版权、软件、集成电路布图设计、技术秘密、地理标志等各类知识产权的代理、转让、登记、鉴定、检索、分析、咨询、评估、运营、认证等服务
		753	7530	科技中介服务	指为科技活动提供社会化服务与管理，在政府、各类科技活动主体与市场之间提供居间服务的组织，主要开展信息交流、技术咨询、科技评估和科技鉴证等活动
		754	7540	创业空间服务	指顺应新科技革命和产业变革新趋势、有效满足网络时代大众创业创新需求的新型创业服务平台，它是针对早期创业的重要服务载体，主要为创业者提供低成本的工作空间、网络空间、社交空间和资源共享空间，包括众创空间、孵化器、创业基地等
		759	7590	其他科技推广服务业	指除技术推广、科技中介以外的其他科技服务，但不包括短期的日常业务活动
N				**水利、环境和公共设施管理业**	本门类包括76~79大类
	76			**水利管理业**	
		761	7610	防洪除涝设施管理	指对江河湖泊开展的河道、堤防、岸线整治等活动及对河流、湖泊、行蓄洪区和沿海的防洪设施的管理活动，包括防洪工程设施的管理及运行维护等
		762	7620	水资源管理	指对水资源的开发、利用、配置、节约、保护、监测、管理等活动
		763	7630	天然水收集与分配	指通过各种方式收集、分配天然水资源的活动，包括通过蓄水（水库、塘堰等）、提水、引水和井等水源工程，收集和分配各类地表和地下淡水资源的活动

续 表

门类	大类	中类	小类	类别名称	说 明
		764	7640	水文服务	指通过布设水文站网对水的时空分布规律、泥沙、水质进行监测、收集和分析处理的活动
		769	7690	其他水利管理业	
	77			**生态保护和环境治理业**	
		771		生态保护	
			7711	自然生态系统保护管理	指对自然生态系统的保护和管理活动,包括森林、草原和草甸、荒漠、湿地、内陆水域及海洋生态系统的保护和管理
			7712	自然遗迹保护管理	包括地质遗迹保护管理、古生物遗迹保护管理等
			7713	野生动物保护	指对野生及濒危动物的饲养、繁殖等保护活动,以及对栖息地的管理活动,包括野生动物保护区管理
			7714	野生植物保护	指对野生及濒危植物的收集、保存、培育及其生存环境的维持等保护活动,包括野生植物保护区管理
			7715	动物园、水族馆管理服务	
			7716	植物园管理服务	
			7719	其他自然保护	指除自然生态系统保护管理、自然遗迹保护管理、野生动植物保护以外的其他自然保护活动
		772		环境治理业	
			7721	水污染治理	指对江、河、湖泊、水库及地下水、地表水的污染综合治理活动,不包括排放污水的搜集和治理活动
			7722	大气污染治理	指对大气污染的综合治理,以及对工业废气的治理活动
			7723	固体废物治理	指除城乡居民生活垃圾以外的固体废物治理及其他非危险废物的治理

代 码				类别名称	说 明
门类	大类	中类	小类		
			7724	危险废物治理	指对制造、维修、医疗等活动产生的危险废物进行收集、贮存、利用、处理和处置等活动
			7725	放射性废物治理	指对生产及其他活动过程产生的放射性废物进行收集、运输、贮存、利用、处理和处置等活动
			7726	土壤污染治理与修复服务	
			7727	噪声与振动控制服务	
			7729	其他污染治理	指除上述治理以外的其他环境治理活动
	78			**公共设施管理业**	
		781	7810	市政设施管理	指污水排放、雨水排放、路灯、道路、桥梁、隧道、广场、涵洞、防空等城乡公共设施的抢险、紧急处理、管理等活动
		782	7820	环境卫生管理	指城乡生活垃圾的清扫、收集、运输、处理和处置、管理等活动，以及对公共厕所、化粪池的清扫、收集、运输、处理和处置、管理等活动
		783	7830	城乡市容管理	指城市户外广告和景观灯光的规划、设置、设计、运行、维护、安全监督等管理活动；城市路街整治的管理和监察活动；乡、村户外标志、村容镇貌、柴草堆放、树木花草养护等管理活动
		784	7840	绿化管理	指城市绿地和生产绿地、防护绿地、附属绿地等管理活动
		785	7850	城市公园管理	指主要为人们提供休闲、观赏、运动、游览，以及开展科普活动的城市各类公园管理活动

续 表

代 码				类别名称	说 明
门类	大类	中类	小类		
		786		游览景区管理	指对具有一定规模的自然景观、人文景物的管理和保护活动，以及对环境优美，具有观赏、文化或科学价值的风景名胜区的保护和管理活动；包括风景名胜和其他类似的自然景区管理
			7861	名胜风景区管理	不含自然保护区管理
			7862	森林公园管理	
			7869	其他游览景区管理	
	79			土地管理业	
		791	7910	土地整治服务	指对土地开发、整理、复垦等进行勘测、监测监管、评估等活动
		792	7920	土地调查评估服务	指对土地利用现状、城乡地籍、土地变更等进行调查和进行城镇基准地价评估、宗地价格评估、地价监测、土地等级评定、土地节约集约利用评价咨询活动
		793	7930	土地登记服务	指在土地登记过程中进行受理申请、登记事项审核、登记簿册填写和权属证书发放、土地产权产籍档案管理和应用等活动
		794	7940	土地登记代理服务	指接受申请人委托，通过实地调查、资料收集、权属判别等工作，代为办理土地、林木等不动产登记的申请和领证等事项，提供社会服务等活动
		799	7990	其他土地管理服务	指土地交易服务、土地储备管理及其他未列明的土地管理服务
O				居民服务、修理和其他服务业	本门类包括80~82大类
	80			居民服务业	
		801	8010	家庭服务	指雇佣家庭雇工的家庭住户和家庭户的自营活动，以及在雇主家庭从事有报酬的家庭雇工的活动，包括钟点工和居住在雇主家里的家政劳动者的活动

代　码				类别名称	说　明
门类	大类	中类	小类		
		802	8020	托儿所服务	指社会、街道、个人办的面向不足三岁幼儿的看护活动，可分为全托、日托、半托，或计时的服务
		803	8030	洗染服务	指专营的洗染店的服务，含各种干洗、湿洗等服务
		804	8040	理发及美容服务	指专业理发、美发、美容、美甲等保健服务
		805		洗浴和保健养生服务	
			8051	洗浴服务	指专业洗浴及温泉、水疗等服务
			8052	足浴服务	
			8053	养生保健服务	指中医养生保健（非医疗）和其他专业养生保健等服务
		806	8060	摄影扩印服务	
		807	8070	婚姻服务	指婚姻介绍、婚庆典礼等服务
		808	8080	殡葬服务	指与殡葬有关的各类服务
		809	8090	其他居民服务业	指上述未包括的居民服务
	81			机动车、电子产品和日用产品修理业	
		811		汽车、摩托车等修理与维护	
			8111	汽车修理与维护	指汽车修理厂及路边门店的专业修理服务，包括为汽车提供上油、充气、打蜡、抛光、喷漆、清洗、换零配件、出售零部件等服务，不包括汽车回厂拆卸、改装、大修的活动
			8112	大型车辆装备修理与维护	
			8113	摩托车修理与维护	
			8114	助动车等修理与维护	
		812		计算机和办公设备维修	指对计算机硬件及系统环境的维护和修理活动
			8121	计算机和辅助设备修理	
			8122	通信设备修理	

续 表

代码				类别名称	说　明
门类	大类	中类	小类		
			8129	其他办公设备维修	指其他未列明的各种办公设备的修理公司（中心）、修理门市部和修理网点的修理活动
		813		家用电器修理	
			8131	家用电子产品修理	指电视、音响等家用视频、音频产品的修理活动
			8132	日用电器修理	指洗衣机、电冰箱、空调等日用电器维修门市部，以及生产企业驻各地的维修网点和维修公司（中心）的修理活动
		819		其他日用产品修理业	
			8191	自行车修理	
			8192	鞋和皮革修理	
			8193	家具和相关物品修理	
			8199	其他未列明日用产品修理业	指其他日用产品维修门市部、修理摊点的活动，以及生产企业驻各地的维修网点和维修中心的修理活动
	82			其他服务业	
		821		清洁服务	指对建筑物、办公用品、家庭用品的清洗和消毒服务；包括专业公司和个人提供的清洗服务
			8211	建筑物清洁服务	指对建筑物内外墙、玻璃幕墙、地面、天花板及烟囱的清洗活动
			8219	其他清洁服务	指专业清洗人员为企业的机器、办公设备的清洗活动，以及为居民的日用品、器具及设备的清洗活动，包括清扫、消毒等服务
		822		宠物服务	
			8221	宠物饲养	指专门以观赏、领养（出售）为目的的宠物饲养活动
			8222	宠物医院服务	
			8223	宠物美容服务	
			8224	宠物寄托收养服务	

门类	大类	中类	小类	类别名称	说　明
			8229	其他宠物服务	指宠物运输、宠物培训及其他未列明的宠物活动
		829	8290	其他未列明服务业	
P				**教育**	本门类包括 83 大类
	83			**教育**	
		831	8310	学前教育	指经教育行政部门批准举办的对学龄前幼儿进行保育和教育的活动
		832		初等教育	指《义务教育法》规定的小学教育及成人小学教育（含扫盲）的活动
			8321	普通小学教育	
			8322	成人小学教育	
		833		中等教育	
			8331	普通初中教育	指《义务教育法》规定的对小学毕业生进行初级中等教育的活动
			8332	职业初中教育	
			8333	成人初中教育	
			8334	普通高中教育	指非义务教育阶段，通过考试招收初中毕业生进行普通高中教育的活动
			8335	成人高中教育	
			8336	中等职业学校教育	指经教育行政部门或人力资源社会保障行政部门批准举办的中等技术学校、中等师范学校、成人中等专业学校、职业高中学校、技工学校等教育活动
		834		高等教育	
			8341	普通高等教育	指经教育行政部门批准，由国家、地方、社会办的在完成高级中等教育基础上实施的获取学历的高等教育活动
			8342	成人高等教育	指经教育主管部门批准办的成人高等教育活动

续 表

代 码				类别名称	说 明
门类	大类	中类	小类		
		835	8350	特殊教育	指为残障儿童提供的特殊教育活动
		839		技能培训、教育辅助及其他教育	指我国学校教育制度以外，经教育主管部门、劳动部门或有关主管部门批准，由政府部门、企业、社会办的职业培训、就业培训和各种知识、技能的培训活动，以及教育辅助和其他教育活动
			8391	职业技能培训	指由教育部门、劳动部门或其他政府部门批准举办，或由社会机构举办的为提高就业人员就业技能的就业前的培训和其他技能培训活动，不包括社会上办的各类培训班、速成班、讲座等
			8392	体校及体育培训	指各类、各级体校培训，以及其他各类体育运动培训活动，不包括学校教育制度范围内的体育大学、学院、学校的体育专业教育
			8393	文化艺术培训	指国家学校教育制度以外，由正规学校或社会各界办的文化艺术培训活动，不包括少年儿童的课外艺术辅导班
			8394	教育辅助服务	指专门从事教育检测、评价、考试、招生等辅助活动
			8399	其他未列明教育	指经批准的宗教院校教育及上述未列明的教育活动
Q				卫生和社会工作	本门类包括 84 和 85 大类
	84			卫生	
		841		医院	
			8411	综合医院	
			8412	中医医院	
			8413	中西医结合医院	
			8414	民族医院	指民族医医院
			8415	专科医院	
			8416	疗养院	指以疗养、康复为主，治疗为辅的医疗服务活动

门类	大类	中类	小类	类别名称	说　明
		代　码			
		842		基层医疗卫生服务	
			8421	社区卫生服务中心（站）	
			8422	街道卫生院	
			8423	乡镇卫生院	
			8424	村卫生室	
			8425	门诊部（所）	指门诊部、诊所、医务室、卫生站、护理院等卫生机构的活动
		843		专业公共卫生服务	
			8431	疾病预防控制中心	指卫生防疫站、卫生防病中心、预防保健中心等活动
			8432	专科疾病防治院（所、站）	指对各种专科疾病进行预防及群众预防的活动
			8433	妇幼保健院（所、站）	指非医院的妇女及婴幼儿保健活动
			8434	急救中心（站）服务	
			8435	采供血机构服务	
			8436	计划生育技术服务活动	指各地区计划生育技术服务机构的活动
		849		其他卫生活动	指急救中心及其他未列明的卫生机构的活动
			8491	健康体检服务	
			8492	临床检验服务	
			8499	其他未列明卫生服务	
	85			社会工作	指提供慈善、救助、福利、护理、帮助等社会工作的活动
		851		提供住宿社会工作	指提供临时、长期住宿的福利和救济活动
			8511	干部休养所	
			8512	护理机构服务	指各级政府、企业和社会力量兴办的主要面向老年人、残疾人提供的专业化护理的服务机构的活动
			8513	精神康复服务	指智障、精神疾病、吸毒、酗酒等人员的住宿康复治疗活动

续 表

代 码				类别名称	说 明
门类	大类	中类	小类		
			8514	老年人、残疾人养护服务	指各级政府、企业和社会力量兴办的主要面向老年人和残疾人提供的长期照料、养护、关爱等服务机构的活动
			8515	临终关怀服务	
			8516	孤残儿童收养和庇护服务	指对孤残儿童、生活无着流浪儿童等人员的收养救助活动
			8519	其他提供住宿社会救助	指对生活无着流浪等其他人员的收养救助等活动
		852		不提供住宿社会工作	指为孤儿、老人、残疾人、智障、军烈属、五保户、低保户、受灾群众及其他弱势群体提供不住宿的看护、帮助活动，以及慈善、募捐等其他社会工作的活动
			8521	社会看护与帮助服务	指为老人、残疾人、五保户及其他弱势群体提供不住宿的看护、帮助活动
			8522	康复辅具适配服务	指为老年人、残疾人、运动伤残人员、孤残儿童及其他弱势群体提供的假肢、矫形器、轮椅车、助行器、助听器等康复辅具适配服务的活动
			8529	其他不提供住宿社会工作	指慈善、募捐等其他社会工作的活动
R				**文化、体育和娱乐业**	本门类包括86~90大类
	86			**新闻和出版业**	
		861	8610	新闻业	
		862		出版业	
			8621	图书出版	
			8622	报纸出版	
			8623	期刊出版	
			8624	音像制品出版	
			8625	电子出版物出版	

代 码				类别名称	说 明
门类	大类	中类	小类		
			8626	数字出版	指利用数字技术进行内容编辑加工，并通过网络传播数字内容产品的出版服务
			8629	其他出版业	
	87			**广播、电视、电影和录音制作业**	指对广播、电视、电影、影视录音内容的制作、编导、主持、播出、放映等活动；不包括广播电视信号的传输和接收活动
		871	8710	广播	指广播节目的现场制作、播放及其他相关活动，还包括互联网广播
		872	8720	电视	指有线和无线电视节目的现场制作、播放及其他相关活动，还包括互联网电视
		873	8730	影视节目制作	指电影、电视、录像（含以磁带、光盘为载体）和网络节目的制作活动，该节目可以作为电视、电影播出、放映，也可以作为出版、销售的原版录像带（或光盘），还可以在其他场合宣传播放，还包括影视节目的后期制作，但不包括电视台制作节目的活动
		874	8740	广播电视集成播控	指IP电视、手机电视、互联网电视等专网及定向传播视听节目服务的集成播控
		875	8750	电影和广播电视节目发行	不含录像制品（以磁带、光盘为载体）的发行
		876	8760	电影放映	指专业电影院及设在娱乐场所独立（或相对独立）的电影放映等活动
		877	8770	录音制作	指从事录音节目、音乐作品的制作活动，其节目或作品可以在广播电台播放，也可以制作成出版、销售的原版录音带（磁带或光盘），还可以在其他宣传场合播放，但不包括广播电台制作节目的活动

续 表

门类	大类	中类	小类	类别名称	说　明
	88			**文化艺术业**	
		881	8810	文艺创作与表演	指文学、美术创造和表演艺术（如戏曲、歌舞、话剧、音乐、杂技、马戏、木偶等表演艺术）等活动
		882	8820	艺术表演场馆	指有观众席、舞台、灯光设备，专供文艺团体演出的场所管理活动
		883		图书馆与档案馆	
			8831	图书馆	
			8832	档案馆	
		884	8840	文物及非物质文化遗产保护	指对具有历史、文化、艺术、体育、科学价值，并经有关部门鉴定，列入文物保护范围的不可移动文物的保护和管理活动；对我国口头传统和表现形式，传统表演艺术，社会实践、意识、节庆活动，有关的自然界和宇宙的知识和实践，传统手工艺等非物质文化遗产的保护和管理活动
		885	8850	博物馆	指收藏、研究、展示文物和标本的博物馆的活动，以及展示人类文化、艺术、体育、科技、文明的美术馆、艺术馆、展览馆、科技馆、天文馆等管理活动
		886	8860	烈士陵园、纪念馆	
		887	8870	群众文体活动	指对各种主要由城乡群众参与的文艺类演出、比赛、展览、文艺知识鉴赏等公益性文化活动的管理活动，以及群众参与的各级各类体育竞赛和活动
		889	8890	其他文化艺术业	
	89			**体育**	
		891		体育组织	指专业从事体育比赛、训练、辅导和管理的组织的活动
			8911	体育竞赛组织	指专业从事各类体育比赛、表演、训练、辅导、管理的体育组织

代码				类别名称	说　明
门类	大类	中类	小类		
			8912	体育保障组织	指体育战略规划、竞技体育、全民健身、体育产业、反兴奋剂、体育器材装备及其他未列明的保障性体育管理和服务
			8919	其他体育组织	指其他由体育专业协会、体育类社会服务机构、基层体育组织、全民健身活动站点、互联网体育组织等提供的服务
		892		体育场地设施管理	指可供观赏比赛的场馆和专供运动员训练用的场地设施管理活动
			8921	体育场馆管理	指对可用于体育竞赛、训练、表演、教学及全民健身活动的体育建筑和室内外体育场地及相关设施等管理活动，如体育场、田径场、体育馆、游泳馆、足球场、篮球场、乒乓球场等
			8929	其他体育场地设施管理	指设在社区、村庄、公园、广场等对可提供体育服务的固定安装的体育器材、临时性体育场地设施和其他室外体育场地设施等管理活动，如全民健身路径、健身步道、拼装式游泳池等
		893	8930	健身休闲活动	指主要面向社会开放的休闲健身场所和其他体育娱乐场所的管理活动
		899		其他体育	指上述未包括的体育活动
			8991	体育中介代理服务	指各类体育赞助活动、体育招商活动、体育文化活动推广，以及其他体育音像、动漫、影视代理等服务
			8992	体育健康服务	指国民体质监测与康体服务，以及科学健身调理、社会体育指导员、运动康复按摩、体育健康指导等服务
			8999	其他未列明体育	指其他未包括的体育活动

续 表

代 码				类别名称	说 明
门类	大类	中类	小类		
	90			**娱乐业**	
		901		室内娱乐活动	指室内各种娱乐活动和以娱乐为主的活动
			9011	歌舞厅娱乐活动	
			9012	电子游艺厅娱乐活动	
			9013	网吧活动	指通过计算机等装置向公众提供互联网上网服务的网吧、电脑休闲室等营业性场所的服务
			9019	其他室内娱乐活动	
		902	9020	游乐园	指配有大型娱乐设施的室外娱乐活动及以娱乐为主的活动
		903	9030	休闲观光活动	指以农林牧渔业、制造业等生产和服务领域为对象的休闲观光旅游活动
		904		彩票活动	指各种形式的彩票活动
			9041	体育彩票服务	
			9042	福利彩票服务	
			9049	其他彩票服务	
		905		文化体育娱乐活动与经纪代理服务	
			9051	文化活动服务	指策划、组织、实施各类文化、晚会、娱乐、演出、庆典、节日等活动的服务
			9052	体育表演服务	指策划、组织、实施各类职业化、商业化、群众性体育赛事等体育活动的服务
			9053	文化娱乐经纪人	
			9054	体育经纪人	
			9059	其他文化艺术经纪代理	指除文化娱乐经纪人、体育经纪人、艺术品、收藏品经纪代理以外的其他文化艺术经纪代理
		909	9090	其他娱乐业	指公园、海滩和旅游景点内小型设施的娱乐活动及其他娱乐活动

代 码				类别名称	说 明
门类	大类	中类	小类		
S				**公共管理、社会保障和社会组织**	本类包括 91~96 大类
	91			**中国共产党机关**	
		910	9100	中国共产党机关	
	92			**国家机构**	
		921	9210	国家权力机构	指宪法规定的全国和地方各级人民代表大会及常委会机关的活动
		922		国家行政机构	指国务院及所属行政主管部门的活动；县以上地方各级人民政府及所属各工作部门的活动；乡（镇）级地方人民政府的活动；行政管理部门下属的监督、检查机构的活动
			9221	综合事务管理机构	指中央和地方人民政府的活动，以及依法管理全国或地方综合事务的政府主管部门的活动，还包括政府事务管理
			9222	对外事务管理机构	
			9223	公共安全管理机构	指除消防服务以外的公共安全管理机构
			9224	社会事务管理机构	
			9225	经济事务管理机构	
			9226	行政监督检查机构	指依法对社会经济活动进行监督、稽查、检查、查处等活动，包括独立（或相对独立）于各级行政管理机构的执法检查大队的活动
		923		人民法院和人民检察院	指宪法规定的人民法院和人民检察院的活动
			9231	人民法院	指各级人民法院的活动
			9232	人民检察院	指各级人民检察院的活动
		929		其他国家机构	指其他未另列明的国家机构的活动
			9291	消防管理机构	
			9299	其他未列明国家机构	

续 表

门类	大类	中类	小类	类别名称	说　明
	93			**人民政协、民主党派**	
		931	9310	人民政协	指全国人民政治协商会议及各级人民政协的活动
		932	9320	民主党派	
	94			**社会保障**	
		941		基本保险	指依据国家有关规定开展的各种社会保障活动
			9411	基本养老保险	指职工基本养老保险、城乡居民基本养老保险的基金、经办、投资、管理等有关活动
			9412	基本医疗保险	指职工基本医疗保险、城乡居民基本医疗保险的基金、经办、投资、管理等有关活动
			9413	失业保险	指失业保险的基金、经办、投资、管理等有关活动
			9414	工伤保险	指工伤医疗保险的基金、经办、投资、管理等有关活动
			9415	生育保险	指生育保险的基金、经办、投资、管理等有关活动
			9419	其他基本保险	指其他基本保险活动
		942	9420	补充保险	指企业年金、职业年金、补充医疗和其他补充保险
		949	9490	其他社会保障	
	95			**群众团体、社会团体和其他成员组织**	
		951		群众团体	指不在社会团体登记管理机关登记的群众团体的活动
			9511	工会	
			9512	妇联	
			9513	共青团	
			9519	其他群众团体	

代　码				类别名称	说　明
门类	大类	中类	小类		
		952		社会团体	指依法在社会团体登记管理机关登记的单位的活动
			9521	专业性团体	指由同一领域的成员、专家组成的社会团体（如学科、学术、文化、艺术、体育、教育、卫生等）的活动
			9522	行业性团体	指由一个行业，或某一类企业，或不同企业的雇主（经理、厂长）组成的社会团体的活动
			9529	其他社会团体	指未列明的其他社会团体的活动
		953	9530	基金会	指利用自然人、法人或者其他组织捐赠的财产，以从事公益事业为目的，按照国务院颁布的《基金会管理条例》的规定成立的非营利性法人的活动
		954		宗教组织	指在民政部门登记的宗教团体的活动和在政府宗教事务部门登记的宗教活动场所的活动
			9541	宗教团体服务	
			9542	宗教活动场所服务	
	96			**基层群众自治组织及其他组织**	指通过选举产生的社区性组织，该组织为本地区提供一般性管理、调解、治安、优抚、计划生育等服务
		961	9610	社区居民自治组织	指城市、镇的居民通过选举产生的群众性自治组织的管理活动
		962	9620	村民自治组织	指农村村民通过选举产生的群众性自治组织的管理活动
T				**国际组织**	本门类包括 97 大类
	97			**国际组织**	
		970	9700	国际组织	指联合国和其他国际组织驻我国境内机构等活动

图书在版编目（CIP）数据

服务与服务业标准化 / 颜鹰主编. — 杭州 ： 浙江
大学出版社，2021.8
ISBN 978-7-308-21613-5

Ⅰ. ①服… Ⅱ. ①颜… Ⅲ. ①服务标准化－高等学校
－教材 Ⅳ. ①F719

中国版本图书馆CIP数据核字（2021）第156420号

服务与服务业标准化

颜　鹰　主编

责任编辑	李　晨	
责任校对	高士吟	
装帧设计	周　灵	
出版发行	浙江大学出版社	
	（杭州市天目山路148号　　邮政编码　310007）	
	（网址：http：//www.zjupress.com)	
排　　版	杭州林智广告有限公司	
印　　刷	杭州杭新印务有限公司	
开　　本	787mm×1092mm　1/16	
印　　张	21	
字　　数	409千	
版 印 次	2021年8月第1版　2021年8月第1次印刷	
书　　号	ISBN 978-7-308-21613-5	
定　　价	66.00元	